neue musik in der kirche V

Corinna Dahlgrün/Hans Darmstadt (Hrsg.)

neue musik in der kirche V
missa hebraica

Dokumentation und Kommentare

PETER LANG
Frankfurt am Main · Berlin · Bern · Bruxelles · New York · Oxford · Wien

Bibliografische Information Der Deutschen Bibliothek
Die Deutsche Bibliothek verzeichnet diese Publikation in der Deutschen Nationalbibliografie; detaillierte bibliografische Daten sind im Internet über <http://dnb.ddb.de> abrufbar.

ISBN 3-631-55094-4

www.peterlang.de

Inhalt

Vorwort

Mit dem fünften und letzten Band unserer Dokumentationsreihe "neue musik in der kirche" setzen wir eine Zäsur. Äußerlich wird sie sichtbar dadurch, dass ich die kirchenmusikalische Arbeit an Sankt Martin Kassel an meinen Nachfolger *Eckhard Manz* übergebe. Aber auch inhaltlich-konzeptionell sind Corinna Dahlgrün und ich mit den von uns gemeinsam verantworteten *Interdisziplinären Tagen für Neue Musik und Theologie* (1998, 2000, 2002, 2004) - einschließlich der Vollendung der *Missa hebraica* - einen Weg gegangen, der im Zentrum der Christologie angekommen ist und uns im Nachhinein so erscheint, als ob er gar nicht anders hätte verlaufen können.

Der vorliegende Band beschäftigt sich musikalisch und theologisch mit der *Missa hebraica*, die in den Jahren 1994 bis 2004 in Kassel entstand und als Ganzes im Oktober 2005 uraufgeführt wurde. Der Sinn dieses Vorwortes kann nur sein, Dank zu sagen:

Zuerst danke ich dem Vocalensemble Kassel und ganz besonders den 24 Sängerinnen und Sängern, die die vier Uraufführungskonzerte in Dresden, Kassel (Live-Mitschnitt der beiliegenden CD), Berlin und Lübeck mit einem unglaublichen Einsatz und Engagement gemeistert haben:

> *Adelheid Böhme, Dorothea und Marianne Darmstadt, Kerstin Fuchs, Marlene Höferhüsch, Britta Nagel-Laude, Ruth Sohrt* (Sopran);
>
> *Miriam Fiedler-Fischer, Charlotte Gibhardt, Gudrun Kornemann. Claudia Meyer, Lotte Ohlendorf, Katrin Thiemann* (Alt);
>
> *Seksan Ammawat, Holger Gibhardt, Norbert Laude, Rainer Loll* (Tenor);
>
> *Andreas Gensch, Helmut Hering, Asmus Heß, Alfred und Helmut Kornemann, Wolfgang Krumm, Christoph Schmidt* (Bass).

Das Besondere: Wir sind über die Jahre Freunde geworden, was mich auch persönlich mit großer Dankbarkeit erfüllt.

Den beiden Solisten *Angelika Luz* (Sopran) und *Ekkehard Abele* (Bariton) sage ich besonderen Dank. Seit der Uraufführung des *Gloria* 1999 sind sie bei allen Teilaufführungen dabei gewesen; ich konnte den Part für sie schreiben, nichts schien unmöglich. Der musikalischen Professionalität entsprach eine sehr angenehme menschliche Zusammenarbeit. Dass mein alter Freund *Zsigmond Szathmáry* den Orgelpart übernommen hat, war mir eine besondere Freude.

Nun zum Buch: Die beiden Beiträge von *Corinna Dahlgrün* und mir sind eine Art "Rechenschaftsbericht", der Aufschluß darüber gibt, was uns vor und während der Arbeit beschäftigt hat; wichtiger aber sind Textbuch und Komposition selbst. Reden und schreiben sollten andere darüber. Deshalb haben wir allen Grund, unseren Mit-Autoren zu danken, die unserer Einladung ganz offensichtlich gern gefolgt sind:

Herbert Glossner läßt die Leser teilhaben an einem innerlich bewegten und aufmerksamen Durchlesen der Partitur von der ersten bis zur letzten Seite. Sein Ziel ist es, das Musik-Sprache-Klang-Geschehen zu beschreiben, zu deuten und in Beziehung zu setzen.

Der Theologe *Volker Stümke* nähert sich dem Gesamtwerk von einer anderen Seite. "Wie redet die Missa hebraica von Gott?" ist seine Frage, der er sich Schritt für Schritt - mit dem Credo beginnend - mit bewundernswerter Sachkenntis stellt.

Christfried Brödel, in dessen Auftrag Kyrie und Gloria entstanden sind, stellt die Missa in den Kontext grundsätzlicher Fragen im Spannungsfeld von Neuer Musik, Theologie und kirchenmusikalischer Praxis.

Albert Gerhards deutet das Besondere der Missa hebraica auf dem Hintergrund liturgiewissenschaftlicher Einsichten, dabei bringt er nicht nur die römisch-katholische Perspektive, sondern auch die des jüdisch-christlichen Dialogs zur Sprache.

Der Beitrag von *Norbert Laude* ist insofern ein besonderer, als er die Binnenerfahrungen eines aufmerksam-neugierigen, kritisch-sensiblen Ensemblemitgliedes wiedergibt; rückblickende Beobachtungen aus einer sechsjährigen Probenarbeit an der Missa hebraica.

Ebenfalls aus dem Vocalensemble kommt der Beitrag von *Helmut Kornemann*, der einerseits auf die liturgischen Wurzeln der Messe verweist und andererseits knapp und konzentriert unter den Stichworten "Das Ich", "Der Schrei", "Die Bilder" und "Gegensätze" nach originären Ansatzpunkten zum Verständnis der Missa hebraica Ausschau hält.

Am Agnus Dei zeigt *Johannes Goldenstein* beispielhaft Möglichkeiten auf, die zentrale Frage christlicher Theologie nach dem Verständnis des Todes und des Vermächtnisses Jesu im Religionsunterricht (eventl. fachübergreifend) zu behandeln. Dass er in einer Missa *hebraica* gerade diesen Satz herausgreift, macht seine Überlegungen zu einer besonderen Herausforderung[1].

---

1 Ich lese den Text auch als Anstoß zu einer "entästhetisierten" Theologie, die ich schon deshalb unterstreichen möchte, weil mich die "kulturprotestantischen" Ansätze "ästhetisch-religiöser Erfahrungen" z.B. im Kontext der Documenta-Begleitprogramme in der Kasseler Martinskirche in meiner Zeit (1997, 2002) eher irritiert und gelangweilt denn angeregt haben. Mit meinen eigenen Programmen und Kompositionen habe ich ein Gegengewicht zu setzen versucht.

Das erste der vier Uraufführungskonzerte hat in der Dresdener Dreikönigskirche stattgefunden. *Peter Zachers* Besprechung in den Dresdener Neuesten Nachrichten vom 17.10.2005 gibt etwas von der Konzertatmosphäre wieder. Selten habe ich in einer Tageszeitung eine gleichermaßen verständnisvolle wie kenntnisreiche Kritik gelesen.

Im Anhang ist zunächst der vollständige *Text der Missa hebraica* abgedruckt, wobei die hebräischen Texte in der wissenschaftlichen Umschrift wiedergegeben werden, die auch in der Partitur verwendet wurde. Meine *Kommentare* zu den einzelnen Sätzen sind für die Programmhefte der Einzelaufführungen entstanden. Der Abdruck des *Programm-Archivs* des Vocalensembles und der Kantorei aus den Jahren 1994 bis 2006 schien insofern sinnvoll, als es Zusammenhänge aufzeigt, in die die Entstehung der Missa eingebettet war. Insbesondere stehen die Veranstaltungen der drei letzten Jahre zwischen den Aufführungen der Bachschen Matthäus- und Johannespassion unter einem zusammenfassenden christologischen Thema, wobei dann noch einmal die drei letzten Konzerte (Missa hebraica - 1. Advent 2005 - Johannespassion) als Trilogie konzipiert waren.

Ohne das Wollen und Befördern der Evangelischen Landeskirche vor Kurhessen-Waldeck, ohne die vertrauensvolle Zusammenarbeit mit dem Dekanat und Stadtkirchenkreis Kassel, der Gemeinde und ihren Mitarbeitern, den kulturellen und politischen Institutionen in Stadt und Land, den Förderern und Sponsoren und mit meinen beiden Mitarbeiterinnen *Katja Neuendorf* und *Agnete Goldmann* wäre das so nicht möglich gewesen. Danke. Möge all das erhalten bleiben auch für die kommende Zeit!

Kassel, Jahreswechsel 2005/06

Für die Herausgeber
Hans Darmstadt

Hans Darmstadt

Zur Komposition der *missa hebraica*[1]

1. Entstehung

Der Plan, ein größeres zyklisches Vokalwerk zu schreiben, entwickelte sich noch in Hamburg-Blankenese in den Jahren 1992/93 mit der Absicht, bisherige Erfahrungen zu bündeln, "auf den Punkt zu bringen", in Beziehung zu setzen, durchaus kontrastreich und widersprüchlich. Die Gattung "Messe" lag nahe, zielte sie doch theologisch auf etwas Umfassendes: die Messe als ein Spiegel und Ausdruck für die Komplexität der Erfahrung menschlicher Existenz in der Begegung mit der Heiligkeit Gottes. Musikalisch bot sie Raum für vielfältige kompositorische Ideen, für unterschiedliche Konzepte im Spannungsfeld von Sprache und Musik, und sie garantierte gleichzeitig Beziehung und Zusammenhang; die Messe als Weg, *missa in process.*

Die *missa hebraica* entstand in den Kasseler Jahren 1994 bis 2004, größtenteils komponiert in gesonderten Arbeitsphasen in meinem schwedischen Domizil, inhaltlich-programmatisch eng verwoben mit der musikalischen Arbeit an St. Martin.

Eine Messe - heute? Es wäre naiv, die große und längst gebrochene Geschichte der abendländischen Messkomposition einfach fortschreiben zu wollen. Wenn das Vorhaben einen Sinn haben sollte, dann mußte ein Ansatz gefunden werden, das Thema "Messe" von seinen Urspüngen her und in Kenntnis der Geschichte neu durchzubuchstabieren. Kompositorisch hatte das zu bedeuten, sich der Auseinandersetzung von Sprache und Musik in Geschichte und Gegenwart (für jeden Satz) neu zu stellen, sich auf Tradition einzulassen, ohne ihr zu nahe zu treten.

In Gesprächen mit der Theologin und Germanistin Corinna Dahlgrün entstand die Idee einer *missa hebraica.* Unsere Frage war: Ist es vorstellbar, auf die vertrauten lateinischen Messtexte zu verzichten, also das Ordinarium der abendländischen Messe (Kyrie - Gloria - Credo - Sanctus - Agnus Dei) gleichsam nur als Folie zu verwenden, ohne es zu zitieren? An die Stelle des Ordinariums sollten Texte der hebräischen Bibel treten, somit Texte der jüdischen Tradition, auf de-

---

[1] Die zum Verständnis der Anmerkungen erforderliche Partitur kann über das Büro der Kantorei an St. Martin in Kassel bestellt werden (kantorei-st.martin@ekkw.de).

nen das christliche Gottes- und Menschenbild fußt. Diese würden jedoch in Dialog gesetzt mit der Gegenwart in Gestalt von Ausschnitten aus deutscher Lyrik und Prosa des 20. Jahrhunderts.
Die theologischen Implikationen, insbesondere die Fragen nach der Christologie, nach dem Verhältnis von Judentum und Christentum, nach dem heute wieder so wichtigen interreligiösen Dialog, u.s.w. werden an anderer Stelle behandelt. Im Folgenden liegt der Schwerpunkt auf den kompositorischen Aspekten.

2. Übersicht

Die *Missa* besteht aus sieben Sätzen. Die Entscheidung, dem *Kyrie* den Orgelpsalm aus der 1984 komponierten *Sonate aus h'*[2] voranzustellen, fiel während der Arbeit am *Dona nobis*. Der Bezug zum Klangmaterial des Orgelstücks ist evident, der abschließende konzertante Einsatz der Orgel im *Dona nobis* bekommt so eine Entsprechung in der Eröffnung der *Missa*. Der Bezug des Orgelstücks zu Psalm 18 in Verbindung mit dem Choralzitat *Aus tiefer Not* (Martin Luther 1524) verweist bereits auf den Ursprung des christlichen Gottesdienstes in der jüdischen Synagoge (Tab. 1).

	1. Psalm	**2. Kyrie**	**3. Gloria**	**4. Credo**	**5. Sanctus**	**6. Agnus Dei**	**7. Dona nobis**
Entstehung	1984	1998/99	1999	1994 / rev. 2001	2001	2003	2004
Uraufführung	26.09.84 Sonate aus h' für Orgel. Blankenese, Zsigmond Szathmáry	17.10.99 Versöhnungskirche Dresden, Christfried Brödel	28.11.99 Martinskirche Kassel, hd	11.09.94 Martinskirche Kassel, hd 16.06.01 Katharinenkirche Frankfurt, hd	22.06.02 Martinskirche Kassel, hd	19.06.04 Martinskirche Kassel, hd	26.06.05 Martinskirche Kassel, hd
Dauer/ min.	05'00	09'00	18'00	07'00	14'00	07'30	05'00

2 *Sonate aus h' – Hommage à Igor Strawinsky* für Orgel, Ed. Breitkopf & Härtel 8465; vier Sätze: 1. Psalm, 2. Chaconne en rondeau, 3. Pedalsolo, 4. Improvisata. Anlehnung an den Titel *Psalm aus h* von Konrad Lechner, bei dessen Uraufführung ich 1969 unter der Leitung von Hermann Unger in der Stadtkirche Darmstadt den Part an der großen Orgel übernommen hatte.

	1. Psalm	2. Kyrie	3. Gloria	4. Credo	5. Sanctus	6. Agnus Dei	7. Dona nobis
Besetzung	Orgel solo	Vokalensemble a cappella	Soli (S/B), Vokalensemble a cappella	Vokalensemble a cappella	Soli (S/B), drei Vokalgruppen, Orgelpunkte	Baritonsolo, Vokalensemble a cappella	Soli (S/B), Vokalensemble und Orgel
Texte der hebr. Bibel	(Ps 18)	Hi 30,28b	Texte aus Cant, Hi, Ps	Gen 32,27	aus Jes 6	II Chr 29,24 Ex 2,8 Jes 53,5	aus Ez 47, 11, 34, 43
Dt. Lyrik/ Prosa	(Choral *Aus tiefer Not*)	Nelly Sachs	Rose Ausländer, Elie Wiesel	Ingeborg Bachmann	Rainer Maria Rilke	Ingeborg Bachmann	Ingeborg Bachmann
Form		dreiteilig	fünfteilig	zweiteilig	vierteilig	dreiteilig mit Abgesang	dreiteilig

Die sieben Sätze der Gesamtanlage lassen sich so zueinander in Beziehung setzen:
(a) Entsprechung (und Steigerung/Intensivierung): Orgelpsalm + Dona nobis; Kyrie + Credo + Agnus Dei; Gloria + Sanctus. Dauer-Proportionen: 5+5; 9+7+7,5; 18 + 14 (10 : 23,5 : 32)
(b) Symmetrie: Psalm + Dona nobis; Kyrie + Agnus; Gloria + Sanctus; Credo. Dauer-Proportionen: 5+5; 9+7,5; 18+14 : 7 (10 :16,5 :22 : 7)
(c) 2 Kontrastpaare (von Einzelsätzen getrennt): (Orgelpsalm); Kyrie + Gloria; (Credo); Sanctus + Agnus Dei; (Dona nobis). Dauer-Proportionen: (5); 9+18; (7); 14+7,5; (5) = (5) : 27 : (7) : 21,5 : (5)
(d) Zwei Teile: Orgelpsalm bis Gloria; Credo bis Dona nobis: Dauer-Proportion: 32 : 33,5

3. Texte

3.1 Die hebräischen Texte

Den hebräischen Text hat mir Corinna Dahlgrün in der wissenschaftlichen Umschrift (Zeitschrift für alttestamentliche Wissenschaft [ZAW]) und mit einer detaillierten Analyse der Wortstämme, der grammatikalischen Wortbestandteile, den Vokalisierungen, den Betonungen und einer kommentierten wörtlichen Übersetzung zur Verfügung gestellt. Unerläßlich war das laute Vorlesen, um ein Gefühl für den Sprachklang und -rhythmus zu gewinnen.
Allein schon der Einblick in das fremde System der hebräischen Sprache ist faszi-

nierend gewesen. Gleichberechtigt mit den Wort(teil)bedeutungen (Semantik) übte der Klang der Sprache und ihre Hervorbringung einen eigenen musikalischen Reiz aus, der z. B. im *Credo* formbildend wurde. Für die kompositorische Fantasie erwies sich die Fremdheit der Sprache als Befreiung. Sprache blieb Sinn- und Bedeutungsträger und bot sich gleichzeitig als musikalisches Material an. Das Problem der "Vertonung" lauerte nicht gleich hinter der ersten Ecke.

Hinweise zur Verwendung und Gliederung der hebräischen Texte (Tab. 2):

Kyrie	**Hi 30,28b**. Konstitution der dreiteiligen Form durch die drei hebräischen Worte *qámtî – <u>b</u>aqqāhāl – ’^{a}šawwé$^{a‘}$*
Gloria	Texte aus dem **Canticum Canticorum,** dem Buch **Hiob** und den **Psalmen.** Viel Text, vielgestaltige Gruppierungen aus entgegengesetzten Sprachbildern, Gegenüberstellungen und Verknüpfungen u.a. in den Dialogen; Wortspiele (z.B. T. 123/24 Konfrontation der beiden gleich anlautenden Worte *ḥātûm* ("versiegelt" / verschlossene Quelle) und *ḥayyîm* ("des Lebens" / Quelle des Lebens);
Credo	zweiteiliger Satz *lō’ ’^{a}šalleḥ^{a}<u>k</u>ā / kî ’im-bera<u>k</u>tānî* (**Gen 32,27**; "Ich lasse dich nicht / du segnest mich denn.") Analyse und Komposition des Lautmaterials. Idee: Mit dem Material geschieht das, was der Text zur Sprache bringt.
Sanctus	**aus Jes 6;** Rückgriff auf den Ordinariumstext der Messe, der als einziger dem Alten Testament entstammt, der Unheil verkündende Kontext mitgenommen.
Agnus Dei	Drei Texte, die die geschichtliche Entwicklung des Opfergedankens nachzeichnen: (1) **II Chr 29,24a**: Männerchor *wayyišḥāṭûm [1] way^{e}ḥaṭṭ^{e}’ü [2] ‘al-kål-yiśrā’él* und Bariton *[1: hakoh^{a}nîm] [2: ’æt-dāmām hammizbéḥāh l^{e}<u>k</u>appér]* - harte Schnitte; (2) **Ex 24,8**: Baritonsolo zum Frauenchor (Bachmann-Text) im Sinne von Hinter- und Vordergrund; Sprachklangüberschneidung T. 56: *...standen wir <u>da</u> / <u>dam</u>-habb^{e}rît* (das Blut des Bundes); (3) **Jes 53,5**: Ensemble; T. 68ff. Sprachklangassoziation *m^{e}dukkā’* ("zerschlagen seiend", Partitur: präzis, kurz, mittlere Sprechlage, quasi battuto), Fortsetzung *me‘^{a}wonotênû* ("wegen unserer Sünden") als eine zunehmend erstarrende Geste
Dona nobis	freie Textzusammenstellung aus dem Buch des Propheten **Hesekiel**/Ezechiel: A1(**47,1**) – Ensemble, unisono-Beginn, aus *es’-d’* zu *Es*- und *D*-Dur-Dreiklang A2 (**47,9b**) – Sopransolo (cis-Moll/Dur) B1 (**11,19a**) B2 (**11,19b**) B3 (**34,16b**) – S- und Bar.solo (drei Kontrapunkte + Ensemble-Refrains) A1’ (**43,2b**) – Ensemble, Variante zum Anfang

3.2 Die deutschen Texte

Die Einbeziehung der deutschen Texte verstand ich konzeptionell als notwendig, empfand sie aber kompositorisch als schwierig. Wie war der Gefahr zu entgehen, sie zu "benutzen", sie affirmativ einzusetzen? Dies wäre ein Frevel an den Texten und ihren Autoren, ein Mißbrauch der Erfahrungen, die sie zur Sprache bringen. Auch sollten die muttersprachlichen Worte nicht eine Vertrautheit suggerieren, die zuvor durch die hebräische Sprache aufgegeben wurde. Mag sein, dass der erste Versuch beim *Credo* zu vorsichtig, dadurch trotz mehrfacher Umarbeitungen fragwürdig blieb: Die Lösung, den deutschen Text als Coda anzuhängen, hat mich formal nicht ganz befriedigt. Versöhnlich mag die Tatsache stimmen, dass der Bachmann-Text seinerseits (wie ein abschließendes Nachsinnen) die innere Bewegung des hebräischen Satzes nachzeichnet.

Übersicht über die Einbeziehung der deutschen Texte in die Satzstruktur

(Tab. 3):

Kyrie	**Nelly Sachs, aus: Die Stunde zu Endor**[3] **–** (a) Achtstimmiger Sprechkanon der Frauenstimmen im Mittelteil (B / Lamento). Partitur: "weich, sonor, schlicht, klar; Verzicht auf Interpretation und Ausdruck; Zimmerlautstärke; Stimme bei Zeilenende nicht senken..."; Übergang zu gesungenem Part auf *ḇa-qqā-hāl* ("in der Gemeinde") (b) Eröffnung des Schlußteils (C) solistisch gesprochen; Partitur: "Sprechweise eines Sehers, klar und stockend"

[3] Mit freundlicher Genehmigung des Suhrkamp Verlages Frankfurt/Main.

Gloria	**Rose Ausländer, aus: Sag nicht II, Rad / aus Wolkenerz, Wunder II, Und**[4] – **Elie Wiesel, Osloer Erklärung gegen den Haß, Jom Kippur / Tag ohne Versöhnung, Testament eines Juden aus Saragossa, Krieg und Frieden / Illusion und Realität –** (a) T. 20-34 Duett S/Bar (NB 3+4) (b) T. 62B Ensemble-Altistinnen, Partitur: "tiefe, sonore Altstimmen, chorisch homogen, ohne jegliches Pathos. Jede Wiederholung nimmt an Intensität zu"; 62D Baritonsolo, Partitur: "Sprechstimme, nachdrücklich, sehr deutlich"; dazu 62A Sopran 4stg. (hebr.) und 62C Männerchor (hebr.) (c) Baritonsolo (T. 158-168) zwischen Frauenstimmen-Kanon (hebr.) (d) Baritonsolo "fast gerufen" (T. 175-180) in 8stg. Ensembleklang (hebr.) (e) abschließendes Sopransolo (T. 193-203), sich aus dem Ensembleklang lösend (Notenbeispiel [NB] 8)
Credo	**Ingeborg Bachmann, aus: Böhmen liegt am Meer**[5] – Coda (T. 66-79), Solist, wie eine aufs Äußerste reduzierte Wiederholung des Satzes aus der Jakobsgeschichte. Notation in verschiedenen Graden zwischen Hauchen-Flüstern-Sprechen-Singen. Verständlich sind in der Ensemble-Begleitung die hebräischen Silben -*tā-* ("du") und *-nî* ("mich"), andeutungsweise *beraḵ* ("segnen")
Sanctus	**Rainer Maria Rilke, aus: 1. Duineser Elegie –** (a) Baritonsolo am Beginn des III. Teils (G / T. 101-121), T. 115 setzt Sopransolo mit *wayyṓ'mær* ... ("und er sprach...") ein. (b) Sopransolo am Beginn des IV. Teils (L / T. 150-170), T. 168 setzt Baritonsolo mit *weqārā'* ("und es rief...") ein.
Agnus Dei	**Ingeborg Bachmann, aus: Die Häfen waren geöffnet**[5] – (a) Sechsstg. Frauenchor im B-Teil (T. 26-57) mit Baritonsolo (Ex 24,8 / hebr.) (b) Von Solist gesprochen in Vokalklang (T. 90-95) *'ālâw* ("auf ihn")
Dona nobis	**Ingeborg Bachmann, aus: Das erstgeborene Land**[5] – Dreimaliger Ensemble-Refrain im Mittelteil (T. 26/27, 35/36, 47/48)

[4] Mit freundlicher Genehmigung des S. Fischer Verlages GmbH Frankfurt/Main.
[5] Mit freundlicher Genehmigung des Piper Verlages München.

4. Musik

Die Grenzen zwischen Klang und Geräusch sind fließend, zur Musik gehören beide. Spätestens seit Kagels *anagrama*[6] und Schnebels *missa est*[7] sind alle vokalen Äußerungen vom kreatürlichen Laut bis zum Wort und zum Gesang auch musikalisches Material. Geschichtlich wären natürlich schon Texte und Hörproben der Futuristen, Dadaisten, Vertreter der phonetischen Poesie bis hin zu den Anfängen der Elektronik (besonders Stockhausens *Gesang der Jünglinge*[8]) zu nennen. Zum Studium "Musik und Sprache" im 20. Jahrhundert" gehören insbesondere Schönbergs *Pierrot lunaire*[9] und alle, die sich mit ihm kompositorisch auseinandergesetzt haben (insbesondere Boulez[10]), Messiaens *Cinq rechants*[11], Ligetis *Aventures*[12], Zimmermanns *Requiem für einen jungen Dichter*[13], u.a.

Mit meiner *Missa hebraica* versuche ich, den Stand vokaler Komposition im Übergang des 20. zum 21. Jahrhundert - durchlässig für die lange und große Tradition der abendländischen Musik - zu reflektieren. Ein solcher Ansatz kann längst nicht mehr Anspruch auf Allgemeingültigkeit erheben. Jeder Künstler hat heute persönlich zu verantworten, was er tut oder nicht tut. Damit sind Irrtümern und Banalitäten mehr denn je Tor und Tür geöffnet. Klarheit und ein Minimum an Wahrhaftigkeit ist nur möglich durch deutliche Positionierung, die zwar angreifbar macht, aber auch Übersicht und klare Entscheidungen ermöglicht.

Wenn ich jetzt einen in Worte gefassten Einblick in meine Komposition gebe, was mir nicht leichtgefallen ist, dann soll zu Beginn das natürlich Selbstverständ-

---

6 Mauricio Kagel: anagrama (1957/58) für vier Gesangssoli, Sprechchor und Kammerensemble; Universal Edition.

7 Dieter Schnebel: Für Stimmen (...missa est): dt 31,6 für 12 Vokalgruppen (1956, 58, 62), amn für 7 Vokalgruppen (Sprechchor) (1958, 66-67), !madrasha II für 5 Chorgruppen (1958/64, 67-68); Ed. Schott.

8 Karlheinz Stockhausen: Gesang der Jünglinge (1956), Elektronische Musik; WDR.

9 Arnold Schönberg: Pierrot lunaire, op. 21 (1912) für eine Sprechstimme und Kammerensemble, Universal Edition.

10 Pierre Boulez: Le marteau sans maître (1954) für Alt und sechs Instrumente; Universal Edition.

11 Olivier Messiaen: Cinq rechants (1948) für zwölf gemischte Stimmen; Ed. Salabert.

12 György Ligeti: Aventures (1962), Nouvelles Aventures (1962-65) für drei Sänger und sieben Instrumentalisten; Ed. Peters.

13 Bernd Alois Zimmermann: Requiem für einen jungen Dichter (1967/69), Lingual für Sprecher, Sopran- und Baß-Solo, drei Chöre, Orchester, Jazz-Combo, Orgel und elektronische Klänge nach Texten verschiedener Dichter, Berichte und Reportagen; Ed. Schott.

liche unterstrichen werden: Wichtig ist mir nicht dieser Aufsatz, sondern die Partitur.

4.1 Zum Beziehungsgeflecht der zwölf chromatischen Töne

A. Der Ausgangspunkt für das Tonmaterial der *Missa hebraica* ist das temperierte System der zwölf chromatischen Töne. Durch die Sätze zieht sich ein Beziehungsgeflecht von Haupt- und Nebentönen, das im folgenden skizziert wird. Bei den "Haupttönen"[14] ist auch die Oktavlage fixiert. Im Orgelpsalm schon vorgebildet, wird in den sechs folgenden Messesätzen das "Tonsystem" entwickelt und findet sein Ziel im Schlußklang des *Dona nobis*.

B. Einschränkung: Diese Betrachtungsweise beschreibt zwar wahrnehmbare Klangereignisse, dennoch ist sie als eine virtuelle zu bezeichnen. Kein Ton wird auf die hier skizzierte Eigenschaft festgelegt. Durch die Enharmonik erweitert sich der Tonraum ohnehin. Das System wird wahrnehmbar, wenn man die Musik so hört, wie man ein Bild aus weiter Entfernung betrachtet.

1. Polare Zentraltöne *es'* und *cis'* (Tab. 4/5)

Tab. 4:

es'	**Takt**	**Lage**	**Anmerkungen**
Kyrie	Anfang Teil C	*c-es'* *es'*	T/B unisono: "aufbegehrende Geste von großer und anhaltender Intensität" Ensemble unisono, 3-Minuten-Impuls
Sanctus	Abschn. F 170f.	*es'* *es'*	Tenöre Zentralton Zielton Baritonsolo, führt zu Ensemble-Einsatz bei Abschnitt M
Agnus Dei	55ff.	*es'*	Baritonsolo, Ensemble-Einsatz bei Abschnitt C (12-Ton-Klang aus *es-es'-es''*), NB 9f.
Dona nobis	Anfang 35 Schluß	*es'-es''* *es'* *es'*	Ensemble unisono Achse "Da fiel mir Leben zu" II (vgl. T. 26 *cis'*) T/B Gundton des Sext-, bzw. Quartsextakkordes von Es-Dur

[14] Der Begriff "Hauptton-Technik" ist besetzt durch Verfahren Isang Yuns, die zurückzuführen sind auf traditionelle zeremonielle Hofmusiken Koreas. Dazu: H.-W. Heister/W.-W. Sparrer (Hg.): Der Komponist Isang Yun, ed. text+kritik 1987.

Tab. 5:

cis'	Takt	Lage	Anmerkungen
Gloria	93ff. 169ff. 192ff.	*cis'* *des''* *des'*	Zentralton, vierstg. Satz 6stg. Kanon aus des'' (s. 151 aus es'') tutti unisono (Reduktion des 12-Ton-Klanges), NB 9c
Credo	10f. 68 73	*cis'/des'* *des'* *(+es')* *cis'* *(+dis')*	Zielton der Einleitung Coda: Halteton Tenor (Silbe "nî" - mich) Coda: Halteton Alt (Silben "tā/nî" - du / mich aus "du segnest mich denn")
Sanctus	115-158	*cis'*	Orgelpunkt (vorher schon T: 35f.)
Agnus Dei	44	*cis'*	Baritonsolo (Weiterführung zu *es'* in T. 55; s.o.)
Dona nobis	10-15 26 Schluß	*cis'''* *cis'* *des' - cis'*	Orgelpunkt Achse "Da fiel mir Leben zu" I vgl. T. 35 *es'*) Orgel

Die beiden Töne sind häufig auch Ausgangs- und Zieltöne linearer Entwicklungen.

Gloria T. 20-22, 28/29
Sanctus T. 60/61, 168-174 (Bar.)
Agnus T. 18-24, 48-55 (Bar.)
Dona T. 1+2 (Doppelpolarität über C-*e*, Kern des Schlußklanges)

2. *C* und *e* als gegengerichtete Halbtöne von *es* und *cis*,

wobei das C (als tiefster Orgelton, mit 16') zumindest in *Sanctus* und *Dona nobis* "Grund-ton"-Charakter hat, durch die große Dezime *e* verstärkt, das allerdings häufig mit dem *h* ein eigenes Bezugsfeld bildet (Tab. 6):

C -e	Takt	Töne	Anmerkungen
Psalm	16-25, 55-59	*C - e - es'*	Klangaufbau *maestoso*
Sanctus	Anfang und M	*C - h''''*	Orgel: C mit (32' und) 16', h''' mit 4' + 1 1/3'; *e* im Vokalsatz
Dona nobis	Anfang/Schluß	*C - e*	Orgel

Im Vokalsatz hat das *C* (*c*) an einigen Stellen diese Funktion: *Kyrie*, T. 1 (vgl. *Dona*, T. 1, Baß) / Agnus, T. 82, Baß 3

Verwandte Großterzklänge: *Gloria*, T. 173, *f'-a'* (Tenöre) / *Dona nobis*, T. 24, *des'-f''* (Soli)

3. Ziel- bzw. Leitton von/zu *es* und *cis* (Kleinsekundverhältnis) (Tab. 7):

d	Takt	Töne	Anmerkungen
Kyrie	A1	*es'-d*	Tenor, Klangzentrum (vgl. *Dona nobis* - Anfang)
Gloria	202	*d'''*	Sopransolo, Schlußton auf "und" -
Agnus Dei	32f., 36f., 44f.	*d'*	Alt: 3 Ensembleeinsätze (Frauenstimmen)
Dona nobis	13-19 26f., 35f. Schluß	*d'*	Orgelpunkt Sopransolo/Orgel "Da fiel mir Leben zu" I/II, dynamisch hervorgehobener Ton im T bzw. A S/A Grundton des Sextakkordes von D-Dur (T/B Es-Dur; s.o.)

4. Tritonus *h-f*, erweitert um *a* (Tritonus zu *es*) und *g* (Tritonus zu *cis*), Ganztonscala (Großsekundverhältnis)

5. *as/gis*, Tritonus zu *d*, verminderter Dreiklang mit *h-f*, im Ober-/Unterquartverhältnis zu *es*, bzw. *des/cis* (Tab. 8):

as[15] / gis	Takt	Lage	Anmerkungen
Gloria	119 201	*as - as''* *as*	S/B (Ensemble) *p/pp* Sopransolo: "und Men - schen" (vgl. T. 58)
Credo	Abschn. G 72	*as'* *as''*	Zentralton 12-Ton-Klang, stimmhafter Engelaut Ensemble-Soloton (wie ein Flageolett)
Sanctus	Anfang, bzw. M 20ff.	*as''* *as + gis''*	Ausgangston Ensemble-Soprane T + S

15 Die barocke Ton- und Tonartensymbolik wirkt bis heute nach, wohl weniger aus sich heraus, ganz sicher aber durch die überwältigende Wirkung überkommener Kompositionen, inbesondere Bachs. Bei den hier angegebenen Stellen kann ich mich der Erinnerung an Bachs "Ach Golgatha" aus der Matthäuspassion nicht entziehen. Ich verweise auf zwei eigene Aufsätze mit dieser Thematik: (1) *"... soll Erd und Luft entzogen werden". Untersuchungen zum harmonischen Gerüst dreier Rezitative aus der Matthäus-Passion von J. S. Bach*; Musik&Kirche 1992/2, S. 80-83 (betr.: Recitativo "Ach Golgatha") (2) *Orpheus-Klage und "Zerfließe"-Arie. Ikonographische und analytische Anmerkungen zu Strawinskys Orpheus-Ballett*; Musik&Kirche 2005/2, S. 110f. (betr.: Johannes-Passion, Aria "Zerfließe, mein Herze").

Agnus Dei	26ff. 84	*as* *as*	Baritonsolo: "und" (es nahm Mose das Blut) Baritonsolo/Ensemble Bässe: "Blut"/"mû-sar"
Dona nobis	62ff.	*as'''*	Orgel, höchster Ton des Schlußklanges, verm. Vierklang *h'-f''-d'''-as'''*

6. *fis* und *b* als Quart, bzw. Quint über *cis* und *es* (Tab. 9):

	Satz	Takt	Lage	Anmerkungen
fis	Gloria	62C	*fis'*	T/B: oberster Ton des Klanges *B-e-h-c'-fis'*
		179	*fis'*	Baritonsolo: "...ist keine Illusion"
	Dona nobis	Schluß	*fis'*	S/A: Terz von D-Dur
b	Kyrie	A1 ff.	*b'*	B1-3: Quartsextakkord b-Moll
	Gloria	62C	*B*	T/B: Grundton des Klanges *B-e-h-c'-fis'*
		179	*b'*	Baritonsolo: "(aber die) Sehnsucht (nach Frieden)..."
	Sanctus	135ff.	*B b b' b''*	12-Ton-Klang aus *b* (vorbereitet T. 81ff.), NB 9e
	Agnus Dei	32	*b'*	S/A Sextakkord B-Dur
	Dona nobis	Schluß	*b'*	T/B: Quint von Es-Dur

Die Töne aufgeschrieben ergeben eine fiktive Reihe in zwei Hexachorden, jeweils mit dem chromatischen Total einer Quart (NB 1): es – cis – c – e – d – h | f – a – g – as – fis – b.

4.2 Zu Melodie und Klang

Da, wo es Beziehungen zwischen Tönen gibt, kann man von Tonalität, von pentatonischen, diatonischen und chromatischen Elementen sprechen. Werden beispielsweise die sechs Töne des ersten Hexachordes wie folgt angeordnet ("Hauptklang", NB 2b), dominiert die diatonische Klammer der vier Außentöne trotz des chromatischen Totals von *h* bis *e*. Zwischen den Tönen gibt es – durch die Anordnung der Töne in den verschiedenen Oktavlagen – unterschiedliche Beziehungsmöglichkeiten und Intervallverhältnisse, die in den sich anschließenden Notenbeispielen skizziert sind (NB 2c-g; vgl. dazu auch die Takte 16-25 im Orgel-Psalm (s. NB 9a)[16]; NB 2h gibt den Schlußklang des *Dona nobis* wieder).
Aus dem gleichen Material ist der Beginn des Baritonsolos im ersten *Gloria*-Duett gebaut (NB 3, *Gloria* T. 20-22). Zwischen den Tönen *cis'* und *es'* ist die

16 Ich verweise diesen Klang betreffend auf den Schluß des ersten Satzes der *Drei Orgelstücke* (1962/65) meines Lehrers Konrad Lechner, die in der Zeit meines Studiums bei ihm entstanden sind. Erschienen bei Ed. Gerig (Breitkopf & Härtel). Weitere Facetten dieses Klangmaterials werden im letzten Satz meiner *Sonate aus h'* entfaltet (4. Improvisata, Anfang und Schluß).

diatonische Tonfolge *e-d'-c* eingespannt. Mit den beiden letzten Tönen (*c-es'*) wird übrigens der *Kyrie*-Anfang zitiert, der später im *Dona nobis* noch einmal aufgegriffen wird (Baß, T. 1). Der Gestus der Fünfton-Folge wird am Schluß dieses Duetts vom Sopran weitergeführt (NB 4, T. 29ff.). Vergleichbare Passagen finden sich u.a. im *Sanctus* (Sopransolo, T. 150ff. und Baritonsolo T. 168ff.), im *Agnus Dei* (Baritonsolo T. 7ff., 18ff., u.a.), im *Dona nobis* (Tonfolge *C-e'''-d'-cis''-es''''* in T. 37/38).

Auch auf einen pentatonischen Kern soll verwiesen werden. In NB 2g wird erkennbar, dass in dem sechsstimmigen chromatischen Klang das Glockenmotiv[17], bestehend aus kleiner Terz und großer Sekunde *(e-cis-h)*, wirksam ist. Unüberhörbar ist der dreistimmige Glockenklang-Einsatz der Tenöre im *Sanctus*, T. 34ff.; die Töne werden anschließend auch linear ausgebreitet.

Die Spannung von Diatonik und Chromatik zeigt sich besonders gut an den Linien und Klängen, die aus Quint/Quart und Tritonus zusammengesetzt sind, viel genutzt schon in den frühen Werken Schönbergs und Strawinskys und durch das ganze 20. Jahrhundert hindurch. Aufgelistet seien Beispiele aus dem *Gloria*:

- Anfang, Einsatztöne der Fauenstimmen: *f''-e''-h'/g'-fis'-cis'* und folgende Klangbildungen
- T. 62A, 4stg. Kanon der Soprane und T. 62C, Psalmodie der Männerstimmen (NB 5 und 6)
- Klangaufbau in den *kulām*-Takten T. 63ff.: *e – es – A / des' – d' – as''*
- Linien in dem 4stg. Chorsatz "dialogus" T. 93ff. (NB 7)
- abschließendes Sopransolo T. 193ff. (NB 8)

Es wird deutlich, dass sich melodisches und klangliches Material kaum trennen lassen. Neben bisher genannten Beispielen, die sich in allen möglichen Varianten überall in der *Missa* finden, möchte ich noch auf vier Partiturseiten im *Agnus Dei* hinweisen; ich spreche hier von der *Diminution* eines Klanges (T. 70ff.): Auf kurz hervorgestoßene Sprechsilben *(quasi battuto)* folgen rhythmisch profilierte kleine melodische Gesten, die scheinbar zufällig einsetzen und aufhören und schließlich erstarren. All diese linearen Gesten sind Diminutionen der zwölf Töne, die auf die vier Chorstimmen verteilt sind: Baß: *Fis-H-f*, Tenor: *b-cis'-a'*, Alt: *es'-e'-g*, Sopran: *c''-d''-as''* (s. NB 9f). Ein vergleichbares Verfahren findet sich im *Dona nobis*, T. 8ff.

---

17 Bei Strawinsky in dem frühen Kinderlied *Tilimbom*, über *Les Noces* bis zu den in rotierenden Hexachorden komponierten Glockenklängen seines späten *Requiem canticles*.

Solch ein Zwölftonfeld gibt es in jedem Satz auf unterschiedliche Weise:

1. Im Orgel-Psalm wird der "Hauptklang" (NB 2b) vorweggenommen; mit verschiedenen fremden Tönen werden Beziehungsfelder neu aufgebaut, bis sich die Töne schließlich übereinander schieben (NB 9a).
2. Im *Kyrie* ist der Zwölftonklang in die Struktur A1 integriert. Da alle Töne in diesem Abschnitt zunächst überwiegend tonlos auszuführen sind, entwickelt sich die Klangsubstanz nur allmählich während der Dauer von 2 Minuten. Ganz am Schluß des *Kyrie* wird der Klang noch einmal erlebbar: Der überdimensional lang gehaltene Ton *es/es'/es''* kippt plötzlich um in den Zwölftonklang, der aber durch den unterlegten Laut [wᵉ] und die Dynamik *pp morendo* verfremdet ist. Der Klang selbst setzt sich aus vier verschiedenen Dreiklangsformen zusammen: Moll, Dur, vermindert, übermäßig (NB 9b).
3. Im *Gloria* findet sich das Zwölftonfeld in T. 182ff. und entwickelt sich aus einer vokalen Improvisation mit vorgegebenen Tönen[18]. Der Klang wird ab T. 187 sukzessive abgebaut, bis der Ton *des'* übrigbleibt (NB 9c), über dem die Sopranistin mit ihrem abschließenden Solo einsetzt (NB 8).
4. Der Zwölftonklang im *Credo* rahmt den dramatischen Mittelteil ein: T. 28-32 und T. 62-65; einmal fünf, dann vier Takte lang; verschiedene Klangschichten werden dynamisch gegeneinander verschoben (NB 9d, schwarze gegen weiße Noten).
5. Im *Sanctus* wird der Klang entwickelt aus der vierfachen Oktave *B-b-b'-b''* (T. 140ff.) und dann in zwei sechsstimmige Klänge geteilt, die doppelchörig gegeneinandergesetzt werden (NB 9e).
6. Von dem Zwölftonklang im *Agnus Dei* (T. 58ff.) war schon die Rede. Vor dem *quasi battuto* - Abschnitt baut sich der Klang (vgl. *Kyrie*- und *Sanctus*-Klang) aus der dreifachen Oktav *es-es'-es''* auf (NB 9f). Die vier Chorstimmen repetieren ihre Töne mit *sff*-Impuls in verschiedene Metren (auch dies ein Aspekt aus dem *Sanctus*).
7. Hatte die Orgel den Vokalklang schon im *Sanctus* in die Höhe und in die Tiefe ausgespannt, so geschieht dies in gesteigertem Maße im Schlußklang des *Dona nobis* (NB 9g, bzw. 2h). Der Klang setzt sich fest innerhalb eines Am-

---

[18] Partitur: *Jede(r) für sich. Die vier Töne frei permutieren, immer neue Varianten. Rhythmisch frei, aperiodisch (nicht in Takten denken). Große Bögen, cantabile, sängerische Entfaltung, überschwenglich. Pausen zwischen den Bögen, gelegentlich Akzente. Text: go'ᵃlî ḥāy ("mein Erlöser lebt").*

bitus von real fast fünf Oktaven, verdoppelt durch die Registrierung in der Tiefe mit 16' und 32', in der Höhe mit 4', 2', 1', Aliquoten und Mixturen.

Die Klänge untereinander haben vielfältige Beziehungen und sind doch verschieden. Linie (Melodie) und Klang sind ineinander verschränkt. In diesem Zusammenhang wäre auch auf solche Abschnitte zu verweisen, in denen "Melodie"-Töne zu Klängen liegenbleiben (z. B. *Gloria* T. 11ff., 35ff.; *Sanctus* T. 93ff.; *Agnus Dei* T. 26ff., 36ff., 45ff., u.a.). Immer wieder fächert sich der Vokalpart der *Missa* von der Einstimmigkeit z.B. des *Kyrie*-Anfangs bis zur realen Achtzehnstimmigkeit im *Sanctus*, vom Zwölftonklang zur improvisierten Vielstimmigkeit auf. Der klassische vierstimmige (Choral-) Satz ist einer unter vielen Möglichkeiten. "Erinnerungen" an den *Choral* (im Sinne von Gregorianik und Choralsatz) finden sich an einigen Stellen (Tab. 10):

Gloria	T. 62C T. 113-123	"Psalmodie" / Männerstimmen unisono (NB 6) "Aria" / SATB / *"am Randes des Verstummens"*
Sanctus	Anfang	"choraliter" / TTTBBB (in der alten Mensur des tempus imperfectum)
Dona nobis	26f., 35f., 47f.	*"Da fiel mir Leben zu"* I, II, III / SATB (Refrain)

4.3 Rhythmische Verfahren und Notationen

1. Zahlenreihe

Den Silben eines Textes werden Zahlenreihen zugeordnet, die sich auf einen rhythmischen Wert beziehen. Im *Agnus Dei* z. B. wird in T. 26ff. der Bachmann-Text in sechs Zeilen aufgeteilt und abschnittweise mit einem rhythmisch davon unabhängigen Baritonsolo kombiniert (s.u. 5. space-notation). Der sechsstimmige Frauenchorsatz (SSSAAA; Tempoangabe: Punktierte Viertel = 72, bzw. 48; 72 : 48 = 3: 2) wird rhythmisch durch folgende Zahlenreihen bestimmt, die sich auf Sechzehntel beziehen (Die Sängerinnen sollten diese Zahlen als auszusingende Volumina empfinden, Taktstriche dienen nur zur Koordination.):

V. = 72 9/8 *p cresc* Erst als der | Re-gen ent- | -brann-te
4 3 2 5 3 2 6 (x)

V. = 48 12/8 *pp* lausch-ten wir | wie-der /
5 9 4 3 6

V. = 72	9/8	*mf>*	Spee-re | stürz-ten her- |-ab 3 2 4 5 2 12 (attacca)
rit. / V. = 48		*f*	und | En-gel | tra-ten her-|-vor / 5 3 4 5 5 3 12
V. = 72	9/8	*sfp*	hef-te-ten | schwär-ze-re | Au-gen 3 4 2 5 4 3 2 13
		f decresc.	in | un-se-re | schwar-zen. 4 6 4 7 12 5

2. "Feld"-Konstruktion

Eine rhythmische Zelle wird bearbeitet, erweitert oder reduziert. Durch das Arbeiten in einem Kastenfeld sind die horizontalen, vertikalen und diagonalen Bezüge stets erkennbar. Für den Hörer unmittelbar wahrnehmbar sollen sie nicht sein; zwei Beispiele:

(a) *Sanctus*, T. 50-56[19]

In diesem Abschnitt nehmen die Anschläge zweimal ab: 6 - 4 - 3 - 2 und 5 - 3 - 2. Ziel ist es, einen aperiodischen rhythmischen Prozess aus einer Grundidee heraus zu entwickeln.

(b) Im *Dona nobis* gibt es einen ähnlich gearbeiteten Abschnitt (T. 36/37ff.)[20]

Die Tonhöhenorganisation dieses Abschnittes beruht auf einer 12-Ton-Reihe, deren Vierton-Gruppen transponiert und permutiert werden:

I	T. 36/37ff.	*c-e-d-cis|es-f-g-fis|h-a-as-b*	= 1 2 3 4|5 6 7 8|9 10 11 12|	
II	T. 40f.	*cis-es-f-d|fis-g-as-e|c-a-b-h*	= 1 3 2 4|6 8 7 5|9 11 10 12|	½ ?
III	T. 42f.	*d-e-es-ges|f-a-g-as|b-des-h-c*	= 1 3 4 2|5 7 6 8|11 9 10 12|	1?
IV	T. 46f.	*es-e-f-g|gis-fis-a-b|h-c-d-cis*	= 1 4 3 2|6 5 8 7|11 10 9 12|	1½ ?

3. Unterschiedliche Zeitangaben gleichzeitig

(a) *Sanctus* (T. 1-15)

Chor I/III	SS	2x5/8	
Chor I/III	MAA	4x3/8	
Chor II	TTTBBB	4/2 Doppeltakt	Viertel = 54

Dirigiert werden die Viertel des Männerchores. Das Tempo der Soprane steht zu

[19] S. Tab. 11 am Ende des Beitrags unter 7.

[20] S. Tab. 12 am Ende des Beitrags unter 7.

diesen im Verhältnis 4:5, der Altstimmen im Verhältnis 2:3, Frauenstimmen untereinander 5:6.
Ebenfalls proportional geordnet sind die Tempo-Relationen in den vier Abschnitten (I/21 : II/22 : III/24 : IV/19):

I	MM	54 : 72 : 90	=	3 : 4 : 5
II	MM	90 : 60	=	3 : 2
	MM	60 : 54	=	10 : 9
III	MM	60 : 72	=	5 : 6
IV	MM	72 : 54	=	4 : 3

(b) *Agnus Dei* (T. 57ff., 68ff.)

S 1-3	7/8	4 : 7	(Achtel MM 105)
A 1-3	5/4	4 : 5	(Viertel MM 75)
T 1-3	12/8	2 : 3	(punkt. Viertel MM 60)
B 1-3	4/4	1 : 1	(Viertel MM 60 / Dirigat)

4. Stimmbuch-Notation

z.B. *Kyrie*, A1-Teil und *Gloria*, T. 62A.B.C.D. (s. daraus NB 5 und 6). Der Part der vier Ensemblestimmen ist optisch getrennt notiert, so daß jede Stimmgruppe im eigenen Metrum unabhängig von den anderen musiziert. Die Partitur gibt Koordinationshinweise.

5. space-notation

Eine Dauereinheit (z. B. Viertel = MM 60) wird auf dem Papier in Millimeter übertragen (z. B. 15 mm). In dieses Raster werden die Tonhöhenverläufe eingetragen. Tondauern werden durch Balken angezeigt. In der *Missa* wird diese Notation für die meisten Solopassagen angewandt (s. NB 3 und 4); vgl. auch *Credo*, E-Teil.

6a. Freie Notation mit Dauerangabe: Diese Notation eignet sich, um längere Prozesse rhythmisch zu organisieren. In der Missa gibt es entsprechende Passagen im *Kyrie* (C-Teil) und im *Credo* (F-Teil).

6b. Der Psalmodie angenähert ist die Notation der Männerstimme im Taktfeld 62C des *Gloria* (NB 6). Das (ziemlich ruhige) Tempo dieses Abschnittes muß so gefunden werden, dass die Gesamtdauer den Aktionen der anderen Stimmen entspricht.

6c. Die freieste der drei Notationen ist die gelenkte Improvisation, die im *Kyrie* (A2-Teil) und im *Gloria* (T. 181ff.) anzutreffen ist.

4.4 Kontrapunkt und Tradition

Kontrapunktisch arbeiten heißt, Stimmen eigenständig (gegeneinander) zu führen, vom Duett bis zum vielstimmigen kontrapunktischen Satz. Auch strenge Formen wie Kanon (gesprochen und gesungen), Krebs (z. B. *Gloria* T. 1-15 / 171-185), Umkehrungen (z. B. *Gloria*, "dialogus", T. 93ff., NB 7) etc. sind ebenso anzutreffen wie spezielle Modelle, etwa das der ars-antiqua-Motette mit unterschiedlichen Texten und hinzugefügten weiteren Stimmen (Gloria, "motetus" 2-, 3- und 4-stg., T. 70ff., 78ff., 87ff.), Orgelpunkt- und Ostinatotechnik. Zu den historischen Modellen gehört auch die im *Sanctus* praktizierte Mehrchörigkeit (sogar mit möglichem Einsatz von Instrumenten; s.u. 5.4), das *Dona nobis* kann in seiner Anlage als *Geistliches Konzert* betrachtet werden. Zum Schluß sei auch ein Beispiel für die Andeutung eines barocken Symbols der "musikalischen Rhetorik" erwähnt, das "Kreuzsymbol" im Agnus Dei (T. 84 / Baritonsolo "Ein Kreuz im Blut", mit transponiertem und oktavprojiziertem b-a-c-h-Motiv).

5. Theologische Vorgaben - Kompositorische Annäherungen (zu Formfragen)

Nach Gesprächen mit Corinna Dahlgrün entstand im Juni 1995 unter der Überschrift "Begegnung mit dem Heiligen" folgende Übersicht. Das *Credo* war damals schon in der ersten Fassung komponiert und uraufgeführt worden. (Tab. 13):

Kyrie	Schrei, aus der Tiefe
Gloria	Annäherung von oben und unten, dem Menschen zugewandt Erde: Hoheslied, Mann und Frau, Sehnsucht und Frieden Himmel: Psalm, Mensch und Gott, Kampf und Ruhe
Credo	Ringen, Erkämpfen von Gewißheit Dem Heiligen ein Stück eigenen Boden abringen
Sanctus	Begegung mit der Unfaßbarkeit, Unbegreifbarkeit, Unermeßlichkeit des Heiligen - Gegen Vereinnahmung und für Unverfügbarkeit des Heiligen - Gewaltig und gewaltsam, "für sich" - Wahrnehmung des Menschen: Erschrecken und Verwunderung - Reinheit des Heiligen, den Menschen vernichtend - Das Heilige: Kein Dialog, kein Kontakt, kein Ringen, abgeschlossen, für sich, läßt nichts nach außen, will sich nicht mitteilen, ist unberührbar, verstockt
Agnus Dei	Das Heilige liefert sich aus.
Dona nobis	Greift wieder nach oben, greift darüber hinaus Traum des Menschen vom Heiligen

Das damalige theologische Gesamtkonzept beschreibt viele Details schon sehr genau, andere wurden bei der Ausarbeitung verändert, ergänzt, konkreter. Ich habe mich den Texten gestellt, es gab erregende und erschreckende Momente. Die persönlichen Erfahrungen werden in die Musik eingegangen sein, vielleicht teilen sie sich der Hörerin/dem Hörer auf eine ihr/ihm gemäße Weise mit. Im folgenden versuche ich, die Übergänge von der Beschäftigung mit den Texten zur Komposition zu beschreiben. Dabei wende ich mich den Messesätzen in der Reihenfolge ihrer Entstehung zu.

5.1 Credo

Annäherung 1

Als Motto für die kirchenmusikalische Woche zum Abschied aus Blankenese, die im Juni 1994 stattfand, wählte ich den Satz aus der Jakobsgeschichte *"Ich lasse dich nicht, du segnest mich denn"* (Gen 32,27), der mir in dieser Zeit besonders viel bedeutete[21]. Schon im Frühjahr stellte sich mir die Aufgabe, für mein zukünftiges Vocalensemble Kassel eine Motette zu schreiben, die möglicherweise schon im September des gleichen Jahres zu meinem Einführungsgottesdienst aufgeführt werden sollte; einige Probenwochenenden hatte ich schon von Blankenese aus vereinbart. Für dieses neue Stück bat ich um den hebräischen Text:

lōʾ ʾᵃšalleḥᵃḵā / kî ʾim-beraḵtānî

Annäherung 2

Die Beschäftigung mit dem hebräischen Satz faszinierte mich, zwei Satzhälften mit unterschiedlichem Lautmaterial (Tab. 14):

	lōʾ ʾᵃšalleḥᵃḵā nicht ich lasse dich	**kî ʾim-beraḵtānî** wenn nicht du segnest mich
Vokale	[o:], [e:], verschiedene [a]-Laute	[i:] (2 Varianten), [e], [a], [a:]
Nasalkonsonanten, Schwing- und Seitenlaute	[l]	[m], [r], [n]
Verschlußlaute	-	[k], [b], [t]
Engelaute mit Reibungsgeräuschen	[ʃ], [x], [ç]	[ç]

Das Material wurde ergänzt durch stimmhafte, bzw. stimmlose Varianten der Konsonanten und dann der Lautbildung im Mundraum entsprechend geordnet

---

[21] Prof. Dr. Hermann Spiekermann hielt einen theologischen Vortrag, den er später, erweitert, als Buch veröffentlichte: *Der Gotteskampf, Jakob und der Engel in Bibel und Kunst*, Zürich 1997.

(vorn → hinten: Zähne / Zahndamm, vorderer Gaumen, harter Gaumen, weicher Gaumen / hinterer Zungenrücken, Halszäpfchen / hinterer Zungenrücken, Rachenraum). In der ersten Fassung entschied ich mich für die internationale Lautschrift[22], später dann doch so weit wie möglich für die wissenschaftliche Umschrift des Hebräischen[23].

Zwei – zugegebenermaßen – sehr unterschiedliche Ansätze, die jedoch sehr schnell zu ersten Skizzen und Entwürfen führten. Der Plan war, mit dem Sprachmaterial zu arbeiten, zwei Teile mit den beiden Satzhälften gegeneinander zu stellen und am Text das geschehen zu lassen, was er aussagt; anders ausgedrückt: Durch die Komposition sollte erfahrbar werden, was der Text meint, ohne dass er zusammenhängend zitiert wird. Andererseits sollte nur Sprachmaterial verwendet werden, das sich unmittelbar aus dem hebräischen Text ableiten ließ.

Formplan (Tab. 15):

T.		MM	Dynamik	Textmaterial	sec.	Anmerkungen
1		V 60	*sff*	**lō’ ’^{a}šalleḥ^{a}ḵā**	45	tutti: statisch, ruckartig, schieben – stoßen – zerren
12	A	V 72	*p cresc.*	. / .	35	A/T: Punkte und Laute geraten in Bewegung
21	B				30	S/B: aus Oktav *G-g-g’-g’’* Akzente und große Geste
28	C	V 48	< / >	. / .	25	Zwölftonklang, dynamisch hin- und hergeschoben

22 (1) The Principles of the International Phonetic Association, London 1949; (2) G. Heike: Phonetische Grundlagen der musikalischen Sprachkomposition, Köln 1973 (Institut für Phonetik der Universität zu Köln, Berichte Nr. 1); (3) Jörn-Ludwig Beimfohr, Skript *"Internationale Lautschrift"*, unveröffentlicht.

23 Zeitschrift für alttestamentliche Wissenschaft (ZAW).

T.		MM	Dynamik	Textmaterial	sec.	Anmerkungen
33 45	D E	V 72	*p < f < ff* *decresc.*	. / .	40 60	Gesungener Umkehrungskanon aus Höhe und Tiefe auf die Mitte zielend; "Trichter", beängstigende Enge; Singen ? Sprechen; Laut-Spirale mit vorgesetzen Laut-Filtern[24]. Deformation des Sprachmaterials, gewaltsames Verstummen
57	F	frei	*pp < ff* <	**kî 'im-berak̲tānî**	90	aus äußerster Enge Bildung des Lautmaterials der zweiten Satzhälfte[25]
62	G	V 48	< / >	. / .	20	Zwölftonklang, vgl. C
66	H	V 60	*p*	. / . und Bachmann	60	Baritonsolo[26]: Text Ingeborg Bachmann Ensemble: Lautmaterial-Reminiszenzen
79				Stille	10	

5.2 Kyrie

Die ersten Jahre in Kassel ließen eine Weiterarbeit an der Messe nicht sofort zu. Nach drei Jahren vereinbarte ich mit meinem Vorgesetzten[27] einen jährlich vierzehntägigen Arbeitsurlaub, zu dem ich mich in der Regel in mein schwedisches Ferienhaus zurückziehen konnte. Der Kompositionsauftrag von Christfried Brödel

---

[24] Anweisungen in der Partitur, vier Abschnitte (Dauer ca. 1 Min.): *Sprechstimme, mit großem Engagement (vorwärtsdrängend, wie atemlos). (I) In den Stimmen zusammen beginnen, dann macht sich jede/r unabhängig von den anderen. Lautmaterial virtuos permutieren. Lautbildung vorn. (II) In der Verbindung mit den neu hinzukommenden Lauten [l] und [e] Speichellaute bilden. (III) In Verbindung mit den neu hinzukommenden Lauten [k̲] und [h] Gurgellaute bilden. Die Lautbildung gerät zunehmend nach hinten (harter/weicher Gaumen, Zungenrücken), (IV) Die Lautbildung gerät ganz nach hinten. Alle Laute werden dadurch deformiert. Es entstehen Rachenlaute wie [ħ], schließlich [ς], [ʡ]. Die Aktionen werden immer mühsamer. "Unfreiwilliges" Decrescendo und Diminuendo. Die Laute werden vokalärmer und klingen schließlich verschluckt, erstickt, gewürgt.*

[25] Anweisungen in der Partitur, fünf Abschnitte mit 20-20-20-20-10 Sek.: *(I) Aus dem Punkt äußerster Enge und gewaltsamen Verstummens bilden sich – zunächst fast unhörbar und vereinzelt, dann aber deutlicher und immer häufiger – die Verschlußlaute aus dem Lautmaterial der zweiten Satzhälfte [k p t / g b d]. (II) Die Konsonten öffnen sich den Vokalen [+ i e a], behutsam, probierend. (III) Mit den Vokalen [a] und [e] werden die Konsonanten [k̲] und [ḫ] aus dem vorherigen Abschnitt verbunden; sie behalten den erstickten und erstickenden Charakter. Gleichzeitig wird das [r] mit einbezogen. Hinzu kommen auch die Nasalkonsonanten [m] und [n]. (IV) Verdichtung. Das Lautmaterial bleibt noch isoliert. Das Wort* berak̲ *oder* berak̲tānî *darf noch nicht entstehen. Konzentration auf [b t k r k̲ h / e a], Beschleunigung. (V) Tempo wie verrückt. Schließlich wird das Wort* berak̲ *herausgeschleudert.*

[26] Wird das *Credo* mit anderen Sätzen zusammen aufgeführt, an denen der Baritonsolist beteiligt ist, übernimmt er den Part. Sonst ist es ein Solist aus dem Ensemble.

[27] Dekan Dr. Martin Hein, jetzt Bischof der Evangelischen Landeskirche von Kurhessen-Waldeck.

aus Dresden gab dann zusätzlich das Signal zur Fortsetzung des begonnenen Projektes. Die Spannung *Kyrie – Gloria* entsprach ganz meiner damaligen inneren Verfassung, und schließlich hatte schon einmal ein Komponist ein *Kyrie und Gloria* nach Dresden geliefert ...

Das *Kyrie* hatte noch weniger Text als das *Credo*, drei Worte: *qámtî – ḇaqqāhāl – ʾᵃšawwéᵃʿ* (ich bin aufgestanden – in der Gemeinde – ich schreie / Hi 30, 28b). Eine Variante des *Credo*-Verfahrens kam nicht infrage. Wie war mit dem wenigen Sprachmaterial für ein 9-Minuten-Stück umzugehen? Zunächst entschied ich mich, mit den drei Worten die dreiteilige Kyrie-Form (*Kyrie eleison – Christe eleison – Kyrie eleison*) durchscheinen zu lassen.

Bei der Untersuchung des Sprachmaterials ist mir besonders wichtig gewesen

- die Anzahl der Silben und Vokale der drei Worte (2 – 3 – 4)
- die Anzahl der Konsonanten der drei Worte (3 – 4 – 2) und ihre Bestimmung; für die Anzahl der Unterteilungen und für die Dauer der drei Abschnitte (Min.) wählte ich die Werte 4 – 2 – 3
- das "weiche" mittlere Wort in der "härteren" Umgebung
- die beiden Ansatzlaute bei *ʾᵃšawwéᵃʿ* (ʾ = stimmloser laryngaler Verschlußlaut / ʿ = stimmhafter pharyngaler Reibelaut)

Für die beiden Kyrie-Teile wollte ich jedwede chorische Setzweise vermeiden. Der Beginn (*aufbegehrende Geste von großer und anhaltender Intensität*) erschreckt Ausführende und Hörer: Ein von den Männerstimmen – *fortissimo* und auf einer bis zum äußersten gespannten Atemlänge – auf *es'* zu intonierender Ton soll allmählich von der Sing- in die Sprechstimme überführt werden, ohne dass Intensität und Lautstärke nachlassen und ohne dass die Ton-/Sprechhöhe abgleitet. Unhörbar summen die Altistinnen die gleiche Tonhöhe und können dabei beliebig chorisch nachatmen; zwei extrem unterschiedliche Erfahrungen!

Nach einer Auffächerung des Lautmaterials sind die Chorstimmen für S-A-T-B mit jeweils fünf Aktionszeilen getrennt notiert, das Ensemble setzt in drei Gruppen nacheinander ein: *Jede Sängerin / jeder Sänger ist selbständig. Die fünf Zeilen können in beliebiger Reihenfolge realisiert werden. Wiederholungen sind möglich. Dauer ca. 2 Minuten. Zu Beginn soll Geräuschhaftes überwiegen, gegen Ende Gesungenes. Die Gesamtdynamik nimmt zu.* Schon in diese "gelenkte Improvisation" hineingesetzt ist der Zwölftonklang, mit dem der Satz aufhört (NB 9b). Zunächst sind jedoch – wie angegeben – auch Tonhöhen geräuschhaft auszuführen (differenzierte Atemgeräusche, Flüsterstimme mit Vokal- und Tonvorstellung, Prozesse vom Geräusch zum Ton und umgekehrt, etc.).

Im dritten Abschnitt des ersten *Kyrie*-Teils (insgesamt ca. 4 Min.) wird die Im-

provisation mit präzisen Angaben in sieben Stufen zum Höhepunkt und abrupten Abschlag geführt.
Der B-Teil (Lamento, ca. 2 Min.) beginnt mit einem achtstimmigen Sprechkanon der Frauenstimmen (Tenöre und Bässe sind in diesem Abschnitt nicht beteiligt) zu dem Text von Nelly Sachs: *Niemand weiß, ob der Weltenraum blutet / mit blitzenden Stigmata / an seiner unsterblichen Not / und das Herz zu Tode drückt* ... Das Sprechen geht in ein immer dichter werdendes gesungenes Stimmengeflecht über, unterlegt mit den Silben des Wortes *ḇaqqāhāl*; schließlich *morendo*, Fermate, Generalpause (6 Sek.).
In der *Sprechweise eines "Sehers", klar und stockend* eröffnet ein Sprecher den C-Teil (ca. 3 Min.) mit der letzten Zeile des Gedichtes von Nelly Sachs: *"Aufgerissen ist die Zeit / diese Wunde vor Gott"*. Aus einem gepreßten Luftgeräusch wird ganz allmählich das *es'* (Silben *ʿa- ša-*) des Anfangs intoniert, lang (ohne Atemzäsur) ausgehalten, verschiedenartig manipuliert, bis der Ton plötzlich umkippt in den Zwölftonakkord, *subito pp,* Silbe [w] → [e:], jeweils eine Atemlänge ausgehalten, *morendo*, Generalpause, *sff* Ein- oder Ausatmen (fast tonlos) auf Silbe [-ᵃʾ], Generalpause (10 Sek., unveränderte Mundstellung des Ensembles bis zum Abschlag).

5.3 Gloria

An Textmaterial bot mir Corinna Dahlgrün noch weit mehr an, als ich schließlich auswählte. Das *Gloria* sollte der längste Satz der Missa werden, kontrastreich in seinen Gegenbildern, leicht und tief, direkt und hintergründig, offen und geheimnisvoll, liebevoll und erschreckend ...
Schauen wir uns zunächst die Gegenüberstellungen an:

- T. 1-10, Ensemble, Frauen- gegen Männerstimmen; 12/8-Takt[28] gegen 4/4; schwingend, tänzerisch Gesungenes gegen streng und hart Gesprochenes; hebr. Texte, S/A/T: *Laßt uns jauchzen und laßt uns freuen in dir* (Cant 1,4) gegen T/B: *Schadaj, nicht erreichen wir ihn, der so groß ist von Kraft* (Hi 37,23)
- T. 20-34, Solisten; Bariton: ... *der Hass, eine schwarze Sonne, verdunkelt das Antlitz Gottes* (Elie Wiesel); dagegen der Einspruch des Soprans: *vergiss nicht / es gibt ja / das Licht* (Rose Ausländer), s. NB 3 und 4.
- T. 62 ist ein Abschnitt, in dem vier verschiedene Texte und vier musikalische

[28] Die 12/8-Takte sind denen des Weihnachtsoratoriums von Bach in großer Bewunderung verpflichtet.

Schichten gleichzeitig ablaufen. (A) Vierstimmiger Sopran-Kanon, 12/8, tänzerisch, ausgelassen zu den hebräischen Worten: ... *freuen sich in dem lebendigen Gott*; dazu (B) der Satz von Rose Ausländer: *Das Losungswort / heißt / Liebe*, von tiefen, sonoren Altstimmen chorisch gesprochen (ohne jedes Pathos, drei Wiederholungen nehmen an Intensität zu; dagegen (C) Psalmodie der Männerstimmen des Ensembles (hebr., Ps 22,3): *Mein Gott, des Tages rufe ich, so antwortest du nicht; und des Nachts schweige ich auch nicht. Du aber bist heilig*; und (D) Einspruch des Baritons: *Um gegen seinen Willen etwas zu fordern / gibt es nur ein Mittel: / Ihn loben* (Elie Wiesel), s. NB 5 und 6.

- Gleich anschließend, zu Beginn des III. Teils (T. 63-92), eine unerwartete Gegenüberstellung: hebr. Texte des Erschreckens (Ensemble, S+B, 6stg.) aus dem Hohelied und der Zuversicht aus dem Buch Hiob (Ensemble, A+T 2-, 3-, 4-stg.): *Sie halten alle Schwerter / wegen des Schreckens in den Nächten* (Cant 3,8), gegen *Ist nicht Herrschaft und Schrecken bei ihm, / der Frieden macht in seinen Höhen?* (Hi 25,2). Dreimal setzen die heftig gestoßenen Tonrepetitionen der Soprane und Bässe ein, zunehmend weicher und kürzer werdend. Dagegen wächst der in der Partitur mit "motetus" bezeichnete Satz der Altistinnen und Tenöre bei jeder Wiederholung, indem zu dem vorhandenen Satz jeweils ein neuer Kontrapunkt hinzugefügt wird.
- Wieder anschließend (T. 93-112) eine neue Variante nach dem gleichen Muster: *Wende weg (du Frau) deine Augen von mir / sie erschrecken mich* (Cant 6,5), gegen *Der das Auge gemacht hat, sollte der nicht sehen?* (Ps 94,9b). Der vierstimmige, als "dialogus" bezeichnete Satz arbeitet mit Spiegelungen, z.B. die Soprantöne *c' - g' - d'' - gis' - cis'* auf das Wort *'ênayiḵ* (deine Augen) aus dem Hohelied (T. 95) gegen die Baßfigur *c' - f - B - e - h* (Auge) aus dem Psalm (T. 96). Die Figur aus Quinten und Tritonus, die am Schluß im Sopransolo noch einmal aufgegriffen wird (T. 193ff.), bildet sowohl das Auge als auch das Schauen tonmalerisch ab. Die Quintole bringt etwas Schwebend-Unsicheres in den ansonsten rhythmisch sehr prägnanten Satz (s. NB 7).
- In T. 113-150 folgt noch ein drittes Bild, wieder wird auf einen dunklen Text aus dem Hohelied mit einem Psalmwort geantwortet: *(Du bist) ein verschlossener Garten, meine Schwester Braut; eine verschlossene Quelle, eine Quelle versiegelt.* (Cant 4,12) – *Denn bei dir ist die Quelle des Lebens.* (Ps 36,10). Mit *aria* ist der vierstimmige Ensemblesatz zu dem ersten Text überschrieben, auszuführen laut Partitur *mit großer Intensität (lebendig, aber 'verschlossen'),*

am Rande des Verstummens, aber intensive Artikulation. Die 11 Takte gefallen mir besonders gut; ein sehr ruhiger, inniger Satz mit langen Pausen, mit leeren Klängen und diminutionsartigen Gesten, wie eine hingeworfene Tuschezeichnung. Auf das letzte Wort *ḥātûm* (versiegelt), lasse ich das unmittelbar folgende Sopransolo mit dem Wort *ḥayyîm* (des Lebens) einsetzen. Der gemeinsame Anlaut verbindet zwei musikalische Ausdrucksweisen, die gegensätzlicher kaum sein könnten. Die Sopranistin[29] kann in den 27 Takten all ihre sprudelnde Virtuosität entfalten, sowohl was den Tonumfang anbelangt (*a – f'''*), lange Töne, schnelle Passagen, Triller in allen Lagen, große Sprünge, Zersplitterung der Silben und Laute, Artikulationen von explodierenden Konsonanten, Sprechen, Singen; *voll, überwältigend* vorzutragen.

Dann gibt es Abschnitte, die ganz diesseitig sind:

- Die Musik zu *lasst uns preisen deine Liebe mehr als Wein* (Cant 1,4 / T. 14-19) fängt an zu torkeln, Partituranweisung *berauscht*.
- Mit *sehnsüchtig* sind die Takte 42ff. überschrieben; ein achtstimmiger engmaschiger Kanon zu dem Wort *nik̲sᵉp̄ā* (es hat sich gesehnt) ergießt sich über die Zuhörer, streng im Takt, und doch geht die Artikulation frei darüber hinweg und löst die Starre.
- Das zweite Duett der beiden Solisten gibt den intimen Dialog zweier Liebender wieder (Cant 7,11 und 1,15 / T. 49-61).

Der Schlußteil aber (T. 173ff.) ist ein großer Lobgesang (*Ich weiß, dass mein Erlöser lebt* ..., Hi 29,25). In den sich aufbauenden Zwölftonklang mischt sich noch einmal der Bariton mit Worten von Elie Wiesel ein: *Friede ist Illusion / aber die Sehnsucht nach Frieden / ist keine Illusion*. Theologisch verwandelt sich die Szene in ein eschatologisches Bild vom Ende der Zeit. Musikalisch entschwindet der gewaltige Chorklang ins *pianissimo* auf dem für alle Stimmen gemeinsamen Ton *des'*, der während des abschließenden Sopransolos unter dem Bild des "Sonnenuntergangs" ganz verschwindet. Die Solistin verstummt mit einem *und* auf dem Ton *d'''* (*so weich wie möglich*), s. NB 9c und 8.

---

29 Dieses Solo besonders, aber auch die anderen, sind für Angelika Luz geschrieben, die nicht nur alle Schwierigkeiten zu meistern, sondern ihren Part zudem mit innerer Kraft, Wärme und Ausstrahlung zu verbinden wußte.

5.4 Sanctus

Das *Sanctus* schrieb ich als meinen kompositorischen Beitrag[30] für die 3. Interdisziplinären Tage für Neue Musik und Theologie *neue musik in der kirche*, die vom 20.-23. Juni 2002 in St. Martin Kassel stattfanden und die Corinna Dahlgrün und ich unter das Thema "Ein Gott, der tötet?" gesetzt hatten[31].
Die lateinische Messe verwendet nur im *Sanctus* einen alttestamentlichen Text (Ausschnitte aus Jesaja 6). Hier konnten wir mit der Textauswahl direkt anknüpfen. Allerdings haben wir uns nicht auf die Vision des grandiosen himmlischen Schauspiels im Thronsaal des Allmächtigen beschränkt, sondern die lebensbedrohenden und todbringenden Aussagen des Textes mit einbezogen. Durch das abendländische Ordinarium ist der Jesaja-Text verkürzt und der Gefahr ausgesetzt worden, hinter dem überwältigenden Jubel und Glanz nicht auch die tödliche Unberechenbarkeit des Heiligen wahrzunehmen. Ein Gott, der tötet?!?
Zwei Maßnahmen, Raum- und Zeitorganisation betreffend, habe ich zunächst ergriffen angesichts dieser "Bedrohung": (1) Das Ensemble teilt sich auf in drei Chöre: rechts und links auf den Emporen je ein fünfstimmiger Frauenchor (I+III), unten in der Mitte der sechsstimmige Männerchor (II). Die beiden Solisten stehen rechts und links von diesem. Die Orgel von der gegenüberliegenden Empore mischt sich ein mit wenigen Tönen ("Orgelpunkte"): vornehmlich dem Zentralton *cis'* und den Tönen C̲ und *h''''*, in die der Chorklang zum Zerreißen eingespannt ist (vgl. T. 50ff.). (2) Jenseits des akustisch Wahrnehmbaren ist der ganze Satz von Zahlenproportionen durchzogen, die sich einerseits auf Zeitabläufe und Tempoangaben, dann aber auch auf räumliche Dispositionen und klangliche Verhältnisse beziehen.

> Exkurs: Mit dem Raumkonzept knüpfte ich bewußt an die venezianische Mehrchörigkeit des 16./17. Jahrhunderts an. Die Anspielung geht soweit, dass ich mir vorstellen kann, den Stimmen Instrumente hinzuzugeben oder diese sogar anstelle der Stimmen einzusetzen (etwa Streicher, bzw. Holzbläser für I + III, Posaunen für II). Auch sah ich in dem Orgelpart eine weit entfernte Beziehung zu den Anfängen des Generalbasses in dieser Zeit[32].

---

[30] Kompositionsaufträge für diese Tage wurden vergeben an Isabel Mundry, Ulrich Krieger, Helmut Oehring, Dror Feiler; das Stück von Feiler kam allerdings nicht zur Uraufführung.

[31] Corinna Dahlgrün/Hans Darmstadt (Hg.), neue musik in der kirche III: Ein Gott, der tötet? Dokumentation und Auswertung, Frankfurt/M. u.a. 2003.

[32] Am 1. Advent 2001 habe ich zum 500jährigen Jubiläum des Staatsorchesters Kassel in der Martinskirche ein Konzert "Von allen Emporen" mit mehrchörigen Kompositionen veranstaltet, die mit dem Kasseler Hof unter Moritz dem Gelehrten und seiner Hofkapelle in Zusammenhang standen. Zur Aufführung kamen Werke von Georg Otto (damaliger Kapellmeister) und Christoph Cornet (dessen Schüler, wie Schütz vom Landgrafen nach Venedig zu Gabrieli geschickt), die ich in der Murhardschen Bibliothek abgeschrieben und wohl erstmals wieder aufgeführt hatte, dazu

Im Gesamtgefüge der Missa ist das *Sanctus* das Gegengewicht zum *Gloria*. Aber die Kleingliedrigkeit des *Gloria* wäre hier fehl am Platz. Das *Sanctus* beginnt 16-stimmig in drei Chören, in drei verschiedenen Tempi in den Proportionen 2:3, 4:5, 5:6; aus dem Text wird zunächst nur das Wort *qādôš* (heilig / Jes 6,3b) verwendet. Das Maß geben die Halben des Männerchores, gegen die die Frauenstimmen 2 x 5/8 bzw. 4 x 3/8 durchzuhalten haben. Die musikalischen Linien und Klänge der Frauenchöre gehen von den Emporen hin und her, einander nachsingend, im Krebs, in der Umkehrung etc. Die Männerchöre halten dagegen mit einem strengen *choraliter* gesungenen Satz (Doppeltakte in mensuraler Manier), Ruhe und Festigkeit ausstrahlend (5+4+6 = 15 Takte). Das *Sanctus* schließt mit dem exakten Krebs dieses ersten Abschnittes, nur kommen die beide Solisten noch dazu. Das Stück schließt wie es begonnen hatte. Wo ist Anfang, wo Ende?[33]

T. 16-33 (A) wird der Name *ʾᵃdônāy ṣᵉḇāʾôt* (der Herr der Heerscharen) genannt, zu hören sind transparente, vorwiegend *piano*-Klänge mit eigenartigen Oktavverdopplungen und Klangmischungen zwischen den verschiedenen Klangkörpern. Das Bild "alle Lande sind seiner Ehre voll" (T. 34-49) wird insofern nachvollziehbar, als sich der Klangraum bis in die letzten Winkel des Zwölftonraumes auszufüllen beginnt. Die Gesamtstimmenzahl in den Chören wird von 16 auf 14 reduziert. Kontrapunktisch bilden die Soprane in Chor I und III einen Kanon, die Altstimmen einen Umkehrungskanon (Achse *cis'/dis'*), die Tenöre kreisen um eine pentatonische Figur, die Bässe um gespreizte Tritonusintervalle, schon das *C* der Orgel berührend.

Und nun kommt die Beschreibung, dass die Türschwellen bebten von der Stimme des Rufens, und das Haus voll wurde von Rauch (T. 50-57 / Jes 6,4)). Soprane und Bässe werden mit der Orgel in bizarren Rhythmen und in extremer Lage hin- und hergeworfen (*sempre sfp*), während Alt- und Tenorstimmen zwischen zwei Tönen (langsam, gleichsam mit großer Anstrengung) glissandieren.

Eine überwältigende und eher beängstigende Szene, in die sich der Prophet da hineingestellt sieht. Der 2. Abschnitt (T. 57/58-100ff. / Jes 6,5-7a) handelt davon, was dem Propheten an diesem Ort geschieht. Die Wehklage wird von den beiden Solisten vorgetragen, die sich mit ihren Stimmen immer wieder weit von-

---

Kompositionen von Giovanni Gabrieli, Heinrich Schütz und Moritz von Hessen.

[33] Eines der frühesten Beispiele der abendländischen Mehrstimmigkeit für eine in sich rückläufige Komposition, durch Stimmentausch unkenntlich gemacht, ist Machauts Ballade "Ma fin est mon commençement", Gesamtausgabe (L. Schrade), Vol V, 15.

einander entfernen, um im nächsten Moment erneut untrennbar ineineinander verknotet zu sein. Das Ensemble erzählt die Geschichte weiter. Das Ausbrennen des Mundes bringt die Musik in jedem Moment neu zum Verstummen. Von dem *es'* der Tenöre spalten sich rechts und links immer wieder Töne und Lautierungsversuche ab, die schließlich im *decrescendo* verschwinden.

An dieser Stelle (G / T. 101ff.) setzt der Bariton mit dem Rilke-Text ein "Wer, wenn ich schriee, ...", zwischen Singen und Sprechen, *espressivo*, den Text gleichsam von innen her ausleuchtend. Noch während er singt, fährt die Sopranistin mit dem hebräischen Text fort (T. 115ff. / Jes 6,9a), die Einleitung des Auftrages an den Propheten. Dieser Auftrag ist ungeheuerlich: Er soll hingehen und dem Volk verkünden, dass sie hören und nicht verstehen, keine Chance zur Einsicht haben (Jes 6,9b-10). Gott verstockt sein Volk. Gott selbst verstockt? Die Orgel hält den Ton *cis'* nun die ganze Szene über aus. In heftigen vokalen Ausbrüchen entlädt sich diese unvorstellbare Zumutung, ein Chorsatz, ver-rückt, unberechenbar.

Das *cis'* wandert zu den Altistinnen, während die Sopranistin den Rilke-Text zuende bringt (T. 150/51ff.). Noch vor ihrem Schluß setzt der Bariton mit der Einleitung der Geschichte ein, die am Beginn ausgespart wurde (Jes 6,3a): *Und es rief dieser zu diesem und sagte* ... Es folgt der *qâdôš*-Einsatz des Ensembles (M / T. 171/72ff.; Krebs des Anfangs, s.o.), dazu Bariton (hebr.): "*und er sagte*"; Sopranistin: "*Ein jeder Engel ist schrecklich*" (verklingender Triller auf *cis''*), unaufhaltsamer Rücklauf des Ensembles; das Orgel-C̲ hängt einen Moment nach. Ein Takt absolute Stille.

Von der Dramaturgie her sollte man meinen, dass jetzt alles gesagt ist, es nicht weiter geht. Ausgebrannt. Ein happy end? - Unvorstellbar. Dass der Ungeheuerlichkeit des *Sanctus* eine noch größere folgen könnte, liegt nicht auf der Hand. Es ist aber so. Vielleicht läßt sich erahnen, welche Zumutung die Christusbotschaft von ihren Anfängen an - besonders für die kundigen Zuhörer - bedeutet hat. Die Paulus-Briefe geben Auskunft darüber. Der Übergang vom *Sanctus* zum *Agnus Dei* ist für mein Empfinden der am schwersten nachzuvollziehende Schritt im Verlauf der Messe, insbesondere in einer *missa hebraica*[34].

[34] In das Programm der Uraufführung der gesamten Messe (Oktober 2005) habe ich an dieser Stelle Bachs *Vater unser im Himmelreich* aus dem dritten Teil der Clavier-Übung BWV 682 eingefügt. Zur Vertiefung der theologischen Fragen, die sich hier ergeben, verweise ich auf die entsprechenden Beiträge in diesem Buch.

5.5 Agnus Dei[35]

Das *Agnus* hat drei Teile und einen Abgesang. Die Besetzung Ensemble und Baritonsolo ist diesem Satz vorbehalten. Das Ensemble ist zunächst in Männer- und Frauenstimmen getrennt: (A) Ensemble T/B + Bariton. (B) Ensemble S/A + Bariton, (C) Ensemble tutti, (D) Bariton + Ensemble.

Der Solist übernimmt verschiedene Rollen:

(1) Der erste Teil (II Chr 29,24a) ist als antiphonaler Wechselgesang gestaltet; wobei der Solist nach alter liturgischer Tradition den Part des Priesters/Vorsängers übernimmt (Tab. 16):

Takt	Ensemble / Männerchor	Baritonsolo
1	und / es schlachteten / sie	
7		die / Priester
14	und / sie bringen als Sündopfer	ihr / Blut
		zu dem Altar
21	um Sühne zu erwirken	um Sühne zu erwirken für das ganze Israel
24	für das ganze Israel	

Exkurs: Der Satz beginnt mit einem *ff*-Impuls der Tenöre und Bässe, der aus einer virtuos ausgezierten Verklammerung der beiden Quinten *as-es'* und *a-e'* besteht (5/8-Takt, Viertel MM 72, "schroff, aber klangvoll"). Im 2. Takt entwickeln sich dichte, chromatische Klanggebilde, *piano*, ebenfalls mit ausgeschriebenen Verzierungen (Diminutionen), "dicht, zart" zu singen (4/4, Viertel MM 56). In diese lang ausgehaltenen Töne brechen heftige und kurze geräuschhafte ("Sprechstimme, scharfe Konsonanten") Attacken ein, die schließlich zum Einsatz des Baritons führen.

Ich beschreibe diesen Vorgang so ausführlich, weil er für den ganzen Satz kennzeichnend ist. Ich wollte ein *Agnus* schreiben, das die kirchliche und persönlich-fromme Ergriffenheit zwar nicht attackiert, aber doch in Kontakt bringt mit der Abgründigkeit des Opfergeschehens, auf die man mancherorts meint verzichten zu können. Hier liegt aber das Zentrum der paulinischen Theologie und insbesondere des Hebräerbriefs. Wer hier nur von Liebe und Vergebung redet, macht es sich zu leicht.

---

[35] Auch die Komposition des *Agnus Dei* war eingebunden in einen größeren thematischen Zusammenhang und entstand für die folgende Woche *neue musik in der kirche* (17.-20. Juni 2004); Thema: *Gottesfleisch*. Auf die Dokumentation, die 2005 ebenfalls im Peter-Lang-Verlag erschienen ist, sei ausdrücklich hingewiesen. Sowohl die theologischen Vorträge als auch die Gespräche und die Konzertprogramme, jeweils mit besonderem thematischen Profil, können nachgelesen werden.

(2) Ist die Musik des 1. Teils insgesamt hart und kantig gewesen, setzt im zweiten ein sechsstimmiger Frauenchor "fließend" (9/8 - 12/8) mit dem Bachmann-Text ein, wobei das Tempo der punktierten Viertel wechselt zwischen MM 72 und 48. Der Bariton singt gleichzeitig den zweiten hebräischen Textblock (Ex 24,8); er ist nicht an den Takt des Ensembles gebunden. Es laufen also zwei inhaltlich und musikalisch weit voneinander entfernte Prozesse ab, die "zufällig" miteinander kommunizieren können.

Hier eine Synopse (Tab. 17):

Takt	**Ensemble** (Bachmann)	**Tempo** MM punkt. Viertel	**Bariton** (Ex 24,8 / Übers.)
26	Erst als der Regen entbrannte,	72	
			und es nahm Mose
32	lauschten wir wieder;	48	
			das Blut
36	Speere stürzten herab und Engel traten hervor,	72 / *rit.* / 48	
			und er sprengte es / auf das Volk
45	hefteten schwärzere Augen	72	
			und sprach
49	in unsere schwarzen.		siehe
			das Blut des Bundes
55	Vernichtet standen wir da.	48	
			das Blut des Bundes
57	Unser Wappen flog auf.	*accel.*	

(3) Mit dem Ton *es'* hat der Bariton den dritten Abschnitt eingeleitet (Jes 53,5). Das Tutti-Ensemble nimmt den Ton ab und fächert sich zu einem Zwölftonakkord auf (NB 9f). Rhythmisch agieren die Stimmgruppen unterschiedlich: Auf den 4/4-Takt der Bässe singen die Tenöre im 12/8-, die Altistinnen im 5/4- und die Sopranistinnen im 7/8-Takt. Die musikalische Aktionsfolge sieht so aus (Tab. 18):

Takt	**Text** (Jes 53,5 / Übers.)	**Tempo** MM Viertel	**Dynamik**	**Partitur-Angaben**	**Dauer** ca. in sec.
58	aber er ist durchbohrt	60	sempre *sf*		20

Takt	Text (Jes 53,5 / Übers.)	Tempo MM Viertel	Dynamik	Partitur-Angaben	Dauer ca. in sec.
62/63	wegen unseres Frevels	. . . *rit.*	subito *pp* *cresc./decrsc.*	(schließt mit Generalpause)	25
68	ist zerschlagen	a tempo	*f*	präzis, kurz / mittlere Sprechlage / *quasi battuto*	(15)
ab 70	wegen unserer Sünden		*f / sf*	alle melodischen und rhythmischen Gesten heftig und unvermittelt (schließt mit Generalpause)	(60)

(4) Abgesang: Der Bariton beginnt mit der letzten Bachmann-Zeile: "Ein Kreuz im Blut" (Kreuzmotiv *G – fis – a' – as*), die Ensemblebässe nehmen das *as* mit dem Anfangsbuchstaben von *mû-sar* (die Züchtigung) ab, führen das [m] langsam zum [u], während der Bariton verstummt, und kehren mit der 2. Silbe auf den Ton *G* zurück. In den vierstimmigen Ensembleakkord (Gloria-Zitat T. 113/123/190) spricht der Bariton die letzten Bachmann-Worte: "Und / ein größeres Schiff / überm / Herzen."

5.6 Dona nobis

Vorwort

Die Hesekiel-Texte bewahrten mich davor, mein *Dona nobis* an dem gleichnamigen und unnachahmlichen Schlußsatz aus Bernd Alois Zimmermanns *Requiem für einen jungen Dichter* messen lassen zu müssen. Dennoch ist es mir stets gegenwärtig in seinen gewaltigen Dimensionen, in seiner überbordenden Kraft und existenziellen Verzweiflung.

Theologischer Ansatz

Hesekiel (um 597-572; Zeit des babylonischen Exils), in manchen Details der ausgewählten Texte Jesaja (746-701) recht nahe, sieht und beschreibt Lebensbilder angesichts von Zerstörung und Untergang; es sind "Visionen gegen die Zeit"[36], Visionen, die Raum und Zeit hinter sich gelassen haben, Visionen von einem Neubeginn wider alles Erwarten[37]. Diese Bilder stehen für das Ende aller Gotteskämpfe, jenseits von Lebensleid und Lebenslust. Das *Dona nobis* ist die *Missa* als Ganzes, konzentriert auf einen Punkt, auf ihr Ziel.

Kompositorischer Ansatz

Es galt, den Schlußstein in ein über Jahre gewachsenes Werk zu setzen. Alles Vorherige müßte gegenwärtig sein und sich wiederfinden; dennoch sollte der Schlußsatz von der Besetzung und vom Charakter her unverwechselbar anders sein. Die Frage war: Wie lassen sich Steigerung und Konzentration (im Sinne von Reduktion) zusammenbringen. Das *Dona nobis* als der kürzeste und gleichzeitig dichteste, beziehungsreichste Satz der Messe! Auch hier kam mir die Textvorlage entgegen, die den hebräischen Sätzen nur fünf Worte aus einem Bachmann-Gedicht entgegenstellte: *Da fiel mir Leben zu*[38].

Der Satz ist tief und schön, - und er läßt sich als ganz einfaches Reduktionsschema betrachten: (a) abnehmende Silbenzahl 3 - 2 - 1; (b) die Vokalfolge führt vom offenen zum sich schließenden Mund (und von hinten nach vorn), von den Konsonanten unterstützt.

Der formale Ablauf

Es gibt einen Anfangs- und Schlußteil, der - bis auf das Sopransolo T. 10ff. - von Orgel und Ensemble gestaltet wird. Der Mittelteil ist dreiteilig, drei kontrapunktisch diffizile Duette für Sopran- und Baritonsolo mit Orgel werden jeweils abgeschlossen durch Ensemble-Refrains (Bachmann). Die Formidee ist alt und fand eine ihrer vollendetsten Ausgestaltungen in den *Geistlichen Konzerten* von Heinrich Schütz.

---

36 Thema der ersten von Corinna Dahlgrün und mir veranstalteten Tage für Neue Musik und Theologie *neue musik in der kirche* (11.-14. Juni 1998); Dokumentation und Auswertung, Frankfurt a.M. 1999.

37 Vgl. Jes 43,18f., das bei diesen Tagen von grundlegender Bedeutung war (s. Vortrag Prof. Dr. Christian Link in der oben Anm. 36 angegebenen Dokumentation).

38 Am Rande: Bis zur Verlagsgenehmigung für die Verwendung der Bachmann-Zeile waren mehrere Mails und Telefonate notwendig, um verständlich zu machen, dass es sich tatsächlich nur um diese wenigen Worte handelte.

Bezüge zu den vorausgegangenen Messe-Sätzen

1. Im Zusammenhang mit der Darstellung des musikalischen Materials wurde schon auf die Vernetzung des *Orgelpsalms* mit dem Schlußsatz hingewiesen.
2. Der Baßeinsatz in T. 1 ist dem *Kyrie*-Anfang entnommen.
3. Die Duette zwischen Sopran und Bariton knüpfen an die des *Gloria* an.
4. Im T. 54 entsteht für einen kurzen Moment ein improvisierter Einbruch, der Erinnerungen an die *Credo*- (auch *Kyrie*-)Improvisationen wecken könnte.
5. Die Orgel verweist ganz klar auf das *Sanctus*, insbesondere durch das C im Pedal. Neu ist ihr konzertanter Einsatz, der insbesondere in den Rahmenteilen den Klangraum und die musikalische Gestik enorm erweitert.
6. Die Diminutionsfiguren, insbesondere in T. 9 sind im *Agnus Dei* sehr ausgeprägt gewesen.

6. Ite missa est

Ich danke auch an dieser Stelle allen, die mir auf dem Weg während der Arbeit an der *Missa hebraica* hilfreich begegnet sind: Herwig Schmidtpott für erste Überlegungen auf einem Spaziergang in Blankenese, Corinna Dahlgrün für die wunderbare Zusammenarbeit, nun schon seit zwei Jahrzehnten, meinen Vorgesetzten und Mitarbeiter/innen in Kassel, dem Vocalensemble Kassel, den beiden Solisten Angelika Luz und Ekkehard Abele für so viel Begeisterung, Engagement und Einsatzbereitschaft, meinen Freunden Christfried Brödel, Zsigmond Szathmáry und vielen anderen Freund/inn/en, - last not least: meiner Frau Doro.

Irgendwie hatte ich von Anfang an das Gefühl: Wenn die Messe fertig ist, verabschiede ich mich in den Ruhestand. Ich bin dankbar, dass alles so kommen durfte.

7. Notenbeispiele 1 - 9, Tabellen 11 und 12

Tab. 11: „Feld"-Konstruktion (Sanctus, T. 50-56)

T.	Anschläge	1	2	3	4
50	8		wa - yyā -	- nú - 'u	'a -
51	5		- mmôt	ha -	- ssi - pīm
52	4		mi -	qqôl	ha -
53	2		qqô - ré'		
54	6		w^{e} ha -	bbá - yit	yi -
55	3		- mmā -	-	- lé'
56	2		'ā -	šān	

Tab. 12: „Feld"-Konstruktion (Agnus Dei, T. 36-46)

Die Tonhöhenorganisation dieses Abschnittes beruht auf einer 12-Tonreihe, deren Viertongruppen transponiert und permutiert werden:

I	T. 36f.	c-e-d-cis – es-f-g-fis – h-a-as-b	= 1.2.3.4. – 5.6.7.8. – 9.10.11.12.	
II	T. 40f.	cis-es-f-d – fis-g-as-e – c -a-b-h	= 1.3.2.4. – 6.8.7.5. – 9.11.10.12.	½ ↑
III	T. 42f.	d-e-es-ges – f-a-g-as – b-des-h-c	= 1.3.4.2. – 5.7.6.8. – 11.9.10.12.	1 ↑
IV	T. 45f.	es-e-f-g – gis-fis-a-b – h-c-d-cis	= 1.4.3.2. – 6.5.8.7. – 11.10.9.12.	1½ ↑

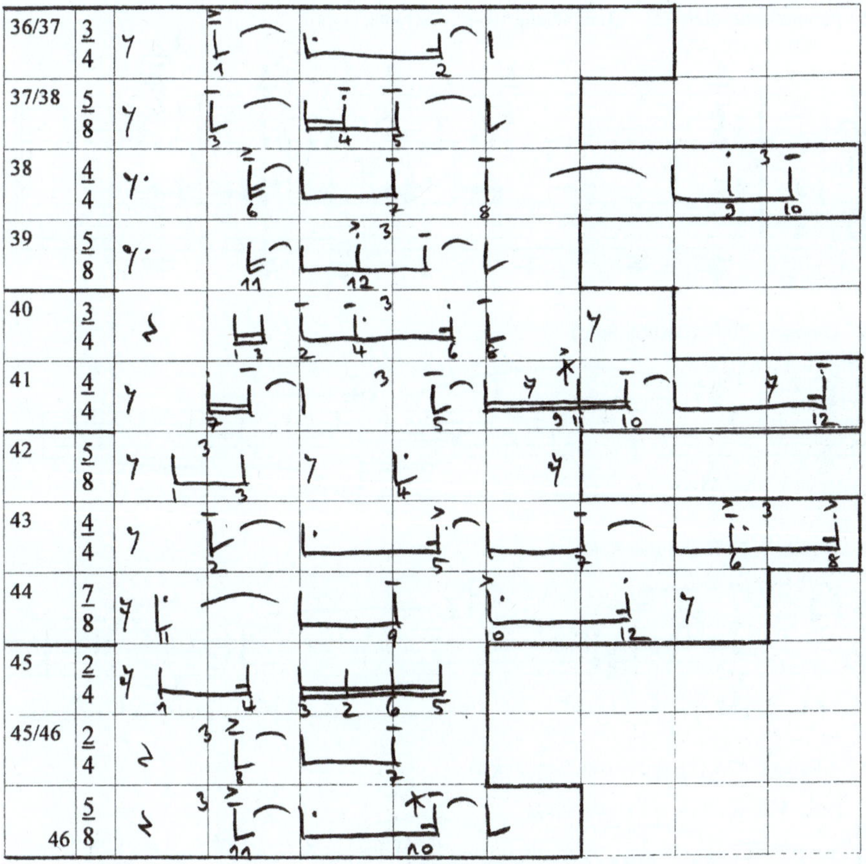

Notenbeispiele 1 – 9

1. fiktive Reihe

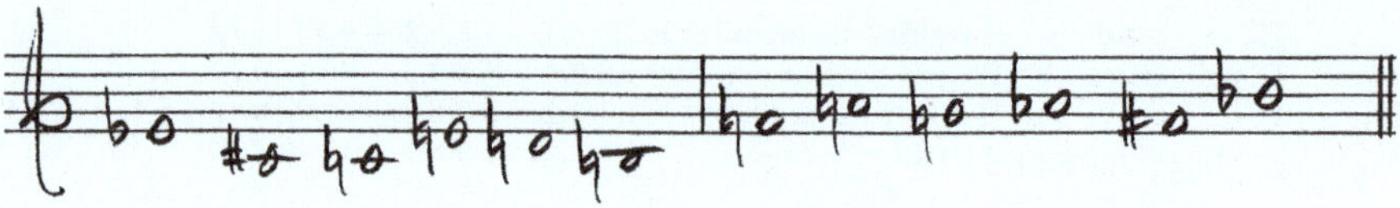

2. harmonischer Kern (a) – „Hauptklang“ (b-g) – Schlußklang (h)

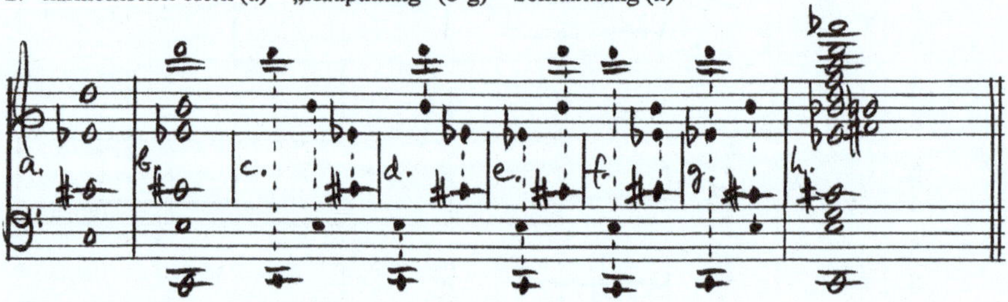

3. Gloria, T. 20 ff. (Bariton-Solo)

4. Gloria, T. 28 ff. (Sopran-Solo)

5. Gloria, T. 62A (Spiegelkanon, Sopran I/II)

6. Gloria, T. 62C (Psalmodie, Tenor/Baß)

7. Gloria, T. 95 und 97 (Sopran + Baß)

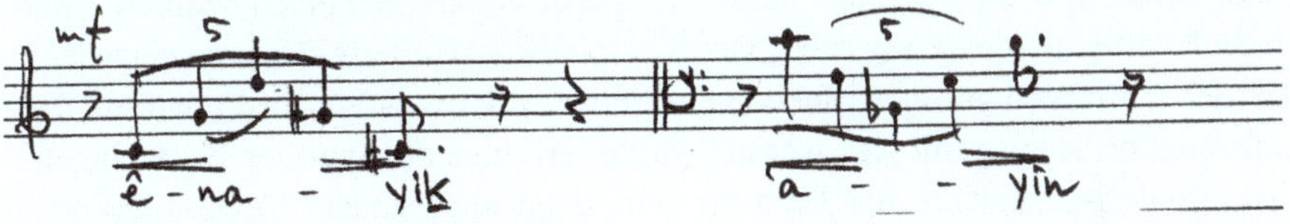

8. Gloria, T. 193 ff. (Sopran-Solo)

9. Sieben Zwölftonklänge:
(a) Psalm; (b) Kyrie, Schluß; (c) Gloria, T. 183-91; (d) Credo, T. 28; (e) Sanctus, T. 135 ff.; (f) Agnus Dei, T. 58 ff.; (g) Dona nobis, Schlußklang

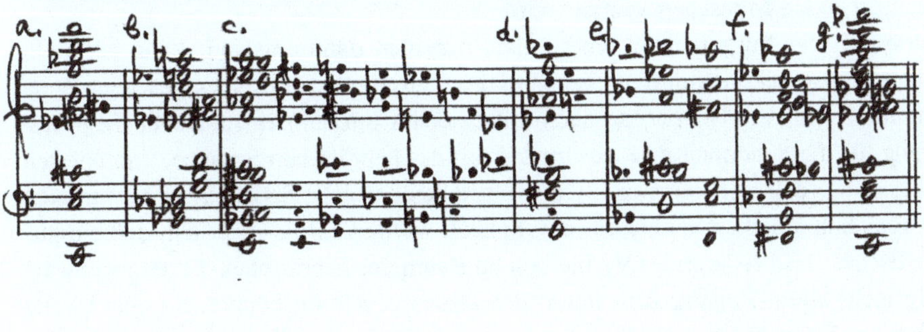

Corinna Dahlgrün

Zum Text der *missa hebraica*

Vor Beginn (Introitus)

Ich erinnere mich an die ersten Gespräche an einem Gartentisch in Hamburg-Blankenese: Ein größeres Werk sollte entstehen, eines, in dem Arbeit und jahrelange Auseinandersetzung mit neuer geistlicher Musik gebündelt würden - der Gedanke an eine Messe lag nahe. Der Komponist artikulierte Zögern, eingedenk der vielen bleibend gültigen Meßkompositionen. Ein neues Werk zu schaffen, das unbedingt an jenen gemessen werden würde, erschien als hybrides Unterfangen. Eher spielerisch tauchte der Gedanke auf, dann eben andere Texte zugrundezulegen, die natürlich den Aussagen der einzelnen Stücke entsprechen sollten. Daraufhin stellte sich nun bei der Theologin, nach der ersten leichtherzigen Skizzierung der Idee, Zögern ein, weil schließlich der Text der Messe seit Jahrhunderten Wesentliches in verläßlicher Form transportiert. Andererseits hatte der Gedanke einigen Reiz, weil gerade durch diesen jahrhundertelangen Gebrauch Vertrautes vielleicht *zu* vertraut geworden, überdies durch oft gedankenlosen Vollzug abgenutzt war. Dabei hat die christliche Kirche kaum etwas für den Glauben Wichtigeres als diesen geformten, geprägten Raum der immer neuen Gottesbegegnung, und es ist mehr als wünschenswert, daß der eigentliche Gehalt immer neu für jeden Menschen spürbar wird.

Wie die Idee ausgerechnet einer Missa *hebraica* dann entstand, kann ich nicht mehr genau rekonstruieren. Sicher hing es zusammen mit einer gewissen Vertrautheit mit den Texten und auch mit einer im Studium entstandenen Begeisterung für die Schönheit und Ausdruckskraft der hebräischen Sprache. Am ehesten war es so, daß sich spontan Einfälle einstellten, welche Sätze einem bestimmten Messinhalt am ehesten entsprächen. Schnell wurde überdies deutlich, daß ein puristisches, historisierendes Verbleiben im Raum der hebräischen Texte gegenwärtig nicht allein Zugang zum Raum der Messe gewähren könnte. So entwickelte sich das Konzept eines Dialogs mit deutschen Texten der Gegenwart, von Anfang an im Bewußtsein der dadurch aufgeworfenen Spannungen, die mir jedoch als möglicherweise fruchtbar erschienen.

Was dann folgte, war zunächst eine Auseinandersetzung mit dem christlichen Gottesdienst und seiner Geschichte, mit seinen Entwicklungen und Fehlformen, immer unter der Frage: Was muß in je diesem Teil der Messe geschehen, was muß zum Ausdruck kommen, damit die verheißene heilvolle Gottesbegegnung jedenfalls nicht verhindert wird von Seiten des Menschen?[1] Mit welcher Haltung betritt ein Mensch den Raum dieser Gottesbegegnung, was widerfährt ihm dort, wie reagiert er darauf?[2] Doch zunächst: Was ist eine Messe?

Eine Messe ist zunächst einmal ein christlicher Gottesdienst, der im Abendmahl seinen Höhepunkt hat; es kann sich dabei um einen römisch-katholischen oder um einen protestantischen (lutherischen) Gottesdienst handeln. Eine Messe ist weiterhin ein Musikstück, das die lateinischen Stücke dieses christlichen Gottesdienstes vertont, durch die Jahrhunderte immer wieder neu, und das insofern keinerlei Überraschungen bereit hält. Eine Messe ist schließlich die Bewegung des Menschen auf Gott zu, sie ist auch Gottes Gegenwärtig-Werden, ein Aufeinandertreffen von Welt und Heiligem. Damit ist eine Messe das Herbeiführen einer Begegnung von Mensch und Gott. Dieser Satz hat zwei Prämissen: Er setzt voraus, daß Gott sich den Menschen bereits zugewandt hat im Handeln von Schöpfung und Erlösung, und daß sich die Menschen eben darauf berufen können. Und er setzt weiterhin voraus, daß Gott sich aktuell wieder zuwenden kann und - gemäß seiner Zusage - auch zuwenden will. Der Ablauf der Messe vollzieht die Bewegung des Menschen auf Gott hin mit, den Schrei des Menschen nach Gott und Gottes Reaktion darauf, sein Gegenwärtig-Werden in unterschiedlicher Weise.

Von Anfang an war mir deutlich, daß die Messe eine Bewegung nachzeichnen müsse, an deren Ende die eschatologische Perspektive zu stehen hätte, die Verheißung des bleibenden *šālôm*. Und ich muß gestehen, daß ich diesbezüglich nicht ganz ohne Sorge war, denn aus vielen Gesprächen mit Komponisten neuer Musik im allgemeinen und Hans Darmstadt im besonderen wußte ich von einer tiefgreifenden Skepsis bezüglich des musikalischen Ausdrucks von Hoffnung,

---

1 Die liturgiewissenschaftliche Prämisse dieser Frage ist natürlich, daß in einem Gottesdienst kein Element beliebig ist - jede einzelne Handlung und ebenso ihre Abfolge gehorchen einer inneren Logik, die nicht ohne Schaden für das Ganze preisgegeben wird. - Natürlich habe ich in diesem Stadium Sekundärliteratur herangezogen, die ich an dieser Stelle nicht vollständig anführen kann. Verwiesen sei lediglich auf Rudolf Stählin, Die Geschichte des christlichen Gottesdienstes von der Urkirche bis zur Gegenwart, in: Leiturgia. Handbuch des evangelischen Gottesdienstes I. Geschichte und Lehre des evangelischen Gottesdienstes, Kassel 1954, 1-81; Manfred Josuttis, Der Weg in das Leben. Eine Einführung in den Gottesdienst auf verhaltenswissenschaftlicher Grundlage, München 1991 und verschiedene Aufsätze von Hans Bernhard Meyer (inzwischen vorliegend in einem Sammelband: Zur Theologie und Spiritualität des christlichen Gottesdienstes. Ausgewählte Aufsätze, hg. von Reinhard Meßner und Wolfgang G. Schöpf, Münster 2000).

2 Das erste stichwortartige Resultat dieser Überlegungen ist im Beitrag von Hans Darmstadt in Tabellenform dokumentiert.

vielleicht gar noch ungebrochener, in der heutigen Zeit[3]. Doch blieb mir - neben immer neuen Diskussionen über das Thema, die aber naturgemäß an Grenzen führten - keine andere Möglichkeit, als auf die inhärente Schlüssigkeit der Bewegung der Meßstücke zu hoffen[4].

Nun sollte hier eine *missa hebraica* entstehen, eine neue Gestalt der Messe. Das meint nicht nur die "neue Musik", sondern auch den Text, der eben nicht der traditionelle lateinische Text der Messe ist. Statt dessen besteht der Text in weiten Teilen aus Passagen der hebräischen Bibel[5]. Damit geschieht zweierlei. Zum einen werden wir christlichen Hörerinnen und Hörer an unsere Wurzel in der jüdischen Tradition erinnert. Die andere, unmittelbar spürbare Wirkung der Verwendung hebräischer Sprache ist die Verfremdung. Zwar sind Texte ausgewählt, die m.E. wesentliche Gehalte des betreffenden Stückes der Messe wiedergeben. Doch die in unterschiedlichstem musikalischen Gewand, aber immer gleichem Wortlaut vertraut gewordenen Aussagen des Messkanons erscheinen in völlig unerwarteter Gestalt und in einer beim bloßen Hören selbst für des Hebräischen Kundige nicht verständlichen Weise. Das ermöglicht eine Neubegegnung mit der alten Form der Messe, mit ihrem ursprünglichen Anliegen, auf eine ganz eigene Weise.

Wichtig war an dieser Stelle natürlich das Bedenken der Frage des Mißbrauchs der jüdischen Tradition, der darin gesehen werden könnte, daß Sätze der hebräischen Bibel aus ihrem genuinen Zusammenhang gerissen und nicht nur in christlichem Kontext sondern als Substitut für genuin christliche Aussagen verwendet werden. Diesen Vorwurf kann ich nicht völlig entkräften, doch ist festzuhalten, daß das Alte Testament für die Kirche ein Teil der christlichen Heiligen Schrift ist, und daß ferner die gesamte Schrift dem Lob Gottes dient, der Mahnung des Menschen zu einem Gott gefälligen, den Weisungen entsprechenden Leben und dem Ruf zur Umkehr. Und: Die einzelnen Texte werden nicht in einer der ursprünglichen Aussageintention fremden Weise verwendet - Lob bleibt Lob, Klage

---

[3] Und natürlich bietet etwa das "neue geistliche Lied" hinreichend abschreckende Beispiele für eine solche ungebrochen hoffnungsvolle (besser wohl noch: optimistische) Haltung, ebenso unwahrhaftig wie qualitativ minderwertig.

[4] Nicht vergebens, wie der Stellenwert der *kābôd* im letzten Satz dokumentiert.

[5] Über das Zustandekommen der Textauswahl kann ich im Grunde nichts sagen, die Vokabel "Einfall", der sich jedenfalls aus Kenntnis, vorherigem Nachdenken und Intuition speist, trifft das Vorgehen am ehesten.

bleibt Klage[6]. Diese hebräischen Abschnitte aus der Tradition werden in der Missa in Dialog gesetzt mit der Gegenwart in Gestalt von Ausschnitten aus deutscher Lyrik und Prosa. Diese Gegenüberstellung erzeugt in jedem Abschnitt eine Spannung, wie sie auch zwischen der kirchlichen Tradition und unserem neuzeitlichem Denken, Erleben und Sprechen besteht. Doch zugleich sind die gewählten Textausschnitte den hebräischen Bibelworten innerlich verbunden. Sie setzen sich gegenwartsnah mit den alten Gedanken auseinander und finden einen "verdichteten" Ausdruck für sie.

Zu erwähnen ist schließlich die Entscheidung, den Hörerinnen und Hörern bei der Aufführung Hilfen zu geben in Gestalt nicht nur eines Textblattes mit Übersetzung, sondern weiterer, während der Aufführung gesprochener, möglichst sparsamer Texte, die in den Charakter der Messe als ganzer wie der einzelnen Stücke einführen sollten[7].

> *Zur Einführung*
> *Was ist eine Messe? Sie ist ein Raum. Ein Raum, in dem Begegnung geschieht zwischen Gott und Mensch.*
> *Gott will und wird, so lautet die Verheißung, in jeder Feier der Messe, in jedem Gottesdienst gegenwärtig werden: hör- und spürbar im Ereignis von Wort und Musik, greifbar in Brot und Wein, mitgehend im Segen. Auch der Mensch handelt. Er vollzieht im Rufen und Hören, Loben, Bitten und Empfangen seine Bewegung zu Gott hin.*
> *Was ist eine Missa hebraica? Sie ist eine neue, eine fremde Gestalt der Messe. Neue Musik, ein fremder Text, weitgehend der hebräischen Bibel entnommen. Das erinnert uns christliche Hörerinnen und Hörer an unsere Wurzel. Denn Christen sind ja, so sagt Paulus im Römerbrief, ein wilder Ölzweig, dem Ölbaum eingepfropft. "Doch du sollst wissen, daß nicht du die Wurzel trägst, sondern die Wurzel trägt dich." (11,18)*
> *Wir versuchen, sorgsam, nicht mißbrauchend umzugehen mit dieser Wurzel, doch lesen und sprechen wir die Worte als Christinnen und Christen. Zugleich tun wir es als Menschen von heute, damit nicht ungebrochen in unserem Verhältnis zur Tradition. Diese Gebrochenheit gewinnt Ausdruck im Dialog der hebräischen Sätze mit Worten deutscher Dichtung, innerlich aufeinander bezogen und doch einander fremd, verschiedene Sprachen in vielerlei Hinsicht.*
> *Die Missa hebraica ist eine fremde Gestalt der Messe. Ihre Fremdheit ermöglicht uns ein neues Betreten des alten Raumes.*

---

6 Daß die Missa damit für jüdische Hörerinnen und Hörer anschlußfähig werden und eine Brücke im jüdisch-christlichen Dialog bilden könnte, schien mir von vornherein ausgeschlossen. Eine Messe spricht - ob nun explizit oder in Aussparung - von Christus, sie kann damit nur die christliche Perspektive auf die verwandten Texte einnehmen.

7 Die bei den Konzerten an entsprechender Stelle gesprochen Texte werden im folgenden eingerückt im Kursivdruck wiedergegeben.

Kyrie

Das Kyrie ist die Hinwendung der Gemeinde und des einzelnen zu Gott zu Beginn eines jeden Gottesdienstes, die zugleich Bekenntnis zu diesem Gott ist, Lob[8] und Anrufung aus der Position der Schwäche, der Bedürftigkeit. Die *missa hebraica* verschärft diese Anrufung. Ihr Kyrie setzt beim Menschen ein. Dieser Mensch ist ein zur Beziehung (zur Gottesbeziehung) geschaffenes Wesen, doch er findet sich ohne Gott oder in der Distanz zu Gott vor. Und er schreit nach seinem Gegenüber, er klagt Nähe ein, er fordert Gehör. Der Mensch setzt dabei Gott voraus als eine Instanz, auf die hin er gemeint ist, und er setzt einen bezogenen Gott voraus, oder jedenfalls einen Gott, der bezogen sein kann[9]. Aber er erfährt ihn damit noch nicht.

Das Kyrie, das diesen Schrei zum Ausdruck bringt, verarbeitet dazu einen Text aus dem Buch Hiob, "Ich bin aufgestanden in der Gemeinde; ich schreie" (30,28b), in Verbindung mit einem längeren Zitat aus einem Gedicht von Nelly Sachs, "Die Stunde zu Endor": "Niemand weiß, ob der Weltenraum blutet / mit blitzenden Stigmata / an seiner unsterblichen Not / und das Herz zu Tode drückt ... / Aufgerissen ist die Zeit, / diese Wunde vor Gott!"

Zum Kyrie
Der Mensch betritt den Raum der Messe mit dem Kyrie, der zugleich lobenden und Bedürftigkeit artikulierenden Hinwendung zum entgegenkommenden Herrn.
Doch er tritt nicht frei und unbelastet vor Gott, sondern verwundet vom Leben, von Schrecken, Verlassenheit und Zweifel, von der Erfahrung der Gottesferne. Diese offenen Wunden trägt er vor Gott, er schreit nach seinem Gegenüber, er klagt die verheißene Nähe ein.
"Aufgerissen ist die Zeit, diese Wunde vor Gott", sagt Nelly Sachs. Und "qamtî baqqāhāl ʾašawweaʿ", heißt es im Buch Hiob: "Ich bin aufgestanden in der Gemeinde, ich schreie."
Dieser Schrei des Menschen hat eine Voraussetzung: Hoffnung, Vertrauen in die Zusagen Gottes. Er wird darum nicht an den leeren Raum gerichtet, sondern hat einen Adressaten: Gott. Und er hat einen Ort: die Gemeinde, er geschieht nicht in der Vereinzelung.
Am Ende erstirbt der Schrei. Wird der Mensch still, weil er gehört worden ist? Oder verstummt er, weil sein Schrei niemanden erreicht, weil er keine Antwort findet? Eine letzte Unsicherheit bleibt im Gegenüber zum ganz Anderen, zu Gott, der nah ist und verborgen zugleich.

Gloria

Gloria in excelsis Deo - der Lobgesang der Engel über den Feldern von Bethlehem in der Nacht von Christi Geburt, ein Widerspruch gegen Unfrieden und Er-

---

[8] Es findet sich in der Liturgiewissenschaft durchaus die Position, daß das Kyrie ursprünglich und darum sinnvollerweise auch aktuell allein als Lob zu verstehen sei, allerdings scheint mir diese Sicht eingedenk der gemeindlichen Praxis durch viele Jahrhunderte hindurch als zu puristisch.

[9] Die Luther so wichtige Wort-Antwort-Struktur ist darin implizit enthalten.

lösungsbedürftigkeit der irdischen Wirklichkeit. Das Gloria in der lateinischen Messe enthält denn auch mehr als das Lob in den Höhen des Himmels, es formuliert Bitten um Erbarmen und die Erinnerung an menschliche Schuld. Diese Spannung zwischen Himmel und Erde macht auch der zweite Satz der *missa hebraica* erlebbar als Spannung zwischen Oben und Unten, Himmel und Erde. Deutlich wird ihr Entferntsein voneinander, doch auch ihre gegenseitige Annäherung durch Gottes Zuwendung einerseits und die Sehnsucht des Menschen andererseits. Darin führt das Gloria über das Kyrie mit seinem Schrei nach Gott hinaus: Der Mensch erfährt die Gottesbeziehung. Das Gloria beschreibt das Erleben dieser Beziehung aus der Perspektive des Menschen als ein spannungsreiches, durchaus ambivalentes, erfahrbar an den gesanglich ineinander verwobenen hebräischen und deutschen Texten, Zitaten aus dem Hohenlied, den Psalmen und Hiob, aus Gedichten von Rose Ausländer und Prosatexten von Eli Wiesel. Auch ein solches spannungsvolles Gotteslob ist in einer Missa *hebraica* allerdings nicht ohne Erinnerung an den Holocaust darzustellen, die in das Gloria eingetragen wird durch die Stimmen der jüdischen Zeitzeugen.

Verschiedene Polaritäten werden in den fünf Abschnitten des Gloria aufgebaut: Der erste Abschnitt zeichnet die verschiedenen Seiten des menschlichen Gotteserlebens, das eine Spannung in Gott selbst wahrnimmt. So stehen hier Jubel und Freude in Gott auf seiten des Menschen dessen Ferne und Größe unverbunden gegenüber, Gottes Distanz wird wie ein strenger Einspruch von den Bässen in das Jauchzen hineingesungen. Allerdings trägt auch der Mensch seinen Anteil zu dieser Distanz Gottes bei. Zugleich aber gibt es Hoffnung, das macht das Duett zwischen Sopran und Bariton hörbar: "Der Haß, eine schwarze Sonne, verdunkelt das Antlitz Gottes" - "vergiß nicht, es gibt ja das Licht!"

Der zweite Abschnitt bringt die Vielfalt menschlicher Sehnsucht zum Ausdruck, die Sehnsucht nach Gott, doch ebenso die Sehnsucht von Frau und Mann nach dem und der anderen. Die zwischenmenschliche, die geschlechtliche Sehnsucht scheint im Ineinander von Sopran- und Bariton-Solo Erfüllung zu finden, die Sehnsucht nach Gott aber trifft auf sein Schweigen: "Du antwortest nicht - du aber bist heilig". Doch der Mensch hält gerade darum am Gotteslob fest: "Um gegen seinen Willen etwas zu fordern gibt es nur ein Mittel: Ihn loben", stellt der Bariton sehr nachdrücklich im Sprechgesang fest.

Der dritte Abschnitt verkehrt das Bild: Der gewappneten Angst des Menschen vor Seinesgleichen - "sie alle halten ein Schwert wegen des Schreckens in den Nächten" - wird die Gottesfurcht beruhigend entgegengehalten: Gott gebietet über den Schrecken und sorgt so für Frieden. Menschliche Augen können Furcht einflößen, doch Gottes Blick sucht und sieht den des Menschen. Menschliche Liebe kann unzugänglich sein wie eine versiegelte Quelle, doch Gottes Liebe ist die immer für uns fließende Quelle des Lebens, so schärft es tröstend und gewiß das Sopran-Solo ein. Da bleibt nur ein Staunen auf Seiten des Menschen und die vom Bariton-Solo gesprochen konstatierte Wahrheit: "Jedes Wesen hat teil an dem erneuerten Geheimnis seiner Schöpfung."

Der vierte Abschnitt bleibt zunächst in diesem Staunen, doch auf den ermutigenden Zuspruch "nimm diese Wirklichkeit Wunder" kann das Ensemble aus Sopran- und Alt-Stimmen leicht und befreit die Gewißheit formulieren: "Dann war ich in seinen Augen wie eine Gefundene des Heils".

Der fünfte Abschnitt hinterfragt diese Sicherheit erneut, diesmal auf Seiten des Menschen. In das sehnsüchtig gesungene "Ich weiß, mein Erlöser lebt", ruft der Bariton seinen Einspruch: "Friede ist Illusion." Doch bleibt es nicht dabei, denn: "die Sehnsucht nach Frieden ist keine Illusion", und das Sopran-Solo nennt abschließend irdische Anhaltspunkte dieser Sehnsucht, Symbole einer neuen Wirklichkeit.

Die Spannung bleibt: Gott ist nah und ist fern. Der Mensch ist liebenswertes und liebendes Gegenüber und er ist zutiefst erschreckend. Himmel und Erde sind unendlich weit entfernt und kommen sich nahe. Die Sehnsucht des Menschen nach dem Himmel ist manchmal die einzige Möglichkeit, ihn zu spüren. In diesem Erleben der Sehnsucht und der Spannung ereignet sich immer wieder das Aufblitzen des auch im Kyrie schon Vorausgesetzten, des vorlaufend Vorhandenen, wenn auch nicht an sich Erfahrbaren - Gottes. Es kommt zu einzelnen Berührungen zwischen Himmel und Erde, die für den Menschen die Ermutigung zur Hoffnung in sich tragen.

Zum Gloria

Im Gloria bewegen sich Heiliges und Welt aufeinander zu, durch Gottes Hinwendung zum Menschen und durch die antwortende Sehnsucht des Menschen nach Gott. Diese Berührung läßt das Gotteslob des Gloria zu einem Widerspruch werden gegen die Schrecken, den Unfrieden, das Unheil auf dieser Erde. Dunkel nur erklingt das widersprechende Lob gegen die Dunkelheit, wenig vollmundig, und doch beharrend auf der Hoffnung, wie in den Worten der jüdischen Zeitzeugen der Schoa, Rose Ausländer und Eli Wiesel: "Frieden ist Illusion. Aber die Sehnsucht nach Frieden ist keine Illusion." Und: "Vergiß nicht, es gibt ja das Licht."

Nicht allein die Welt ist es aber, die Dunkelheit erfahren läßt: Der Mensch kann sich freuen und jubeln in Gott, und zugleich ist Gott fern in seiner Größe. Manchmal ist die Sehnsucht nach ihm unsere einzige Möglichkeit, ihn zu spüren. "loʾ mᵉṣāʾnuhû", wie Hiob sagt, "wir erreichen ihn nicht". Tag und Nacht ruft der Mensch zu Gott, berichtet der Psalmist, aber er trifft auf Schweigen. "Du antwortest nicht", "wᵉʾattâ qādôš", "Du aber bist heilig". Doch gerade darum hält der Mensch am Gotteslob fest: "Um gegen Seinen Willen etwas zu fordern, gibt es nur ein Mittel: Ihn loben."

Und in der berechtigten Angst des Menschen vor Seinesgleichen kann die Gottesfurcht ihn ber-

gen, denn Gott gebietet auch über den Schrecken. Darum findet der Mensch mit Worten des Hohenliedes schließlich zum Vertrauen: "Dann war ich in seinen Augen wie eine Gefundene des Heils."
In dieser spannungsreichen Annäherung von Himmel und Erde gibt es irdische Anhaltspunkte für die Hoffnung, Bilder einer neuen Wirklichkeit: Wiesen und Sonnenuntergänge, Wort und Lied und sogar Menschen. Die Ermutigung zur Hoffnung ist uns gegeben, doch sie bleibt zerbrechlich. Sie verklingt mit einem offenen "und".

Credo
Das Bekennen gehört wesensmäßig zum Glauben hinzu. "Ein Glaube, der nicht mehr zu bekennen versteht [...], wird kraftlos und schwach."[10] Oder, mit Worten Luthers: "wo der glawbe ist, kan er sich nit halten, er beweyßet sich, bricht eraus vnnd bekennet [...] vnd waget seyn leben dran."[11] Doch ist der Glaube zu aller Zeit angefochten. Bekenntnisse bedurften und bedürfen also immer neu der Aneignung und der Interpretation. Das Credo, ein Messestück mit viel Text, wird in der vorliegenden Interpretation in einem hebräischen Satz und einigen deutschen Gedichtzeilen aufgenommen: Der Akt des Bekennens und seine Risiken stehen im Mittelpunkt. Was geht dem Bekennen voraus? Auf jeden Fall eine Vielzahl von divergierenden Glaubenssätzen, Mangel an Einheit, eine auseinanderstrebende Pluralität; infolgedessen Kampf, das mühselige Finden von Kompromissen, Abgrenzung, die immer mit persönlichem Risiko verbunden ist. Das Ziel ist Vergewisserung des einzelnen und, im Hinblick auf die Gemeinschaft, ein sicheres Fundament. Doch Glaube ist nie Besitz, sondern immer, und immer neu, angefochten. Der Versuch, ein Bekenntnis des Glaubens zu formulieren, kann darum nur als ein Ringen um festen Boden erlebt werden, heute mehr als zu Zeiten, in denen Kirchenzugehörigkeit und ein den Lehren dieser Kirche entsprechender Glaube etwas Selbstverständlicheres war. Das gilt für Kirchengemeinschaften wie für einzelne Menschen. Natürlich muß ein solcher Kampf nicht an jedem Sonntag von Neuem geführt werden Menschen müssen sich in Traditionen, in Worte des Glaubens hineinstellen und sie mitsprechen dürfen, unabhängig von ihrem je aktuellen Stand. Doch auf der anderen Seite gerät dabei die Bedeutung dessen, was "Bekennen" meint, leicht in Vergessenheit - wirkliches Bekennen ist kein unbewegtes Mitsprechen kaum noch bewußt wahrgenommener, wenn auch theologisch grundsätzlich für richtig gehaltener Inhalte. Wirkliches Bekennen ist mit persönlichem Risiko verbunden, das

---

10 Bernhard Lohse, Epochen der Dogmengeschichte, Stuttgart ^{7}1988, 29.
11 Martin Luther, Vorrede zur Ausgabe des NT von 1522, WA Deutsche Bibel 6,8,29ff.

eingegangen werden muß, damit je neu fester Grund, Boden unter den Füßen gewonnen werden kann.
Um das für den Glauben charakteristische Ringen um einen Boden unter den Füßen zum Ausdruck zu bringen, schien als hebräischer Text Gen 32,27 besonders geeignet: "Ich lasse dich nicht, du segnest mich denn", Jakobs Worte bei dem Kampf am Jabbok[12]. Die Zeilen aus dem Text Ingeborg Bachmanns enthalten dieselbe Spannung. Gegeben ist hier die Situation an der Furt, einem Übergangsort, nachts, also zu einer Zeit besonderer Ausgesetztheit. Die Zukunft ist ungewiß, die Versöhnung mit dem Bruder, seine Vergebung sind noch fraglich. Dann erfolgt der Überfall durch einen Unbekannten, lebensbedrohliches Ringen. In dieser Situation verlangt Jakob einen Segen - und erhält ihn nach einem verzweifelten Kampf. Jakobs Erleben wird in der Musik gegenwärtig: Das immer neue Ringen um einen sicheren Grund des angefochtenen Glaubens, der immer neue Mut, das Bekenntnis dennoch zu sprechen - zu allen Zeiten die Situation von Menschen, die ihr Leben vor Gott führen. Das verklingende Resumee der kämpfenden Begegnung macht deutlich: Sicherer Boden ist nie ein für allemal gewonnen. Aufgrund dieser Erfahrung wagt der Glaube nun Aussagen über das Gegenüber der Beziehung, er faßt seine vielfältigen Erfahrungen mit Gott in Worte - die Messe kommt zu theologischen Sätzen, die trinitarisch gegliedert sind[13].

> *Zum Credo*
> *Das Credo ringt nun in der Gottesbegegnung um einen* bleibenden *Segen, um eine Gewißheit für diese Hoffnung. Doch Glaubensgewißheit kann nie Besitz sein, Hoffnung haben wir nicht für immer, und darum bedarf das Bekenntnis des Glaubens der immer neuen Aneignung. Wirkliches Bekennen ist ein kämpferisches Geschehen mit hohem persönlichem Risiko, ein Ringen um festen Boden unter den Füßen.*
> *Lo' 'ᵃšalleḥᵃk̠ā kî 'im-berak̠tānî. "Ich lasse dich nicht, du segnest mich denn", das sind Worte aus einem solchen Kampf, Jakobs Worte beim Kampf am Jabbok. Eine Furt, ein Übergangsort in der Nacht. Der Mensch ist ungeborgen, seine Zukunft ungewiß. Da wird er überfallen von einem Unbekannten, sie kämpfen. In dieser Situation verlangt Jakob einen Segen, etwas, das das Leben stärkt, auf sicheren Grund stellt. In dem Satz selbst liegt der Übergang vom einen zum anderen Zustand. "Ich lasse dich nicht" ist noch ganz vom Kampf bestimmt, ein verzweifeltes Festklammern am Angreifer, ein Ringen um Halt. "Du segnest mich denn" greift voraus auf das andere Ufer der Furt, den Frieden, das Gesegnet-Sein.*
> *Dieselbe Bewegung vollzieht Ingeborg Bachmann. "Ich will nichts mehr für mich. Ich will zu-*

---

12 Vgl. zu dieser Textstelle Hermann Spieckermann unter Mitarbeit von Susanne Dähn, Der Gotteskampf. Jakob und der Engel in Bibel und Kunst, Zürich 1997.

13 Das Sanctus, befaßt mit der Heiligkeit Gottes, ist der ersten Person der Trinität zugeordnet, das Agnus Dei, das vom nahekommenden Gott spricht, bezieht sich auf Christus und das Dona nobis pacem, eschatologische Verheißung und antizipierte Erfüllung zugleich ist Ausdruck des "Angeldes des Geistes" (II Kor 1,22) und damit eine Ausführung zu der dritten Person der Trinität.

grunde gehn. / Zugrund - das heißt zum Meer, dort find ich Böhmen wieder. / Zugrund gerichtet, wach ich ruhig auf. / Von Grund auf weiß ich jetzt, und ich bin unverloren". Gesucht wird das Verlorene, das 'Böhmen' aus Shakespeares 'Wintermärchen', ein Ort äußerster Gefährdung und gewaltsamen Todes, doch ebenso ein Ort der Rettung des Verlorenen und des neuen Lebens. Doch die Rückkehr zu diesem Ort hat ihren Preis: Zugrundegehen, Kampf und Selbstverlust. Erst dann kehrt Ruhe ein, tieferes Wissen und zuversichtliche Gewißheit: "und ich bin unverloren". In der Beziehung zwischen Gott und Mensch ist - jedenfalls für diesen Moment - neuer, sicherer Boden gefunden.

Sanctus

Das Sanctus versetzt den von Grund auf wissenden und unverlorenen, den glaubenden Menschen unvermittelt in den göttlichen Thronsaal. Der erste Teil spricht mit den Worten aus Jes 6 von der Heiligkeit und Majestät Gottes, die die Fülle der Himmelsbewohner ohne Ende mit gewaltigen Stimmen preist. Für den Menschen, der dieser Vision ausgesetzt ist, ist der heilige Gott, den er in dem allen sieht, vor allem fremd und die Grenzen des Erträglichen überschreitend. Gottes Heiligkeit überwältigt und erschreckt den Menschen, der - sehr allein, wie es die Solostimmen im Eingang des zweiten Teils zum Ausdruck bringen - die göttliche Macht im Gegenüber dieser Grenzerfahrung erlebt: "Weh mir, denn ich werde vernichtet." Vor allem aber führt ihm die Heiligkeit Gottes seine Unwürdigkeit vor Augen, die in seiner - der menschlichen Natur entsprechenden - Sündhaftigkeit besteht. Diese Unreinheit aber verursacht die Unfähigkeit des Menschen zu einer wirklichen Begegnung mit dem Heiligen, und eben darin liegt die Gefahr vollständiger Vernichtung des Menschen in dieser Begegnung begründet. Doch das Heilige selbst hilft, auf eine radikale Weise: Es vernichtet nicht den unreinen Menschen, es vernichtet das Trennende, es verbrennt die dem Menschen anhaftende Spur der Sünde. Die Verse aus Rilkes Erster Duineser Elegie kommentieren zu Beginn des dritten Teils die Hilflosigkeit des Menschen in dieser Erfahrung: "Wer, wenn ich schriee, hörte mich denn aus der Engel Ordnungen? Und gesetzt selbst, es nähme einer mich plötzlich ans Herz: Ich verginge vor seinem stärkeren Dasein." Die schattenlose Helligkeit des Heiligen übersteigt alle Wahrnehmungsmöglichkeiten des Menschen, er kann sie nur in paradoxer Weise aufnehmen. Gottes vollkommenes Licht wird dem Menschen darum als dunkel und die Wahrnehmung zerstörend erfahrbar - das Sanctus der *missa hebraica* bezieht den an Jesaja ergehenden Verstockungsbefehl ein. Gott bleibt ein Rätsel, das dem Menschen nicht entschlüsselbar ist, so hält es der vierte Teil fest. Er ist unendlich machtvolles Gegenüber, dessen Gegenwart für den Menschen allenfalls für einen Augenblick zu ertragen ist.

Zum Sanctus
Der im Credo gefundene Boden ermöglicht es nun dem Menschen, seine verschiedenartigen Erfahrungen mit Gott, seinen Glauben in Worte zu fassen.
Das Sanctus versetzt den Menschen unvermittelt in den Thronsaal Gottes, wie er in Jesaja 6 beschrieben ist. Der Saal ist mit Rauch von Räucheropfern erfüllt, alles ist Klang und Gegenwart, ruhig und machtvoll zugleich. Mit gewaltiger Stimme preisen die Himmelsbewohner die Heiligkeit Gottes, seine Größe und Herrlichkeit, so, daß die Türen in ihren Angeln wanken. Für den Menschen ist diese Vision vor allem fremd, überwältigend und erschreckend. Gottes Heiligkeit sprengt alle Räume, kein irdisches, unheiliges Wesen kann ihr standhalten.
Im Gegenüber zum Heiligen erkennt der Mensch seine Unwürdigkeit. Sie ist kein persönlicher Makel, sie besteht in der Versehrtheit aller menschlichen Existenz gegenüber dem vollkommenen Gott, sie besteht in der Unreinheit gegenüber der Reinheit des Heiligen, sie besteht in der Sünde. Sie setzt den Menschen großer Gefahr aus, der Gefahr vollständiger Vernichtung in der Begegnung mit dem Heiligen. Denn vor ihm kann und darf nichts Unreines Bestand haben. Das Heilige selbst schafft Abhilfe, auf eine schreckliche Weise: Es vernichtet nicht den unreinen Menschen, doch es brennt die Unreinheit aus. Es vernichtet das Trennende, die dem Menschen anhaftende Spur der Sünde. Der Mensch erleidet in der Begegnung mit dem Heiligen Verbrennungen, aber er bleibt am Leben.
Doch auch dann noch überfordert die unendliche Reinheit des Heiligen, seine schattenlose Helligkeit das Wahrnehmungsvermögen. "Überziehe das Herz des Volkes mit Fett, mache seine Ohren schwer und verklebe seine Augen, damit es nicht hört, damit es nicht umkehrt, damit man es nicht heilt." Der Heilige befiehlt die Verstockung der Menschen, und damit ihre Vernichtung. Gottes Licht kann hier nur als Finsternis erscheinen, alle Wahrnehmung zerstörend, gnadenlos. Die Begegnung mit ihm ist nur für einen Moment zu ertragen, wie Rainer Maria Rilke sagt: "Das Schöne ist nichts als des Schrecklichen Anfang, den wir noch grade ertragen, und wir bewundern es so, weil es gelassen verschmäht, uns zu zerstören. Ein jeder Engel ist schrecklich." Und so läßt der Mensch die Engel mit ihrem qādôš-Gesang zurück.

Agnus Dei
Dieser Satz ist aus theologischer Perspektive der problematischste, und das in mehrfacher Hinsicht. Das Gotteslamm, das hier besungen wird, ist in der Messe selbstverständlich Christus, und zwar der geopferte, der gekreuzigte Christus; das Agnus Dei ist der Teil der Messe, der das Abendmahl mit seinen vielen Dimensionen aneignen will - Sündenvergebung, Erinnerung, Gemeinschaft, Teilhabe am himmlischen Freudenmahl, Ausblick auf die Ewigkeit. Die erste Schwierigkeit besteht in der diesem Abschnitt zugrundeliegenden, den biblischen Texten entnommenen Christologie, die heute in den Augen etlicher Theologinnen und Theologen anstößig ist, wie gesichert die Tradition auch immer sein mag. Die zweite Schwierigkeit besteht in folgendem: Die hebräische Bibel kennt kein Abendmahl, und sie nennt Christus nicht. Ob und inwiefern sie Christus dennoch kennt, ihn voraussagt, offen ist für ihn[14], ist immer wieder Gegenstand des Streites auch

[14] Zu denken ist hier an die etwa vom Alttestamentler Rolf Rendtorff vertretene Vorstellung vom "doppelten Ausgang" der hebräischen Bibel.

unter Christen. Nun leben wir als christliche Kirche wie die ersten Gemeinden auch mit den Schriften des Alten Testaments, der hebräischen Bibel, als unserer Heiligen Schrift. Seit der vorschriftlichen Tradition des Neuen Testamentes werden Leben und Geschick des Jesus von Nazareth auf dem Hintergrund alter Prophezeiungen verstanden, und manche Texte spielen in unserer Liturgie eine so prominente Rolle, daß es für uns kaum möglich ist, sie lediglich als Dokumente ihrer Zeit wahrzunehmen. Ein solcher Text ist ohne Zweifel Jes 53. Doch auch die Rede vom Sündopfer zur Sühne für das ganze Volk ist transparent für die Aneignung dieses Bildes zur Deutung des Todes Jesu, etwa in den Evangelien (Christus als Passahlamm) oder im Hebräerbrief. Im Sinne dieser Transparenz werden die hebräischen Texte im Agnus Dei der Missa hebraica verwandt, unterstrichen durch die Sprache Ingeborg Bachmanns, die sowohl Bilder aus dem Sanctus aufnimmt wie das entscheidend deutende Stichwort beisteuert: "Ein Kreuz im Blut"[15]. Natürlich wird dadurch dieser Satz der Missa zu dem eigentlich anstößigen im Sinne eines jüdisch-christlichen Dialogs, doch denke ich, daß wir als Christen die hebräischen Texte im Sinne unserer Traditionen verstehen dürfen und *für uns* auch nur so verstehen können (so wie die rabbinischen Schulen etliche und oft divergente Auslegungen nebeneinanderstellen).

Das Agnus Dei zeigt, so verstanden, eine andere, dem Menschen zugewandte Seite Gottes, einen anderen Aspekt seines Gott-Seins. Auch diese Seite enthält dunkle Anteile, doch zeichnen sie sich durch die nun sichtbar werdende Berührbarkeit Gottes aus, der sich von einem unendlich machtvollen und unnahbaren Gegenüber zu einem unendlich ohnmächtigen und nahekommenden Gegenüber wandelt, das aber gerade in dieser Ohnmacht des leidenden Gottesknechtes aus Jes 53 und im vergossenen Blut große Wirksamkeit entfaltet. Gott selbst ist das Subjekt der Reinigungsopfer, wie sie die verwendeten Texte aus II Chr 29,14 und Ex 24,8 beschreiben. Durch sie wird dem Menschen ein dauerhaftes, heilvolles Bleiben in seiner Gegenwart ermöglicht.

> *Zum Agnus Dei*
> *Eine Messe ohne die Erwähnung Christi ist undenkbar. Aber andererseits: Eine Messe mit hebräischen Texten, die von Christus spricht? Auch das ist undenkbar, aus mancherlei Gründen. Wiederum lesen wir im Bewußtsein dieser Schwierigkeit die alten Texte in unserer Tradition, die Rede vom Knecht Gottes bei Jesaja, der Strafe und Leiden trägt für uns, die Berichte über*

---

[15] Ein weiteres das Erlösungsgeschehen evozierendes Stichwort ist das "größere Schiff überm Herzen", bei dem an das entsprechende Adventslied (EG 8) gedacht werden kann. Vgl. hierzu die instruktive Deutung des Liedes durch Christa Reich (in: Geistliches Wunderhorn. Große deutsche Kirchenlieder, hg. von H. Becker u.a., München ^{2}2003, 60-68).

das geopferte Lamm, dessen Blut Sühne schafft für das Volk. Dazu tritt ein Wort von Ingeborg Bachmann: "Ein Kreuz im Blut".
Das Sanctus zeigte Gottes Heiligkeit, seine Macht, seine Fremdheit. Das Agnus Dei zeigt eine andere, dem Menschen zugewandtere Seite Gottes, es zeigt den ohnmächtigen und leidenden, den berührbaren Gott.
Auch hier stehen sich, wie im Sanctus, Gottes Heiligkeit und die Unreinheit des Menschen gegenüber. Auch hier erfordert die Heiligkeit Gottes eine Befreiung des Menschen von seiner Sünde, Reinigung, weil es sonst kein Bestehen geben kann vor dem Heiligen. Während aber die glühende Kohle in der Gottesbegegnung im Sanctus den Menschen leiden läßt und ihn unter Schmerzen zu einer nur momentanen Nähe zu Gott befähigte, reinigen das Leiden des Gottesknechtes und das vergossene Blut des geschlachteten Lammes ihn dauerhaft und ermöglichen ihm, die Nähe des Heiligen nicht nur "gerade noch zu ertragen", sondern in ihr zu gesunden, Frieden zu finden.

Dona nobis pacem
Entlassen aus dieser Berührung wird ein weiterer Aspekt erfahrbar, das Moment der Verheißung. Diese Verheißung erlebt der Mensch vor allem als Sehnsucht, gelegentlich auch als eine Hoffnung, die für Momente in Zuversicht übergehen kann und dafür im Dona nobis pacem eigene und nicht nur via negationis gewonnene Bilder findet[16].
So kann die Hoffnung Ausdruck finden im Bild des Lebenswassers aus Ez 47, dessen Quelle am Tempel entspringt und nach Osten fließt. Es wird von einem Bach zu einem breiten Strom und mündet schließlich in das Tote Meer. Seine Wasser machen die salzigen Wasser des Meeres gesund, und alles, wohin das Wasser fließt, wird gesund werden und leben. Ein anderes Bild ist die völlige innere Erneuerung des Menschen aus Ez 11, die Entfernung des zu Stein gewordenen, fühllosen, kalten Herzens und die Gabe eines warmen, mitfühlenden, glaubensfähigen Herzens. Gott selbst will seine Herde dann weiden, wie es in Ez 34 heißt, das Verlorene suchen, das Verirrte zurückbringen. Er will das Schwache stärken. Und was ist mit dem, was kräftig ist, fett und stark, wie es heißt? Hier schleicht sich eine Ungewißtheit in die Zuversicht ein, die in den hebräischen Handschriften dieses Textes selbst ihren Grund hat und die inhaltlich der christlichen Rede vom Jüngsten Gericht mit seinem doppelten Ausgang entspricht. Alles hängt an einem Konsonanten: *šmr* bedeutet "behüten, bewachen, bewahren", und

[16] Das Dona nobis pacem formuliert "Visionen gegen die Zeit" (so der Titel der ersten Interdisziplinären Tage für Theologie und Neue Musik in Kassel im Jahre 1998; vgl. die entsprechende Dokumentation: neue musik in der kirche. visionen gegen die zeit, hg. von Corinna Dahlgrün / Hans Darmstadt, Frankfurt a.M. 1999), indem es dem prophetischem Vorgehen folgend die biblischen Bilder nutzt, um in eine Unheilszeit hinein Heil anzusagen. Darin kann es auf andere Weise Anstoß erregen als die nachdrückliche Betonung der Blutigkeit des Opfers im Agnus Dei.

so lesen und übersetzen z.B. Luther, die Zürcher und die Jerusalemer Bibel. *šmd* bedeutet "vernichten, vertilgen, gänzlich ausrotten", und diese Variante findet sich beispielsweise in der Übertragung von Buber. Doch wie es der Herde auch ergehen wird: Am Ende wird die Herrlichkeit Gottes über allem stehen, so daß die Erde selbst leuchtet.

Auch in diesen Bildern liegt, einmal ganz abgesehen von der Unsicherheit über unser Geschick (denn wir gehören, davon werden wir wohl ausgehen müssen, zu den Fetten und Starken), eine Spannung, nämlich zwischen der Gewißheit, die bereits Anteil hat am Künftigen, am verheißenen Leben ("Da fiel mir Leben zu", "und es ward sehr licht auf der Erde") und dem Kommenden, Erhofften, Ersehnten ("es wird leben alles, wohin das Wasser kommt", "und ich will ihnen ein anderes Herz geben"), die Spannung zwischen "schon jetzt" und "noch nicht". Neutestamentlich ausgedrückt befindet sich der Mensch zwischen einem "Wer glaubt, hat das ewige Leben" (Joh 3,16-18) und dem "Angeld des Geistes" (II Kor 1, 22), das in das "ängstliche Harren der Kreatur" (Röm 8,19) immer schon hineinwirkt.

Das Fazit ist jedoch ein Satz Bachmanns: "Da fiel mir Leben zu" - die Hoffnung hat das letzte Wort, sie nimmt uns in das "schon jetzt" hinein.

Zum Dona nobis pacem

Bevor der Mensch den Raum der Gottesbegegnung verläßt, richtet er an den berührbar gewordenen Gott die Bitte um Frieden und Segen. Er tut dies im Wissen um die Verheißungen Gottes, im Dona nobis zusammengefügt aus Bildern des Propheten Ezechiel und dem Satz von Ingeborg Bachmann "Da fiel mir Leben zu".

Es wird eine Zeit kommen, so sagen die Verheißungen, da wird am Tempel in Jerusalem eine Quelle entspringen, und alles, wohin ihr Wasser fließt, wird gesund werden und leben. Der Strom mündet in das Tote Meer, und seine Wasser machen die salzigen Wasser des Meeres gesund. Auch dem Menschen wird neues Leben geschenkt, ein neues Herz, warm, mitfühlend, fähig zu lieben, fähig zu glauben.

Gott selbst will dann seine Herde weiden, das Verlorene suchen, das Verirrte zurechtbringen. Das Geschick des Starken, Kräftigen, Fetten ist nicht ganz so gewiß. Wird es gnädig behütet und bewahrt? Wird es, so denken manche, aus Gerechtigkeit vernichtet? Die Bitte um Frieden und Segen kann die Hoffnung bestärken: "Da fiel mir Leben zu". Und wie es der Herde auch ergehen wird, am Ende wird die kābôd, die Herrlichkeit Gottes über allem stehen, w^{e}hā'āræṣ he'îrâ - und die Erde wird leuchten.

Schlußbetrachtung (Ite missa est)

Mit Staunen sehe und höre ich heute die Messe mit allen ihren Stücken. Es ist eine eindrucksvolle Musik, die da entstanden ist, auch bei recht großer Vertrautheit nicht leicht zu hören. Sie fordert dem Rezipienten etwas ab. An vielen Stellen kommt sie bedrängend nahe; sie ist kein interessantes, aber gelassen von außen zu erlebendes Geschehen, sondern etwas, in das ich hineingezogen werde,

das mir etwas abverlangt, das mich angeht. Sie "nimmt mit", in mehrfacher Hinsicht. Die Spannung wird nie ganz aufgelöst, auch wenn es Momente der Erfüllung, des Zur-Ruhe-Kommens gibt. Mir scheint das sachgemäß. Denn die Begegnung mit Gott steht auf dieser Welt immer in der Spannung zwischen beglückend erlebter Nähe (die freilich auch ihrerseits nicht spannungsfrei ist) und der Erfahrung schmerzhafter Distanz. Wir kommen als wanderndes Gottesvolk in diesem Leben nie bleibend an ein Ziel. Doch wir sind auf unserer Wanderung nicht allein, auch wenn es sich gelegentlich genau danach anfühlen mag.
Das vermittelt, scheint mir, die *missa hebraica* sehr eindrücklich. Ich danke Hans Darmstadt, daß ich an ihrer Entstehung mitwirken durfte.

Herbert Glossner

Gesuchte Nähe im unnahbar Fremden
Die "Missa hebraica" von Hans Darmstadt

Beim Wort genommen, dem hebräischen wie dem dezidiert darin eingeschriebenen deutschen, steht die *Missa hebraica* von Hans Darmstadt als einsamer Monolith in der über Jahrhunderte gewachsenen Landschaft der Messkompositionen. Die Musik, über deren innerste Form- und Tonbeziehungen der Komponist an anderer Stelle Auskunft gibt, geht bei aller Traditionsbewusstheit gänzlich autonom mit den zwölf Tönen der abendländischen Skala und deren Verschattungen um. Aber das Geheimnis dieser "fremden" *Missa*, einer Art *Missa peregrina*, liegt in der Untrennbarkeit von Sprache und Klang offen. Der Musikwissenschaftler Thrasybulos Georgiades hat mit dem Begriff "Klangleib", der die Einheit von Wort, Ton und Rhythmus meint, die Besonderheit des Altgriechischen gegenüber den "prosaischen" abendländischen Sprachen herausgearbeitet. Ein solcher Klangleib ist auch dem Hebräischen eigen. Wenn Georgiades der Entwicklung der abendländischen Musik ausgerechnet am Beispiel der Messe folgt - deren Sprache Prosa ist -, dann ist die Wahl des biblisch-hebräischen Idioms, ob bewusst oder unbewusst, ein Aufspüren des sprach-klanglichen Urgrunds liturgischer Vergegenwärtigung. "Denn die Sprache der Messe ist Trägerin einer Idee, eines Geschehens", schreibt Georgiades in seiner Untersuchung "Musik und Sprache" (1954). Der Gegenschnitt mit deutschsprachiger Lyrik des 20. Jahrhunderts - in Georgiades' Sinn Prosa -, die integer bleibt und fast nur syllabisch behandelt wird, nicht als Sprachmaterial wie das Hebräische, gibt der *Missa hebraica* die ihr eigentümliche dialektische Spannung.

Landläufiges "Verstehen", dem das Lateinische im katholischen oder bildungsbürgerlichen Milieu sich noch halbwegs erschließt, ist nicht möglich. Auch erhellen oder kommentieren die deutschsprachigen Zitate die Fragmente aus dem Alten Testament keineswegs eindimensional. Im Kontext haben sie ihren eigenen Sinnraum, hermetisch, doch leuchtet aus jedem Wortbild, aus jedem Sprachklang das Angebot auf: Hör mich, nimm mich auf mit allen Sinnen, atme mich ein. Nicht anders das Hebräische selbst: Die Rachen-, Knack- und Zischlaute der Konsonanten, die isolierten, zerhackten, gedehnten Vokale wie das klangmächtige Wortganze sind eine einzige, grandios gebündelte Aufforderung an die Hörenden, sich einem umfassenden Erlebnisprozess hinzugeben. Beide Idiome in der Einheit der Musik bilden die "Aussage", die - ohne dass auch nur ein Wort oder Ton des überkommenen *Ordinarium missae* aufschiene - Schritt für Schritt ihren Weg macht vom *Psalm* über *Kyrie, Gloria, Credo, Sanctus, Agnus Dei* zum *Dona nobis pacem*. Es ist ein Prozess, ein Fort-Schreiten, dessen vermeintliche Altertümlichkeit, suggeriert durch Sprache und Messkanon, heutigen Menschen unerwartet neue Identifikation mit ihren Fragen nach Existenz und Gottesbezug anbietet. Eine glückliche Fügung ist die Einverständigkeit zu nennen, mit der Hans Darmstadt, der theologisch kundige Komponist, und Corinna Dahlgrün, als Theologin und Germanistin Sprache mit Musik zusammen denkend, zur Konzeption einer *Missa hebraica* fanden. Auch dies ein Fort-Schreiten, Station um Station, von der beginnenden Zusammenarbeit in Hamburg-Blankenese 1992/93 bis zur Uraufführung der ganzen *Missa* in Dresden, Kassel, Berlin und Lübeck Oktober 2005. Die Aufführungspraxis macht das deutlich: Mit kurzen, meditativ verdichteten Texten führt Corinna Dahlgrün jeweils hin zu den einzelnen Teilen der Messe, Tradition und Gegenwart verbindend.

Psalm. Erst während der Komposition des *Dona nobis pacem* (2004) mit einem ausgeprägten Orgelpart wählte Hans Darmstadt den ersten, *Psalm* überschriebenen Satz seiner 1984 entstandenen, Igor Strawinsky gewidmeten *Sonate aus h* zum Auftakt der *Missa hebraica*. Symmetrie entsteht, denn auch in der Dauer von jeweils fünf Minuten entsprechen die beiden Ecksätze einander. Gerahmt von *Kyrie/Gloria* und *Sanctus/Agnus Dei* steht damit das *Credo* in der Mitte der *Missa*. Wenn die Arbeit an der Sonate auch 20 Jahre zurück liegt, die Erstfassung des *Credo* 1994 noch zehn, so weist der Komponist doch zu Recht darauf hin, dass der Bezug der *Missa* "zum Klangmaterial des Orgelstücks ... evident" sei. Es tauchen dort wieder auf die dahin huschenden, auf die orientalische Herkunft der Melismen in der Gregorianik verweisenden, durch die Lautstruktur des Hebräischen beförderten, oft durch weite Intervallsprünge in Gegenbewegung verfremdeten Figuren; die Orgelpunkte im Bass, vorwiegend C oder Cis; Tonketten, die in Reihung oder zu Akkord-Agglomerationen verschmolzen latent Zwölftönigkeit evozieren oder sie explizit darstellen. Die inhaltliche Vorgabe mit Ps 18, 2. 3.5-7 umreißt den ganzen Weg eines Beters aus der Tiefe in die Höhe glücklicher Dankbarkeit - einen Weg, der in der Bewegung vom *Kyrie* zum *Dona nobis pacem* nachzuvollziehen ist, vielmehr im Orgelpsalm als Vorspiel sich bereits abzeichnet.

Kyrie. Der erste Schritt - eine Annäherung. Wie in den Psalmen beschrieben, ist es der Weg zu den Stufen des Altars. Doch vor der Anbetung steht die Anrufung

- der Schrei, der alles einschließt, was der nahende Mensch anschleppt, was sich auftürmt, was er nicht loswird. Eine Dezime hoch springen die Männerstimmen, *qa*, unhörbar fast fügt der Alt ein *m* hinzu, der Ton es ist konstitutiv, verschwimmt aber bald. Scharf endet auf *mt* der lang gedehnte, verzerrte Männerton. Vierstimmig singend, dann mit viel Atem Konsonanten und Vokale sprechend tastet sich der Chor an das Wort heran: *qámtî* - "ich bin aufgestanden". Ein Wort des Hiob, der (sich) keine Ruhe gibt. Ein Mensch, der im Aufbruch ist und sein *Kyrie* dabei hat: eine in Tönen vorgegebene, über Minuten stetig sich heftig steigernde, immer freier und ungebärdiger sich in Klanggewächsen umschlingende, ins "Durcheinander" (so die Partitur) treibende Improvisation, erst stimmenweise, dann jeder einzelnen Chorsängerin und jedem einzelnen Chorsänger überlassen, mit abruptem Ende. Ein zweiter Teil - die drei Worte des hebräischen Textes nehmen die Dreigliedrigkeit des *Kyrie/Christe/Kyrie eleison* auf - ist mit *Lamento* überschrieben. Bis zur Achtstimmigkeit baut sich ein Sprechkanon der Frauen auf, einfach und klar, ohne Leidenschaft dahin gesprochen und so die Ungeheuerlichkeit des lyrischen Befundes von Nelly Sachs unterstreichend: "Niemand weiß, ob der Weltenraum blutet/mit blitzenden Stigmata/an seiner unsterblichen Not//und das Herz zu Tode drückt ..." Eine Geschlagene auch sie, Nelly Sachs, die Jüdin, die das Schicksal der Ihren so bitter besang. Immer höhere solistische Töne legen sich über das Sprechen, in imitatorischer Abfolge, schließlich bis zum ebenfalls achtstimmigen chorisch engen Geflecht das Wort *b̲aqqāhāl* - "in der Gemeinde" darin verbergend und in sanftem *glissando* endend. Das Ich des Anfangs ist nicht mehr allein. Wie die erregende Kunde eines "Sehers" (Partitur) spricht im dritten Teil eine Männerstimme weiter Nelly Sachs: "Aufgerissen ist die Zeit,/diese Wunde vor Gott!" Geheimnisvoll, ja unheimlich bewegen sich dazu tonlose Luftgeräusche über den Vokal a zum Ton es hin, der nach einem lang ausgedehnten *crescendo* zur Silbe *ša* (für *ʾ^{a}šawwe^{a}ʿ* - "ich schreie") unscharf wird und aus klangvollen Oktaven sich in einen geisterhaft *subito pianissimo* ausklingenden Zwölftonakkord auflöst. Aus der Stille heraus noch ein seufzendes Ausatmen.

Das Sich-heran-Tasten, das unsicher Schwankende, nach Artikulation Suchende ist Merkmal dieses *a cappella* komponierten Herantretens an den Ort der Konfrontation mit einem - dem - gesuchten Gegenüber. Welche Chancen gibt da der aufs *Kyrie* folgende Lobgesang dem heutigen Zeitgenossen von Hiob und Nelly Sachs?

Gloria. In fünf Abschnitten formuliert dieses mit 18 Minuten längste Stück der *Missa hebraica* den imaginären Monolog des "Ehre sei Gott", der zugleich den schwierigen Dialog mit dem erhofften Partner einschließt. Ein erstes acht- bis zwölfstimmiges Ensemble stimmt das *nāgîlâ* - "lasst uns jauchzen ..." aus dem *Canticum canticorum*, dem Hohenlied, an. *šadday* - "šchadaj ..." halten die Bässe mit einem Hiob-Zitat dagegen, in Luthers Übersetzung: "Den Allmächtigen aber können wir nicht finden, der so groß ist von Kraft." Ekstatisch setzt sich das Jauchzen durch: "Lasst uns preisen deine Liebe mehr als Wein - *miyyayin.*" Ein markantes Duett benennt noch einmal die Gegensätze: "der Hass eine schwarze Sonne/verdunkelt das Antlitz Gottes" singt der Solo-Bariton mit Worten von Elie Wiesel, "vergiss nicht/es gibt ja/das Licht!" schwingt sich strahlend das Sopran-Solo darüber, auch dies eine jüdische Stimme, Rose Ausländer, und in fester Klarheit verklingt das "Licht". Diese Ambivalenz setzt sich im zweiten Ensemble fort. Öfter *unisono*, jedoch rasch wieder aufgelöst, singt der achtstimmige Chor, *mah-yy^{e}dîdôt* ... - aus dem bekannten Psalm (nach Luther) "Wie lieblich sind deine Wohnungen, Herr Zebaoth!", weiter in bewegten Sechzehnteln "sehnsüchtig" (Partitur) "Meine Seele verlangt und sehnt sich nach den Vorhöfen des Herrn". In ein zärtliches Liebesduett von Solosopran und -bariton aus dem Hohenlied, mit weiten Intervallsprüngen und Tonrepetitionen, werfen die Bässe in gestoßenen Achteln ein Psalmzitat (84) ein, *libbî ûḇ^{e}śārî* - "mein Herz und mein Fleisch". Dessen Fortsetzung obliegt der Solosopranstimme mit dem dreistimmigen Chorsopran, *y^{e}rann^{e}nû* ... - "sie jubeln zu dem lebendigen Gott". Ein komplexer, mehrfach wiederholter und variierter Teil, in den psalmodierend die Männer mit einem Vers aus dem 22. Psalm einfallen, gipfelnd in *w^{e}ʾattâ qādôš* - "du aber heilig", die Altstimmen "Das Losungswort heißt Liebe" (Elie Wiesel) hinein sprechen und, sehr betont, der Bariton die Worte von Rose Ausländer "Um gegen seinen Willen etwas zu fordern/gibt es nur ein Mittel: Ihn loben". "Ihn loben", emphatisch gerufen, hallt allein im Raum nach.

Im zentralen Teil III dominieren die dunklen Seiten der Begegnung. *kulām ʾ^{a}ḥuzê* ... - "sie alle haltend ein Schwert" aus dem Hohenlied erklingt in sieben schweren Takten, in denen der je dreigeteilte Sopran und Bass unterschiedlich rhythmisiert auf seinem Anfangston beharrt. Mit der mittelalterlichen Bezeichnung *motetus* sind kurze Abschnitte charakterisiert, die von der Zweistimmigkeit zur Drei-, dann Vierstimmigkeit fortschreiten, indem den vorhandenen Stimmen jeweils eine weitere hinzugefügt wird: *hamšel* ... *šālôm* ... - "Herrschen und Schrecken bei ihm ... Frieden ...". Die Kunstform wird auch dadurch erfüllt, dass nun ein Hiob-Vers mit dem Hohenlied verschränkt ist, das *kulām* ... wiederum in sich mutiert, dazwischen Ausrufe wie *ḥæræḇ* - "ein Schwert" oder *ballêlôt* - "in den Nächten". Ein rezitativisch einsetzender chorischer *dialogus* zu vier Stimmen stellt in zwanzig ungleichen Takten Abwehr (Hoheslied) und deren Widerspruch (Ps 94) gegeneinander, in Luthers Übertragung "Wende deine Augen von mir, denn sie verwirren mich - Der das Auge gemacht hat, sollte der nicht sehen?". Zögernd, von Pausen durchzogen, fährt der Chor mit einer *aria* fort. Aber dem resignativen Hohenlied, *gan nāʿûl* ... - "ein Garten verschlossen ... eine Quelle versiegelt" -, antwortet der extrem virtuose, ja kapriziöse Solo-Sopran jauchzend mit Ps 36: *ḥayyîm* ... - "Leben " - "Denn bei dir ist die Quelle des Lebens" (Luthertext). Und in den lang verebbenden hohen Triller *ḥayyîm* - "Leben" zitiert der Bariton ruhig Elie Wiesel: "Jedes Wesen hat teil/an dem erneuerten Geheimnis /der Schöpfung." Dass der Komponist sich diesem Herzstück im *Gloria*, vielleicht das Herzstück, wenn auch nicht das Zentrum der *Missa*, mit besonderer Kunstfertigkeit zugewandt hat, unterstreicht dessen Sonderstellung. Es ist der Drehpunkt des Ganzen, an dem die Gefährdungen sich brechen und Stichworte wie "Leben" und "Geheimnis der Schöpfung" den wahren Grund des - wie alles Vorausgehende zeigt - gebrochenen Lobgesangs benennen. So sind die beiden letzten Ensembles in ihrer expressiven Kürze zu verstehen. Ein sechsstimmiger Frauenchor setzt kanonisch auf den Ton es ein, ihn alsbald durch fünf 12/8-Takte hindurch locker umspielend: *ʾāz hāyîtî* ... - "dann war ich in seinen Augen wie eine Gefundene des Heils" aus dem Hohenlied. Einen Ganzton tiefer, variiert und kürzer kehrt der Chor nach dem Bariton-Solo wieder, das meist in sehr hoher Lage mit lang ausgehaltenen Tönen "wunderhaft" ein Mosaiksteinchen von Rose Ausländer einfügt: "nimm/diese Wirklichkeit/Wunder." Der letzte, etwas längere Teil des *Gloria* nimmt das *šālôm* des *motetus* akzentuiert wieder auf, im achtstimmigen Chor mit Hiobs Hoffnungswort verbunden: *waʾănî yādaʿtî* ... "Ich weiß, dass mein Erlöser lebt ..." in Luthers berühmter Übersetzung. Dazu ruft der Bariton beschwörend, in Gesang fallend: "Friede ist Illusion./Aber die Sehnsucht nach Frieden/ist keine Illusion" von Elie Wiesel. Ihm folgt eine etwa 40 Sekunden dauernde freie Improvisation jedes einzelnen Chormitglieds mit jeweils vier einer Stimmlage vorgegebenen Tönen, eine flirrende Klangwolke, wie sie typisch für diese *Missa* ist. Ruhepunkt, "visionär" (Partitur), wird ein Zwölftonakkord, der bis zur Vierstimmigkeit in sich zusammen sackt und zum *unisono* des[1] komprimiert *pianissimo* weiter klingt. Und während eine Stimme nach der anderen *morendo* verschwindet, beginnt schon eine der schönsten Passagen des ganzen Werkes. Die Solo-Sopranistin gibt den Worten von Rose Ausländer bewegend klaren Ausdruck, weich springend zwischen Höhen und Tiefen: "Und Wiesen gibt es noch/und Bäume und/Sonnenuntergänge/und/Meer/und Sterne/und das Wort/und das Lied/und Menschen/und" - dieses letzte, aufs hohe d hin getupfte "und" wirkt wie die Essenz des *Gloria*. Vertrauen hat sich durchgesetzt. Es geht weiter, in eine offene Zukunft, auf dem Weg mit der Dichtung des Alten Testaments und des 20. Jahrhunderts. Welchen Platz kann jetzt ein (Glaubens)Bekenntnis einnehmen?

Credo. Am Anfang des 2001 revidierten *Credo* steht, einen Ganzton höher als die Erstfassung, eine trotzige Negation: *lō'* - "nicht", die sich über stehende, jetzt lebhafter umspielte Akkorde zunehmend zergliedert: "Ich lasse dich nicht, du segnest mich denn" (Gen 32, nach Luther). Jakobs ein Ziel fest haltende Formel im Kampf mit dem Engel am Jabbok verschafft sich in fragmentierten Worten bedrängend Gehör. Ein Zwölftonakkord *lō'* ist dann die Brücke zu komplizierten kanonischen Verschachtelungen in motivischer Kleinarbeit. Im achtstimmigen Vibrieren antworten die Männerstimmen mit der Umkehrung, immer enger, in melismatischer Erregtheit, umklammern sich die "Kämpfenden" - wenn denn solch direkte Interpretation von "Lautmalerei" nicht schon zu weit geht. Jedenfalls zerfasern sich auch die hebräischen Worte in geballten Einzelimprovisationen, nur noch Konsonanten, Laute "sprechen" bis zu geheimnisvollem Verstummen. Aus dem suchen wieder tropfende Laute, Konsonanten, dann Vokale einen Weg, in aufgeregt wirr schreiendem *crescendo* bricht das Wort *b^erak̲* - "segnen" heraus. Stehen bleibt, wie ein Urton, auf den Nasallaut ng das as^1 der Altstimmen, aus dem sich, eine Klammer schließend, wieder ein, vertikal anders geschichteter, Zwölftonakkord entwickelt. Verhangen, mit unruhigen Geräuschen und Tönen des Chores unterlegt, dann "wie träumend" (Partitur), formt der Bariton die deutsche Gegenstrophe zum Engelskampf, von Ingeborg Bachmann: "Ich will nichts mehr für mich. Ich will zugrunde gehn.//Zugrund - das heißt zum Meer, dort find ich Böhmen wieder./Zugrund gerichtet, wach ich ruhig auf./Von Grund auf weiß ich jetzt, und ich bin unverloren." Mit einem "fahl" (Partitur) gesungenen as^2, dann auch für die letzten Worte tritt die Sopranistin hinzu, "und ich bin un-ver-lo-ren", im Alt klingt auf cis^1 "-lo" nach - neu in der Zweitfassung, eine Erinnerung an das hebräische *lō'* des Anfangs. Ein Stand-Ort ist erreicht. Böhmen steht in William Shakespeares "The Winter's Tale" (Das Wintermärchen) - dort tatsächlich am Meer gelegen - für eine Art raue Gegenwelt zum lieblicheren Sizilien. Ein Stand-Punkt, der sich dem Hörenden erschließen kann als ein virtueller Klangpunkt, den die Stimmen umkreisen und fokussieren. Wie wird jetzt die nächste Station des Weges, das unmittelbare Zusammentreffen mit der gesuchten Welt des Göttlichen, des Heiligen erlebt?

Sanctus. Eine feierliche Aura umkleidet in chorischer Fülle den ersten Teil des vierfach gegliederten Stückes. Erstmals sind "Orgelpunkte" dabei, kein ausgeprägter Instrumentalsatz, sondern punktuell gesetzte Akzente der Orgel, lang ausgehaltene Basstöne, Orgelpunkte eben, und Signale im höchsten Diskant. Drei Vokalgruppen verteilen sich im Raum: sechsstimmig die Männer am Altar, je zwei fünfstimmige Frauenchöre auf den Seitenemporen, mit den beiden Solostimmen und der Orgel ein überwältigender Raumklang. Er schafft die Szene, in der Jesaja im Tempel dem Numinosen in Gestalt der anbetenden Engel begegnet: *qādôš* - "heilig". Das einzige Mal, dass die *Missa* sich ausdrücklich auf eine Wurzel des überlieferten Kanons bezieht, Jes 6, die Trias "Heilig, heilig, heilig". In differenzierten Gruppeneinsätzen, zu denen die Männer akkordische Fundamente setzen, ertönt üppig das *qādôš*, von den tiefen Bässen zu einem ehrfürchtigen *ʾᵃdônāy ṣᵉḇāʾôt* - "der Herr der Heere" weiter geführt. Fragmentiert nehmen das die übrigen Stimmen in wundersam schwebenden Klangsäulen auf, von der Orgel glitzernd gekrönt, und spinnen den Bericht aus dem Tempel in majestätisch sich steigernden Ballungen fort, in den Sopranen vereinzelt h^2 und c^3, das hohe c, erreichend. Im zweiten Teil (die Orgel schweigt) geben Sopran und Bariton in einem weit ausgespannten Solo-Dialog dem Propheten Stimme: *wāʾomar ʾôy-lî …* - "und ich sprach: weh mir, denn ich werde vernichtet". Mit den Frauen geht der Bericht vom Seraph mit der glühenden Kohle achtstimmig weiter, zu einem stehenden Akkord aus zwei oktavierten Quinten fallen die Männer ein, mit einem *tutti-sforzatissimo* wird ein Höhepunkt erreicht: *riṣpāh* - "ein Glühstein", nach einem zischend hingezogenen *s* das *-pāh* "wie heiß ausgehaucht" (Partitur). Behutsam, in durchsichtigem Satz, quasi *misterioso*, berichten die Vokalgruppen (ohne Bass) weiter. Über die zuletzt ausgehaltene kleine Sekunde f^1-ges^1 der Tenöre schiebt sich ein Bariton-Solo: "Wer, wenn ich schriee, hörte mich aus der Engel Ordnungen? Und gesetzt selbst, es nähme mich einer plötzlich ans Herz: Ich verginge von seinem stärkeren Dasein. Denn" - mit Rainer Maria Rilke beginnt der dritte Teil. Nach "verginge von" wirft ein Sopran-Solo, hebräisch, den düsteren Auftrag des Engels ein. Dessen Inhalt geben die Vokalgruppen, nach dem nachdrücklichen "Denn" des Baritons (nun wieder mit einem Orgelpunkt auf cis^1, der mit Pausen bis in den Anfang von Teil IV reicht), mit wachsender Stimmenzahl sehr bestimmt wieder - über einen Oktavklang von B bis b^2 bis zum

Zwölftonakkord gespreizt: *šim'û šāmô*$^{a'}$ ... - "Höret, und versteht's nicht ..." (Luther). Der hebräische Kern der Drohbotschaft, die Jesaja verkünden soll, gipfelt im Sprechen aller: dass das Herz des Volkes nicht "Einsicht gewinne". In raffinierter Verschachtelung der Silben bekräftigt am Schluss derselbe Zwölftonakkord die "Verstockung", wie Luther das plastische Bild des Hebräischen übersetzt. *hašmen* ... - "überziehe mit Fett das Herz des Volkes" hatte der zwölfstimmige Oktavklang begonnen, über den der Komponist die Bezeichnung ",fett', scharfe Akzente" setzt. Der vierte Teil fasst noch einmal alle Kräfte, alle expressiven Möglichkeiten zusammen. Ein irrwitziger quasi "Vorschlag", der Sprünge von e^2 zum kleinen b umfasst, leitet das Sopran-Solo ein: "das Schöne ist nichts als des Schrecklichen Anfang, den wir noch grade ertragen, und wir bewundern es so, weil es gelassen verschmäht, uns zu zerstören." Untergründig übernehmen die Altstimmen den Orgelpunkt cis^1, über dem sich überschlagend ekstatisch der Sopran erhebt, mit extremen Intervallen und dynamischen Kontrasten, Worte wiederholend, Sprechen und Singen mischend. *w*^{e}*qārā'* ... - "und es rief" leitet der Solo-Bariton zum mächtigen sechzehnstimmigen, in sich fluktuierenden *qādôš* - "heilig" des Chores über, den nun auch wieder Orgeltöne grundieren. In kaum für möglich gehaltener Steigerung legt sich das Sopran-Solo *quasi improvisando* mit einem Triller c^3-des^3 darüber, um von d^3 *sforzatissimo* in Sechzehntel-*staccati* zu cis^1 abzustürzen und weiter über e^3 und h zum Triller d^3-cis^3 zurückzukehren: "Ein jeder Engel ist schrecklich." Nur das *qādôš* schwingt noch acht Takte weiter. Mit diesem einzig verbleibendem Wort weist die Komposition in stehenden Akkorden der Männer und sie umzingelnden oszillierenden Figuren der Frauen an den Anfang zurück. Die Aura des Schrecklichen vergeht nicht in Zerstörung. Das unnahbar Heilige ist im musikalischen Enthusiasmus (*entheos* - "gottbegeistert" - *en theó* - "in Gott") erfahrbar. Mehr noch, wie der Fortgang zeigt: Dieser gesuchte Gott gibt sich dem Suchenden, als Mensch dem Menschen, zu erkennen.

Agnus Dei. Das uralte Bild vom Lamm, das "zum Sündopfer" geschlachtet wird, wendet das Neue Testament auf Jesus an, *agnus Dei* -"Lamm Gottes". Mit einer Opferszene aus dem zweiten Buch der Chronik zeichnet der vierstimmige Männerchor die orientalisch-alttestamentlichen Wurzeln des Rituals in engen Sekundreibungen und Sprechen nach: *wayyišḥāṭûm* - "und es schlachteten ..." Der Solo-Bariton fügt *marcato* hinzu: *hakoh*^{a}*nîm* - "die Priester ...". Eine klare "Männersache", die der sechsstimmige Frauenchor in einem zweiten Abschnitt mit Worten von Ingeborg Bachmann in weichem *piano,* dann *pianissimo* unterbricht, während der Bariton wach deklamierend schon den nächsten, hebräischen, Exodus-

Text, Mose und "das Blut des Bundes", beginnt. "Erst als der Regen entbrannte, lauschten wir wieder;/Speere stürzten herab und Engel traten hervor,/" Eine dunkle Gegenstrophe zur blutigen Tradition. Intensiv sich steigernd: "/hefteten schwärzere Augen in unsere schwarzen." Mit gedämpfter Stimme das Geheimnis betonend: "Vernichtet standen wir da." Und dann setzt eine taumelnde Klangfigur das Bild um: "Unser Wappen flog auf." Die Übertragung des Opferritus auf eine menschliche Gestalt leistet das Lied vom "Gottesknecht" aus Jes 53, das der ganze zwölfstimmige Chor anstimmt: *w^{e}hûʾ m^{e}ḥolāl* ... - "aber er ist durchbohrt ...", in Luthers geläufiger Übersetzung: "Aber er ist um unsrer Missetat willen verwundet ..." Ein Bariton-es^1 schwingt in diesen dritten Teil herüber, in den Ton fallen alle Stimmen nacheinander zum Oktavklang es-es^1-es^2 ein. Daraus wächst der Hymnus, wie am Schluss des *Kyrie* und im *Sanctus* baut ein Zwölftonakkord sich auf, verhalten, leidenschaftlich, im Alt klingt noch g^1, im Bass Fis aus. Es folgen Vokabeln des Folterns scharf ineinander greifend gesprochen, singend die Silben tauschend - worin aufgespalten noch einmal der Zwölftonklang steckt - bis zum nachdrücklichen Ausruf: *meʿ^{a}wonotênû* - "wegen unserer Sünden". Der Bariton trägt Bachmanns wunderbare, die theologische Assoziation zulassende Metapher vor: "Ein Kreuz im Blut". Ganz still, von G über fis zu a^1 und zurück zu as, "wie eine Ikone" schreibt der Komponist. Den Schluss vom "Heilsein" - *š^{e}lômenû* - singen zögernd, vereinzelt die vier Chorstimmen, ein "warmer Klang" (Partitur), in den ausklingenden H-b-e^1-es^2-Akkord hinein spricht der Solist ruhig Bachmanns letzte Zeile: "und ein größeres Schiff überm Herzen." Bis zur Identifikation Gottes mit dem Menschen ist der Weg der *Missa* gegangen. Hans Darmstadt löst das dritte Glied des *Agnus Dei*, nach dem zweimaligen *miserere nobis* im *Ordinarium*, heraus und formt die Bitte um Frieden zu einem eigenen, abschließenden Teil. Es ist die Antwort dessen, der den Unnahbaren gesucht und den Nahen gefunden hat.

Dona nobis pacem. Wie im *Sanctus* setzt der Orgelbass mit C den ersten Akzent. In den vollen Orgelklang mit einer 16'-Zungenstimme im Pedal tönt das große Zukunftsversprechen des Propheten Hesekiel (Ez 47): *w^{e}hinneh-mayim* - "und siehe - Wasser ...". Das *unisono*-es des vierstimmigen Chors ist wieder signifikant, rasch wechselt es zum cis, dann zum b. Ein akzentuierter Septimensprung abwärts von a nach b auf *mayim* - "Wasser" in Takt 3 findet kurz vor dem Schluss in der Nonenbewegung h-b abwärts auf *(hā)ʾāræṣ* - "Erde" seinen Gegenpol. Hohe Mixturklänge und ein lebhaft bewegtes Pedal umklammern die zur Sechsstimmigkeit aufblühenden Singstimmen. Das Instrument spielt einen heraus ragenden

Part in diesem Schlussteil, der damit dem Einstieg mit Orgel solo entspricht. Erst Sopran-, folgend Bariton-Solo singen in lichtem Triosatz mit der Orgel vor Freude strahlend die hebräischen Worte der endgültigen Wende durch das Wasser des Lebens, in Luthers Übersetzung: "Und alles soll gesund werden und leben, wohin dieser Strom kommt - Und ich will ihnen ein anderes Herz geben und einen neuen Geist in sie geben." Die Bitte *Dona nobis* wird nicht ausgesprochen, vielmehr ist sie in der Vision von der neuen, der neu belebten Welt schon erfüllt. Die Androhung der "mit Fett" überzogenen, der "verstockten" Herzen im *Sanctus* wird zurück genommen. Hier fügt der Chor in schlichtem vierstimmig-akkordischen Satz mit Sekundintervallen *pianissimo* erstmals die ebenfalls Erfüllung konstatierende Zeile von Ingeborg Bachmann ein: "Da fiel mir Leben zu." Eine chorische Deklamation voll innerer Spannung. Weiter fahren Sopran, Bariton und Orgel mit dem Hesekiel-Text, ausdruckskräftig in den melismatischen Formeln, und wieder in verschobenem Sekundklang *mezzopiano* der Chor, wie eine Antiphon zum Psalm: "Da fiel mir Leben zu." Ein weiterer Prophetenvers in der vorigen Besetzung mit weit auseinander gezogenen Intervallen, und zum dritten Mal, wieder variiert, *mezzoforte*: "Da fiel mir Leben zu." Nach einem Zwischenspiel der Orgel bekräftigt der Chor in meist homophoner Stimmführung den erhofften Zustand: *wᵉhā'āræṣ* ... - "Und es ward sehr licht auf der Erde von seiner Herrlichkeit" (Luther). In Blöcken, schließlich alternierenden Einsätzen türmen sich *crescendo* mit Orgel und Chor alle zwölf Töne auf, von C bis as^3, durch Diskant- und tiefe Bassregister der Orgel amplifiziert und spektral aufgefächert, *fortissimo*.

Dass Hans Darmstadt die zwölf Töne nicht im Sinne Arnold Schönbergs als Material zu konsequenter Reihenbildung nimmt, sondern sie als lineare Bausteine frei variiert und in eigene Beziehung zueinander setzt, sie vor allem horizontal als Akkord, als klingende Säule nur ganz sparsam und gezielt verwendet, legt den Schluss nahe: Die Zwölfzahl steht für geheiligte Überlieferung, von den zwölf Stämmen Israels über die zwölf Apostel bis zu der summierten Symbolkraft im letzten Buch der Bibel, der Offenbarung - die Krone von zwölf Sternen auf dem Haupt der Frau "mit der Sonne bekleidet", die zwölf Perlentore des ewigen Jerusalem, verdoppelt in den 24 Ältesten. Als Pointe klingt das noch in dem Hesekieltext nach, der zwar nicht die Zahl, doch die "Stämme Israels" nennt. Ein eschatologischer Bogen spannt sich vom *Psalm* zum *Dona nobis pacem,* vom einstimmenden Zwölfklang bis zum Schlussakkord der *Missa hebraica.*

Volker Stümke

"lass es Liebe sein"
Beobachtungen zum Gott der missa hebraica

"Hast du nur ein Wort zu sagen, nur einen Gedanken, dann lass es Liebe sein" – es ist immerhin ein niveauvolleres unter den bekannten Rockliedern von 2004, dessen Text hier zitiert wird[1]. Und dass Liebe alles sei, wie der Refrain dieses Liedes behauptet, lässt sich auch vom christlichen Glauben her sagen, wenn man I Joh 4,16 ("Gott ist die Liebe; und wer in der Liebe bleibt, der bleibt in Gott und Gott in ihm") mit I Kor 15,28 ("Wenn aber alles ihm [= dem auferstandenen Christus] untertan sein wird, dann wird auch der Sohn selbst untertan sein dem, der ihm alles unterworfen hat, damit Gott sei alles in allem") kombiniert: Gott = Liebe = alles in allem. Problematisch erscheint zunächst das Weglassen Gottes im weltlichen Popsong[2], vor allem aber die konditionale Begrenzung auf ein Wort, sie ermöglicht weder einen Gedankengang noch eine Dynamik und wird damit der biblischen Redeweise von Gott als der Liebe nicht gerecht. Sowohl die Rede vom "bleiben" im I Joh wie die Abfolge von Geschehnissen, die I Kor 15 zeichnet, erfordern eben mehr als ein Wort: Was heißt es, wenn Gott als die Liebe bezeichnet und erhofft wird, dass er alles in allem sein werde?

Eine Möglichkeit, den biblischen Gott als die Liebe umfassender und ausdrucksstärker zur Darstellung zu bringen, bietet die Messe als Musikform. Daran knüpfen Corinna Dahlgrün und Hans Darmstadt mit ihrem Konzept einer "missa hebraica" an. Die Verwendung des lateinischen Begriffes "missa" ist zum einen sicherlich kennzeichnend für die Neigung beider Autoren, mit dem originalen Wortlaut zu arbeiten; auch die verwendeten Bibelverse werden auf Hebräisch rezitiert mit präzisen Angaben zur Aussprache und sehr wortgetreu im Anhang übersetzt. Darüber hinaus wird das Werk als "missa" abgehoben von der liturgi-

---

1 Rosenstolz, Liebe ist alles; von der cd: Herz, 2004.

2 Die logische Problematik dieser Gleichung hängt daran, ob die Zuschreibungen an Gott (Liebe, alles) als Prädikate gemeint sind oder als Identifikationen. Im zweiten Fall wäre solche Gleichsetzung korrekt (3+4 = 7 = 9-2; hier kann das Mittelglied 7 wegfallen), im ersten Fall natürlich nicht - und zwar selbst dann nicht, wenn es sich um ein Proprium handelte, also um ein Wesensmerkmal, das nur diesem definiens zukommt, denn auch dann geht das Wesen (des definiens) nicht in diesem einen Proprium auf; vgl. dazu Eberhard Jüngel, Gott als Geheimnis der Welt. Zur Begründung der Theologie des Gekreuzigten im Streit zwischen Theismus und Atheismus, 3. Auflage Tübingen 1978, 191f.

schen Gottesdienstform ("Messe") und stärker noch als musikalische Darlegung profiliert. Und schließlich wird man beiden ein Sendungsbewusstsein ("mittere") nicht absprechen können: Sie wollen mit ihrer Messe die Hörer aufrütteln und mit der faszinierenden, zugleich fremden und ansprechenden Gedankenwelt der Bibel vertraut machen[3] - selbstverständlich auf dem hohem wissenschaftlichen und intellektuellen Niveau, das man von der "neuen musik in der kirche"[4] kennt und erwarten darf.

Für meine folgende theologische Auseinandersetzung mit der missa hebraica soll die Frage nach den Aussagen über Gott leitend sein: Wie wird der biblische Gott in den Texten dieser Messe zur Sprache gebracht? Die musikalischen Impressionen werde ich als persönliche Eindrücke einbeziehen, aber angesichts meiner musikalischen Unbekümmertheit muss ich mich mit Urteilen und Kommentaren hier zurückhalten[5]. Dass die Aussagen über Gott immer auch Sätze des Glaubens

---

[3] Diese Faszination ist sicherlich sowohl ästhetisch wie theologisch zu spüren. Die intensive Beschäftigung mit der hebräischen Sprache, die Textdarbietung in der wissenschaftlichen Umschrift des Hebräischen und der bewusste Einsatz ihrer Eigenarten im Chorgesang, im Schnalzen, Stottern und Gurgeln, bezeugen das ästhetisch motivierte Interesse an der Sprache der Bibel. Das präzise Festhalten am Wortlaut und der Verzicht auf theologische, dogmatische oder liturgische Formulierungen lassen sich auf eine theologische Hochachtung des biblischen Wortlautes zurückführen.

[4] Bekanntlich sind die Teile der "missa hebraica" auf den vier ebenfalls von Dahlgrün und Darmstadt konzipierten und durchgeführten Veranstaltungen "neue musik in der kirche" zwischen 1998 und 2004 alle zwei Jahre in Kassel aufgeführt, teilweise sogar uraufgeführt worden. Näheres dazu findet sich in den Dokumentationsbänden, die jeweils im Folgejahr (in Frankfurt/Main) erschienen sind. Die "Interdisziplinäre[n] Tage für Neue Musik und Theologie" haben sehr erfolgreich eine solche intellektuelle Auseinandersetzung initiiert.

[5] Zumindest anmerken möchte ich aber, wie mich die Aufführung der missa hebraica in Berlin angesprochen und beeindruckt hat: Nachdem ich die Uraufführungen einzelner Teile schon auf den Tagungen in Kassel erleben konnte, hat mich der Kompositionsstil Darmstadts - sofern ich das sagen darf - nicht mehr überrascht. Fasziniert war ich insbesondere vom Zusammenwirken der einzelnen Stücke, die einen Weg des Glaubens mit Gott markieren und mich als Hörer auf diesem Weg mitgenommen haben. Beim Kyrie dominierte für mich der Eindruck der schmerzhaften Zerrissenheit, hervorgerufen durch das Stöhnen und Schreien des Chores, gegen das sich die monoton vorgetragenen Worte von Sachs natürlich nicht durchsetzen konnten: Nicht nur die Zeit schien aufgerissen, sondern auch der Weg mit Gott. Dennoch blieb es ein Weg, vor allem das Gloria mit seinem Gegeneinander der Stimmen (des Chors wie der Solisten) versetzte mich in die erinnernde Bewegung, unterschiedliche Erfahrungen mit Gott zu rekapitulieren, deren Gemeinsamkeit darin bestand, dass keine durchhielt. Dieser Eindruck wurde durch das Credo dahin verstärkt, dass die Bewegung hektischer wurde: Die Stimmen gerieten ineinander und überschlugen sich, bis sie sich dann auflösten - und plötzlich in die gemeinsame Gewissheit des „unverloren“ einmündeten. Wie kommt es zu dieser Gewissheit? Die musikalische Antwort gab für mich das folgende Sanctus, das vor allem durch die Neugruppierung des Chores und den Einsatz der Orgel eine neue Raumwahrnehmung evozierte: Der Hymnus auf Gottes Heiligkeit holte mich gleichsam

sind, ist für lutherische Theologie selbstverständlich[6], folglich kann die Leitfrage auch darauf ausgerichtet werden, wie der christliche Glaube in dieser missa Gott beschreibt. Dann liegt es nahe, bei der Analyse des Credo einzusetzen, denn erstens ist das Credo der älteste Teil des Werkes, so dass hier ursprüngliche Impulse und Intentionen der "Autoren"[7] entdeckt werden können. Vor allem aber ist ein Credo zweitens ein Glaubensbekenntnis, in dem also die Autoren Auskunft geben über denjenigen Gott, an den sie glauben und den sie durch Text und Musik zur Sprache bringen wollen.

Zwei Textpassagen sind im **Credo** der missa intoniert worden, zum einen der Kampfesruf Jakobs am Jabbok, der dem biblischen Gott, der sich ihm mit Gewalt

---

aus der zum Altar ausgerichteten Kirchenbank und versetzte mich in eine Rotunde, die erfüllt war mit dem Lobgesang. Ich war nicht mehr der Zuhörer und das heimliche Subjekt, auf das die konzertante Ausführung ("da vorne" bzw. "da oben") ausgerichtet war, sondern schwamm in einer Welt von Tönen, die auf mich nicht angewiesen, in die ich irgendwie geraten war - meiner Subjektstellung einerseits verlustig und doch unverloren geblieben (auch als Subjekt). So führte mich die missa bis zum Abendmahl als dem Ort der direkten Begegnung mit dem heiligen Gott - aber an dieser Stelle muss ich einen Bruch konstatieren: Warum mich das Agnus Dei nicht so zu fesseln vermochte wie die anderen Sätze der missa, weiß ich nicht. Hat es mit der auferlegten Zurückhaltung (der Autoren) bezüglich der Ausrichtung auf Christus zu tun, die für mich als Christ zwar kognitiv stimmig ist, die sich aber gerade im "Allerheiligsten" emotional nicht durchhalten lässt? Oder war es schlicht die Erfahrung, dass nach einem solchen Höhepunkt ein Abstieg unvermeidlich ist? Erst das Dona Nobis hat mich wieder affektiv angesprochen, vor allem den Chorsatz "da fiel mir Leben zu" erlebte ich als performativen Segensspruch, so dass ich mich nicht mehr im Abendmahlskontext bewegte, sondern beim Schlusssegen angekommen war.

6 Für Martin Luther gilt, dass Gott und Glaube zusammengehören. So formuliert er im Großen Katechismus: "Denn die zwei gehören zu Haufe, Glaube und Gott" (BSELK 560, 21f.). Diese Grunderkenntnis auslegend betont Luther zum einen, dass Gott dasjenige ist, woran der Mensch sein Herz hängt, worauf er also grundlegend vertraut (vgl. ebd. 560, 7-42) - wobei für Luther klar ist, dass allein der biblische Gott derjenige ist, dem alle Zuversicht zukommen sollte (vgl. 562f.). Dabei kann er sogar sehr pointiert formulieren, dass der Glaube der Schöpfer Gottes sei - allerdings nicht der Person Gottes (als des Schöpfers, der uns gegenüber steht), wohl aber des Gottes in uns, dem wir vertrauen (vgl. WA 40 I, 360, 5f.); vgl. dazu Oswald Bayer, Theologie [HST 1], Gütersloh 1994, 36-42. Zum anderen hält Luther fest, dass nicht das Wissen über den Gott der Bibel und dessen Heilstaten dem Menschen weiterhelfe und ihn rette, sondern nur die Gewissheit des Glaubens, dass Gott diese Taten für mich vollbracht habe und mich aus Sünde und Tod errette (vgl. WA 10 I.2, 24f.).

7 Im Folgenden werden die beiden Urheber der missa hebraica, Corinna Dahlgrün und Hans Darmstadt, abgekürzt als "Autoren" bezeichnet. Der Begriff soll dabei sowohl geschlechtsübergreifend verstanden werden als auch die kompositorische Arbeit an der Musik wie am Text umfassen. Auch wenn der Partitur folgend die Theologieprofessorin Corinna Dahlgrün verantwortlich zeichnet für die theologische Konzeption und die Textauswahl und die musikalische Konzeption dem Kirchenmusikdirektor Hans Darmstadt zuzuschreiben ist, werden hier beide zusammengefasst, um die von mir beobachtete Zusammenarbeit und das gegenseitige Austauschen zu betonen.

in den Weg gestellt hat, entgegnet: "Ich lasse dich nicht, du segnest mich denn" (Gen 32,27), zum anderen ein Auszug aus dem Gedicht Ingeborg Bachmanns "Böhmen liegt am Meer":

> "Ich will nichts mehr für mich. Ich will zugrunde gehen.
> Zugrund - das heisst zum Meer, dort find ich Böhmen wieder.
> Zugrund gerichtet, wach ich ruhig auf.
> Von Grund auf weiss ich jetzt, und ich bin unverloren".

In beiden Texten werden Willensbekundungen eines Ich emphatisch formuliert. Wie bei den ökumenischen Symbolen der Kirche, dem Apostolicum, dem Nicaeno-Konstantinopolitanum und indirekt dem Credo des Athanasius, steht auch hier das Ich an erster Stelle[8]: Jede(r) Einzelne ist aufgerufen, seinen bzw. ihren Glauben zu bekennen und somit persönlich für die folgenden Glaubensaussagen einzustehen, die sich zwar von den allgemein anerkannten Wahrheiten abheben, weswegen sie eigens bekannt werden müssen, die aber zugleich gemäß I Petr 3,15 als rechenschaftsfähige Wahrheit vorgestellt werden. Damit stellen sich Dahlgrün und Darmstadt deutlich in den dogmatischen Traditionszusammenhang des Credo, verstanden als bewusste Zustimmung zu christlichen Lehraussagen, und greifen dessen Intention auf.

Blickt man hingegen auf die Glaubensaussagen selbst, so ist der Unterschied des Credo von 1994 zu den altkirchlichen Symbolen gravierend: Es finden sich keine inhaltlichen Aussagen über Gott als dem "Gegenstand" des Glaubens. Das Ich bekennt nicht seinen Glauben, sondern bekundet seinen Willen. Ein Einstimmen des einzelnen Christen in das Glaubensbekenntnis der Kirche (oder Gemeinde) ist so nicht möglich, weil es keine Bekenntnisgehalte gibt, die über eine sehr persönliche Glaubenshaltung hinausweisen. Dem liturgischen Anliegen des überlieferten Credo, einem "anbetenden Hymnus"[9] der Gemeinde im Gottesdienst Raum zu geben und den einzelnen Christen darin aufzunehmen, wird demnach nicht entsprochen. Solcher Verzicht auf Glaubensinhalte geht deutlich über die Versuche hinaus, zeitgenössische Bekenntnisse zu erstellen, in denen alte Formulierungen

---

[8] Die drei Symbole finden sich BSELK 21-30. Das Credo von 381 (Nicaenum-Konstantinopolitanum) wird übrigens ebenfalls in der 1. Person Singular eröffnet, während es liturgisch gegenwärtig meist im Plural intoniert wird - in Anlehnung an die erste Fassung von 325 und zur besseren (und schnelleren) Unterscheidung vom Apostolicum, das an den normalen Sonntagsgottesdiensten bekannt wird; vgl. dazu Friedrich Kalb, Grundriss der Liturgik. Eine Einführung in die Geschichte, Grundsätze und Ordnungen des lutherischen Gottesdienstes, 2. Auflage München 1982, 137ff. Das (Pseudo-) Athanasianische Bekenntnis ist als Lehrgespräch formuliert, das einerseits an den Einzelnen gerichtet ist, die Glaubenssätze selbst aber im Plural als Bekenntnis der Kirche formuliert, in das der Gefragte einstimmen möge.

[9] Friedrich Kalb, Grundriss der Liturgik, 139.

verändert oder weggelassen und gegebenenfalls neue Passagen hinzugefügt werden, denn auch diese Versuche halten an der inhaltlichen Gebundenheit des in ihnen zum Ausdruck gebrachten Glaubens fest. Handelt es sich dann aber beim Credo der Autoren überhaupt noch um ein Glaubensbekenntnis? Ein Bekenntnis zu Gott lässt sich nicht formulieren ohne dass ausgesagt wird, wer dieser Gott ist, dem der Glaubende vertraut[10]: "Credo in Deum" (ich glaube an Gott). Ansonsten bliebe der Glaubende in romantischer Selbstverklärung bei sich selbst und glaubte nur an seinen eigenen Glauben[11].

Diese grundsätzliche Rückfrage soll durch den Umweg über eine andere Frage beantwortet werden: Was tritt an die Stelle der Glaubensgehalte im "Credo hebraicum"? Blickt man zunächst auf Gen 32,27, so sind es Aussagen über den bedrohlichen Kampf des Glaubenden: Der Glaubende will den Kampf durchstehen und erwartet vom göttlichen Widersacher den Segen. Näherhin ist das Gegenüber Jakobs der biblische Gott, über den keine Aussagen getroffen werden, der nicht in lehrhaften Formeln beschrieben wird, sondern dessen Segen errungen werden soll. Damit ist eine erste Verwirrung erreicht, denn einerseits stellt sich dieses Credo als persönliche Willensbekundung in die Tradition lehrhafter Aussagen, andererseits ist die eigene Aussage gerade keine Lehre, sondern das eigene Ringen um Segen, der von Dahlgrün und Darmstadt als Glaubensgewissheit verstanden wird[12]. Dieses Ringen wiederum greift nicht liturgisch auf den Hymnus der

---

10 Vgl. Wolfhart Pannenberg, Das Glaubensbekenntnis ausgelegt und verantwortet vor den Fragen der Gegenwart, 4. Auflage Gütersloh 1982, 18: "Ein Glaube, der nicht von jenseits seiner selbst begründet ist, nämlich aus dem, worauf er sich verläßt, bleibt im eigenen Ich gefangen und vermag nicht zu tragen. Die Wirklichkeit des Gottes, auf den der christliche Glaube vertraut, ist nicht zu haben ohne die sogenannten 'Tatsachen', auf die das apostolische Bekenntnis verweist und durch die er als dieser Gott identifiziert ist".

11 Eine solche reine Selbstbezüglichkeit des Glaubens findet sich bei dem Romantiker Novalis; vgl. dazu Volker Stümke, "Nur die Religion kann Europa wieder aufwecken". Impulse der Europarede des Novalis für die evangelische Kirche; in: Europäische Identität? Versuch, kulturelle Aspekte eines Phantoms zu beschreiben, hrsg. von Martin Kutz und Petra Weyland, Bremen 2000, S. 233-258.

12 Vgl. die Kommentierung der Autoren, 51. Hier wird vom "kämpfen" und "ringen" um Gewissheit gesprochen, die mit "hohem persönlichem Risiko" behaftet sind und auf eine immer neue Aneignung des Glaubensbekenntnisses [?! - und nicht nur des Glaubens] zielen. In diesen Formulierungen wird deutlich, dass dieses Glaubensbekenntnis reduziert wird auf den Akt des Festhaltens am biblischen Gott als demjenigen, von dem Hoffnung und Gewissheit ausgehen. Das Wort Glaubensbekenntnis wird damit zu einem tautologischen Begriff, weil die Unterschiede zwischen dem Glauben und dem Bekennen verschwimmen und die Differenz des Glaubens zum Bekannten nivelliert wurde. Zugleich wird damit eine Konzentration auf den "Grund" des Glaubens erreicht, auf das Miteinander von Gott und Glaubendem.

Gemeinde zurück, um dort Gemeinschaft und Geborgenheit zu finden, sondern wendet sich - wie in einem Gebet - direkt an Gott. Die direkte Konfrontation des Glaubenden mit Gott, an dem festgehalten, von dem weiterhin "alles Gute" erwartet und bei dem immer noch "Zuflucht in allen Nöten"[13] gesucht wird, tritt also an die Stelle einer Darlegung, wer dieser Gott ist und durch welche Heilstaten er auf sich aufmerksam gemacht hat. Nicht einzelne Aussagen über Gott sind strittig und verlangen nach mutiger Neuformulierung, sondern die Gottesbeziehung selbst ist umkämpft. Es ist also von den beiden Autoren bewusst keine neue Darstellung bestimmter Glaubensinhalte, sondern eine Konzentration auf den Grund des Glaubens[14], die Vertrauensbeziehung zum biblischen Gott, vorgelegt worden. Die romantische Gefahr der Selbstbezogenheit des Glaubenden ist damit abgewehrt, aber Gott als Grund des Glaubens wird auf die persönliche Kampferfahrung mit ihm reduziert.

Im Gedicht von Ingeborg Bachmann hingegen fehlt dieses göttliche Gegenüber völlig. Als Symbol der Hoffnung und der gesuchten Gewissheit wird Böhmen genannt, doch auch diese Ortsangabe verschwimmt - schon durch die angezeigte Nähe zum Meer - und wird zu den unbestimmten "Böhmischen Dörfern", die das Unverständnis des Rezipienten signalisieren[15]. Was also erhofft wird, ist noch unklarer als bei Jakob. Die Gemeinsamkeit mit dem biblischen Votum liegt dann auch in der eindringlichen Beschreibung der Ungewissheit und Ungeborgenheit, die das Ich zu überwinden sucht - indem es zu Grunde geht, um dann ruhig und gestärkt zu erwachen. Die gesuchte Gewissheit ist also auch für Bachmann nicht

---

[13] Vgl. wieder Luthers Auslegung des ersten Gebots im Großen Katechismus: "Ein Gott heißt das, dazu man sich versehen soll alles guten und Zuflucht haben in allen Nöten" (BSELK 560, 10-13).

[14] Die Unterscheidung zwischen dem Grund des Glaubens und den Glaubensinhalten ist in der evangelischen Theologie vor allem von Wilhelm Herrmann, Der geschichtliche Christus der Grund unseres Glaubens (in: ders., Schriften zur Grundlegung der Theologie. Teil 1, hrsg. von Peter Fischer-Appelt, München 1966, 149-185) am Anfang des 20. Jahrhunderts entfaltet worden. Herrmann will damit erläutern, dass der christliche Glaube nicht an bestimmten, damals vor allem durch die historische Kritik hinterfragten, Tatsachen oder Aussagen über Jesus Christus hängt, sondern in einem Gesamteindruck von Jesus Christus verwurzelt ist, der als Selbstoffenbarung Gottes erfahren wird. Für Herrmann ist diese Erfahrung sittlich vermittelt; an dieser Stelle wird er von seinem Schüler Rudolf Bultmann korrigiert, der statt dessen die existentielle, den gesamten Lebensentwurf umfassende Herausforderung durch die Verkündigung Christi betont hat. - Auch die beiden Autoren folgen an dieser Stelle nicht unmittelbar Herrmann, wohl aber setzt ihre Betonung des Glaubensgrundes implizit diese Unterscheidung des lutherischen Theologen voraus.

[15] Die Kommentierung der Autoren deutet das Böhmen von Shakespeares Wintermärchen her als einen "Ort äußerster Gefährdung und gewaltsamen Todes, doch ebenso [als] ein[en] Ort der Rettung des Verlorenen und des neuen Lebens" (51).

ohne eigene Verluste zu haben; an dieser Stelle geht sie sogar weiter als Jakob, denn sie beschreibt einen Selbstverlust, während er sich im Kampf mit Gott lediglich Verwundungen zuzieht. Andererseits ist ihre Schilderung des Suchens und Ringens durch den Rekurs auf Naturmetaphern harmloser, der Ausgang, der bei einem Zweikampf nicht prognostizierbar ist, steht für sie fest: nach dem Meer kommt das Erwachen und damit die Gewissheit. Trotz des Selbstverlustes konstatiert sie eben auch eine Kontinuität des Ich, das sich in jeder Zeile zum Ausdruck bringt. Aber ist das mehr als eine aufopferungsvolle Selbstvergewisserung in unsicheren Zeiten?

Das Glaubensbekenntnis als Festhalten an Gott ist Gen 32,27 folgend ein gefährlicher Kampf. Aber gegen wen kämpft der Glaubende? In der Jakobsgeschichte ist es zunächst eine unbekannte Gottheit, die dem Menschen feindlich gesonnen ist und erst im Nachhinein als der Gott Israels erkennbar wird. Das Gedicht beschreibt eine Abwendung vom wollenden Ich; auch der Gegner wird also nur schemenhaft skizziert. Deutlich ist, dass es sich demnach in der missa zunächst nicht um äußere Feinde handelt, die das Einstehen für den Glauben mit körperlichen Strafen (bis hin zum Martyrium) ahnden. Deutlich ist aber auch, dass die namenlosen Feinde des Glaubens bedrängend sind - vor allem das Stammeln des bis auf die einzelnen Buchstaben zerfetzten Bibelverses (in den Takten 45ff.) markiert sehr eindrucksvoll den Kampf in seiner Beschwerlichkeit und ebenso den Verlust an vollmundigen Formulierungen, wenn sich die Stimmen überschlagen und immer mehr in Laute auflösen, die zudem deutliches Unwohlsein (das "t" wird ausgespien, das "k" ist ein Kehllaut wie beim Brechreiz) assoziieren. Doch an diesen (hebräischen, originalgetreuen) Buchstaben als dem Wort Gottes hält der Glaubende fest - und damit auch an Gott. Am Ende (in den beiden Schlusstakten 77f.) steht das gemeinsame und wieder gesungene "unverloren" Bachmanns als Kennzeichen einer Glaubensgewissheit, der die Sprache (weitgehend) verloren gegangen ist, nicht aber der Glaube an den rettenden Gott.

Zusammenfassend lässt sich sagen, dass das Credo der missa hebraica den gefährlichen Kampf des Glaubenden mit Gott betont. In dieser bedrängenden Situation verlangt der Glaubende nach Gewissheit - und genau das bekennt er auch: Ich bekenne, an Gott festzuhalten, weil ich von ihm den Gewissheit und Hoffnung spendenden und sogar Rettung verheißenden Segen erwarte. Doch bleibt der Glaubende trotz der Ausrichtung auf die persönliche Gewissheit insofern nicht bei sich selbst und seiner Sehnsucht nach Selbstvergewisserung stehen, als er sich erstens auf Gott beruft und zweitens eine lebendige Beziehung zu Gott im Hintergrund trägt[16]. Aber wer dieser Gott ist, warum die Beziehung zu ihm zur bedrängenden Ungewissheit tendiert und wodurch die Beziehung bedroht ist, bleibt im Credo hebraica unbeantwortet. Mit diesen Fragen einerseits nach Gott, andererseits nach den feindlichen Bedrohungen des Glaubens wende ich mich nun den anderen Stücken der Messe zu.

Die missa beginnt der liturgischen Tradition entsprechend mit dem **Kyrie**, dem in den konzertanten Aufführungen noch ein Introitus vorangestellt wurde. Der gottesdienstlichen Agende folgend wird hier ein Psalm intoniert, ausgeführt allerdings von der Orgel und nicht wie in der folgenden missa vom Chor. Das Kyrie ist wie alle Sätze eine Kombination eines biblischen Textes mit einem dichterischen Text, in diesem Fall eine Verbindung von Hi 30,28b mit einer Passage aus dem Gedichtband "Die Stunde zu Endor" von Nelly Sachs. Der Bibelvers entstammt einer Protestrede Hiobs gegen Gott, in dem der Fromme sein gegenwärtiges Unglück klagt, also in Gebetsform vor den biblischen Gott stellt. Die im Kyrie aufgegriffene Aussage ist eine Selbstschilderung Hiobs - zwar an Gott gerichtet, aber selbstbewusst und auf die eigene Situation reflektierend: "Ich stehe auf in der Gemeinde und schreie". Aus dem liturgischen Bittruf ("Herr, erbarme dich") ist ein nackter Ruf geworden, verbunden mit der persönlichen Schilderung der Bedrängnis. Und genau diese Konstellation wird im Text von Hiob reflektiert, sein lautstarkes Aufbegehren ist Gegenstand seines Rufes. Wieder ist der Glaubende so erschüttert, dass nur noch sein Schreien zu Gott dringt, aber weder Sünden bekannt noch Bitten geäußert werden. Lediglich das Vertrauen in Gottes Zusage ist geblieben, aber es kann sich nicht mehr anders zu Gehör bringen denn als Schrei, der nur noch seinen eigenen Vollzug performativ ausdrückt.

---

[16] Dieser starke Bezug auf die Gewissheitsfrage ist nicht nur theologischer Rückbezug auf die Grundfrage Martin Luthers, wie er sich seines Heils als Sünder gewiss sein, wie er auf die Gnade Gottes gegen den Sünder im Endgericht vertrauen könne. Er ist darüber hinaus kennzeichnend für gegenwärtige Debatten der "Postmoderne", ob es gegenwärtig überhaupt noch Gewissheiten gebe, auf denen vor allem eine Ethik aufruhen könne; vgl. dazu Hans Joas, Soziologie nach Auschwitz. Zygmunt Baumans Werk und das deutsche Selbstverständnis; in: ders., Kriege und Werte. Studien zur Gewaltgeschichte des 20. Jahrhunderts, Weilerswist 2000, 236-249, 246ff. Joas behauptet gegen einen Trend in der Soziologie, dass es immer noch solche Gewissheiten gebe, die zwar nicht mehr so klar und eindeutig artikuliert werden können, die jedoch intuitiv vorhanden sind. Zur Erklärung rekurriert er auf das Phänomen des "Ergriffenseins" (vgl. ebd. 248), einer Hingabe an etwas oder jemand anderen, das oder der mich innerlich überzeuge; wie es auch in der Religion geschehe. - Die missa hebraica wird hier als ein Versuch gelesen, das Ergriffensein vom Wort Gottes, wie es insbesondere im Alten Testament tradiert ist, im Gegenüber zu gegenwärtigen Sprachlosigkeiten und zum Verstummen führenden Gräuel zu artikulieren.

Erfahren wir aus dem Bibeltext also die äußerste Bedrängnis des Beters, der nur noch zu Gott schreien kann, so bringt der interpolierte Text der Nobelpreisträgerin für Literatur von 1967, Nelly Sachs, deutlicher zum Ausdruck, worin die Bedrängnis liegt:

> "Niemand weiss, ob der Weltenraum blutet
> mit blitzenden Stigmata
> an seiner unsterblichen Not
> und das Herz zu Tode drückt ...
> Aufgerissen ist die Zeit,
> diese Wunde vor Gott!"

Es sind - anders als in der Hiobgeschichte - nicht persönliche, biographische Schläge, sondern eine weltumfassende Not, die zudem als unsterblich bezeichnet wird, also nicht vom Verlauf der Geschichte relativiert oder sogar geheilt werden kann. Diese Not ist eine Wunde vor Gott, sie markiert einen Riss in der Geschichte Gottes mit den Menschen. Der biblische Gott ist demnach selbst von dieser Not betroffen; es handelt sich also um eine Bedrängnis, die nicht nur persönliche Nöte, sondern sogar menschliche Unheilserfahrungen übersteigt.

Auschwitz ist für die aus dem assimilierten Judentum Deutschlands stammende und im Mai 1940 nach Schweden emigrierte Nelly Sachs bekanntlich der Inbegriff dieser Wunde und dieses Risses[17]. Die systematische Ermordung von Millionen von Juden durch die Nationalsozialisten lässt sich nicht mit der Beschreibung eines Bundes zwischen dem biblischen Gott und seinem Volk zusammendenken - zumindest lässt es sich nicht mehr mit den traditionellen biblischen Erklärungsmustern deuten: Auschwitz kann weder als Strafe für die Sünden verstanden werden noch mit dem märtyrerischen Einstehen des Gottesknechtes als Licht für die Heidenvölker gedeutet werden[18]; diese Erkenntnis haben jüdische (wie christliche) Theologen gezogen[19]. Zu pauschal war die Vernichtung, um sie als gerechte Strafe empfinden oder gar verkünden zu können; zu entpersonalisiert war der Massenmord, um von einem Martyrium oder Zeichen sprechen zu können. Vielmehr war die versuchte Vernichtung der Juden durch die deutschen Nationalsozialisten ein "metaphysisches Projekt"[20]; die Existenz des biblischen als des wahren Gottes sollte falsifiziert werden, indem sein erwähltes Volk vernichtet

---

17 Vgl. Ruth Dinesen, Nelly Sachs. Eine Biographie, Frankfurt/Main 1992, 119ff.

18 Vgl. Christoph Münz, Der Welt ein Gedächtnis geben. Geschichtstheologisches Denken im Judentum nach Auschwitz, 2. Auflage Gütersloh 1996.

19 Vgl. Birte Petersen, Theologie nach Auschwitz? Jüdische und christliche Versuche einer Antwort, 2. Auflage Berlin 1998.

20 Friedrich-Wilhelm Marquardt, Was dürfen wir hoffen, wenn wir hoffen dürften? Eine Eschatologie Band 3, Gütersloh 1996, 392.

und ein anderes Volk mit einem anderen Gott (der Vorsehung) an diese Stelle gesetzt werden sollte[21]. Zwar ist das Projekt nicht vollständig gelungen, so dass eine Falsifikation nicht erreicht worden ist. Jedoch sind andererseits so fürchterliche Verbrechen geschehen, dass jede vollmundige Hoffnung auf den biblischen Gott und auf seine (schriftlich tradierten) Zusagen fragwürdig geworden sind.
Hat das "Kyrie hebraica" diese Bedrängnis im Blick, wird die von Hiob entliehene Sprachlosigkeit nachvollziehbar: Angesichts dieser Gräuel bleibt nur noch der schreiende Verweis auf das Schreien der Glaubenden, die trotz aller Gottesferne in Gottes Zusage vertrauen, aber dieses Vertrauen nicht mehr inhaltlich entfalten, sondern (vor allem im Abschnitt A2) nur noch lang andauernd und mit zunehmendem Stöhnen herausrufen können. Denn alle inhaltlichen Aussagen über die Gnade wie den Zorn Gottes, über seine Gerechtigkeit und Barmherzigkeit stehen nun unter der Ungewissheit, ob denn dieser biblische Gott überhaupt lebendig und mächtig ist, der ein solches Verbrechen an seinem Volk - soll man sagen: zugelassen oder nicht verhindert oder gar eingeplant hat. Die Interpolation des Kyrie durch die Worte von Sachs, die in der Mitte des dreiteiligen Bittrufes stehen und damit die Stelle des "Christus erbarme dich" einnehmen, markiert eine bleibende letzte Unsicherheit des an den biblischen Gott Glaubenden, der sich in der Nichtvereinbarkeit von böser Realität und deren theologischen Deutungen wie Hiob fühlt. So klang das Gedicht (im B Teil) für mich monoton und schleppend, es war nicht Ausdruck der Hoffnung, sondern glich eher einem Erschöpfungskonsens, mehr als diese vagen Aussagen können nach den gravierenden Verwundungen nicht mehr formuliert werden.
Die missa hebraica hat demnach nicht nur bewusst auf die hebräischen Texte des Alten Testaments (aus christlicher Sicht) rekurriert, sie weiß sich auch im Wortlaut mit dem Volk Gottes verbunden. Seine weitgehende Vernichtung betrifft die Bundeszusage des Vaters Jesu Christi und ist daher auch für den Christen erschütternd. Aber, so könnte man kritisch zurückfragen, wird damit der Bezug auf die Schoa nicht überinterpretiert? Könnte die missa hebraica nicht auch die allgemeinere menschliche Erfahrung der Gottverlassenheit und der Übermacht einer

---

21 Vgl. Karl Barth, Dogmatik im Grundriß, 7. Auflage Zürich 1987. Barth hatte bereits 1947 erkannt, dass der deutsche Antisemitismus "keine zufällige und irgendwie leicht zu nehmende Sache" gewesen ist, sondern vielmehr einen "Angriff auf den Felsen des Werkes und der Offenbarung Gottes" (ebd. 89) darstellte. "Ein Volk, welches - und das war die andere Seite des Nationalsozialismus - sich selbst erwählt und zum Grund und Masstab aller Dinge macht, ein solches Volk muss früher oder später mit dem in Wahrheit erwählten Volk Gottes zusammenstossen" (90).

feindlich eingestellten Welt unter Rückgriff auf eine sehr eindrückliche Prosa schildern? Sicherlich müsste man dann eingestehen, dass diesem dezidierten Text gleichsam die Spitze gebrochen, dass er zur Artikulation spätromantischen Weltenschmerzes missbraucht würde – Nelly Sachs zumindest hat sich dagegen verwahrt, ihre Auseinandersetzung mit Auschwitz so zu deuten. Aber um eine solche kritische Rückfrage zurückweisen zu können, muss meine Interpretation an den weiteren Teilen der missa bewährt werden.

In der Messe folgt das **Gloria**, das bei den Autoren schon durch seine Länge auffällt: Nicht nur dauert es mit Abstand am längsten, auch die Anzahl der Texte ist exorbitant gestiegen. Dies ist schwerlich ein Indiz, dass der Lobpreis Gottes in der "missa hebraica" besonders ausführlich und überschwänglich angestimmt wird; viele Worte sind eher notwendig, wenn die Sachlage unklar und problematisch ist. Ein erster Blick auf die Texte und die Kommentierung der Autoren bestätigt diese Beobachtung: Es handelt sich um eine Vielzahl von Stimmen aus drei Büchern des Alten Testamente und aus zeitgenössischer Lyrik mit teilweise unterschiedlichen, sich fast schon widersprechenden, aber um dieselben Kerngedanken kreisenden Aussagen, die laut Kommentar eine Annäherung "von oben und unten", zwischen Gott und den Menschen, zum Ausdruck bringen.
In der traditionellen Liturgie markiert das Gloria (in excelsis) im Eingangsteil des Gottesdienstes (Messe) vor allem den Lobpreis Gottes in Anlehnung an den weihnachtlichen Engelchor aus Lk 2,14 ("Ehre sei Gott in der Höhe und Friede auf Erden und den Menschen ein Wohlgefallen"[22]). Gott wird gelobt, weil er den Menschen nahe gekommen ist und ihnen Gerechtigkeit, Frieden und Erlösung gebracht hat – nach Lukas durch die Geburt seines Sohnes Jesus Christus in Bethlehem, der im zweiten Teil des Gloria angerufen wird. Eine solche Aussage kann im "Gloria hebraica" aus den Texten des Alten Testaments nicht gewonnen werden – zumal sich Dahlgrün wiederholt in Predigmeditationen und auch in der Einleitung zur missa hebraica gegen eine christologische Vereinnahmung dieser Texte gewendet und für die Verkündigung deren Eigensinnes plädiert hat. Entscheidender für das Verständnis der missa hebraica und für sowohl die Überprüfung

[22] Diese alte Luther-Übersetzung, der viele Liturgien der evangelischen Tradition folgen, wird in den neuen Luther-Bibeln (Revision von 1984) dem griechischen Text entsprechend abweichend übersetzt: "Ehre sei Gott in der Höhe und Friede auf Erden bei den Menschen seines Wohlgefallens".

meiner Interpretation wie die Widerlegung der angeführten kritischen Rückfrage) ist jedoch die Frage, wie sich ein Lobpreis nach Auschwitz ausdrückt.

Das Gloria artikuliert sich als ein gleichzeitiges Widereinander und Miteinander von Stimmen - sowohl musikalisch wie textlich. Auf der einen Seite steht im ersten Ensemble die Freude über die erfahrene Liebe (Cant 1,4), auf der anderen Seite die ernüchternde Einsicht, dass wir Menschen den allmächtigen Gott nicht finden können (Hi 37,23). Diese Spannung findet sich auch in den modernen Texten, im Gegeneinander vom Hass, der das Antlitz Gottes verdunkelt (Elie Wiesel) und der Erinnerung, dass es Licht gebe (Rose Ausländer)[23], vorgetragen von den beiden Solisten als unvermittelte Konfrontation (in den Takten 20ff.). Liest man hingegen diese Texte in ihrem Verlauf, dann zielen sie in ihrer chiastischen Anordnung auf eine Vergeistigung und Verinnerlichung der beglückenden Gotteserfahrung; das gehörte Widereinander und das gelesene Miteinander der Texte markieren also nochmals die Spannung als Grundaussage des Gloria.

Näherhin vergleicht der erste Text aus dem Hohelied die Freude und die lebendige Erinnerung an "deine Liebe" mit der Erfahrung von Weingenuss; eine sehr irdische und handgreifliche Schilderung, die durch die inhaltliche Zweideutigkeit des Hoheliedes und seine exaltierten Gefühlsschilderungen[24] noch verstärkt wird. Nachdem diese Erfahrung sowohl biblisch (durch das Gegenzitat aus Hiob) wie durch die zeitgenössische Gegenbeobachtung (Wiesel) gedämpft, sogar blockiert wird, bleibt nur noch eine Ermahnung (Ausländers), nicht zu vergessen. Es sind also keine lebendigen Erfahrungen der Liebe mehr, denn die geraten nicht in Vergessenheit, prägen vielmehr das Leben und Erleben der geliebten Person. Sondern es ist die Mahnung an den (im Lesen reflektierenden) Geist, trotz der dominanten, sich im Hören manifestierenden Gegenerfahrungen an der

---

23 Das Gloria hebraica rezitiert von Elie Wiesel aus der Osloer Erklärung gegen den Hass: "der Hass eine schwarze Sonne / verdunkelt das Antlitz Gottes" und von Rose Ausländer aus Sag nicht II: "vergiss nicht / es gibt ja / das Licht!"

24 Vgl. Gillis Gerlemann, Ruth. Das Hohelied [Biblischer Kommentar Band XVIII], 2. Auflage Neukirchen-Vluyn 1981, 54 ("Exaltiertheit der Gefühle"). – In der gegenwärtigen Exegese wird das Hohelied zumeist als eine Sammlung weltlicher Liebeslieder verstanden, es ist dann zwar erstaunlich, wieso diese Texte im Alten Testament Eingang gefunden haben, doch dokumentieren sie, dass Erotik und Sexualität in Israel nicht mystisch aufgeladen wurden. Daneben steht die alte Deutung, die eine allegorische Schilderung der Liebe Jhwhs zu seinem Volk in den Liedern findet und sie daher auch im Kanon platziert. Ich gehe davon aus, dass diese Unklarheit der Bezugspersonen der geschilderten Liebe von den Autoren des Gloria hebraica bewusst aufgegriffen wurde: Die Eindringlichkeit der Sehnsucht und die Stärke der Gefühlsbezogenheit auf das Gegenüber sind demzufolge die entscheidenden Impulse dieser Verse.

nur noch als Erinnerung zugänglichen Liebe als einer Wirklichkeit festzuhalten. Hinzu tritt, dass die Dämpfer den direkten Bezug solcher beglückender Erfahrungen auf Gott zurückweisen: Gottes Antlitz ist verdunkelt, der Allmächtige kann nicht gefunden werden. Die Schilderung der Freude hingegen und auch die Ermahnung reden metaphorisch von Gott, aber sie führen diese Freude oder die guten Gedanken nicht direkt in einen Zusammenhang mit Gott. Wenn aber eine direkte Erfahrung Gottes nicht (Hiob) oder nicht mehr (Wiesel) möglich ist, ist davon auch der Lobpreis betroffen, der sich ebenso nur noch indirekt vollziehen kann. Dementsprechend reden die biblischen Texte des zweiten Ensembles von der Sehnsucht (Ps 84,2f.), sogar dem erotischen Verlangen des (Cant 7,11) und der (Cant 1,15) Glaubenden nach Gott[25], bis sie durch die Gegenerfahrung aus Ps 2,3 in die Schranken gewiesen werden; auch diese Erfahrungen stoßen an die Heiligkeit Gottes, die gegen die Erwartung einer erzwingbaren, herbeizurufenden Antwort Gottes ins Feld geführt wird. - Aber nun passiert etwas Unerwartetes: Es sind gerade die in den lyrischen Zitaten rufenden Stimmen von Auschwitz (wieder Wiesel und Ausländer), die den Menschen auffordern, an der Sehnsucht nach Gott festzuhalten und weiterhin Gott zu loben und zu lieben, auch wenn die Gewissheit einer Antwort verschwunden ist. Eine Erfüllung der Sehnsucht nach Gott wird also nach Auschwitz von diesen beiden vereinzelten, aber doch prägnanten Stimmen nicht behauptet, wohl aber, dass das Lob Gottes und die Liebe alternativlos sind: "Das Losungswort / heisst / Liebe" (Rose Ausländer).
Doch direkt darauf erhalten die Heiligkeit und Allmacht Gottes im dritten Ensemble eine kämpferische und gewalttätige Ausrichtung, die zur Liebe in Spannung steht, aber damit auch ein deutliches Nein zur eingangs erwähnten Verharmlosung markiert. Die beizubehaltende Sehnsucht ist demnach kein selbstzufriedenes Insistieren auf der eigenen Gefühlstiefe, sondern das Harren auf den

---

[25] Das Zitat von Cant 1,15: "Siehe meine Freundin, du bist schön; schön bist du" wird von mir als Parallelismus zu Cant 7,11 interpretiert. Demnach hat sowohl die Frau erotische Sehnsucht nach ihrem als Freund gedachten Gott wie der Mann entsprechende Sehnsüchte nach einer göttlichen Freundin hegt. Die Problematik einer erotischen Schilderung der Gottesbeziehung kann gegen diese Deutung insofern nicht eingebracht werden, als sie auch beim ersten Zitat schon gegeben ist. In der altkirchlichen Tradition wird die Wechselseitigkeit der Beziehung Gottes zu seinem Volk, seiner Gemeinde oder Kirche in diesen Versen gelesen; aber auch diese Schilderung greift auf erotisches Vokabular zurück, legt hingegen Gott auf die männliche und die Gemeinde auf die weibliche Rolle fest. - Inwiefern eine solche wohl mystisch zu denkende Beschreibung der Gottesbeziehung als gelungen zu beurteilen ist, habe ich mit meiner Interpretation nicht entschieden, stelle nur fest, dass eine solche Bewertung unabhängig von der genauen "Textexegese" der missa hebraica zu geschehen hat, weil die Gottesbeziehung - sei es einseitig oder wechselseitig - erotisch geschildert wird.

verborgenen, aber immer noch als heilig und allmächtig verstandenen Gott. Gerade seine Macht wird nunmehr in einer Weise geschildert, die zunächst Befremden auslöst: "Ist nicht Herrschaft und Schrecken bei ihm, der Frieden macht unter seinen Höchsten" (Hi 25,2)? Das ist kein Friedensfürst, sondern ein Leviathan, der durch seine Macht den Frieden erzwingt und dementsprechend ein Friedhofsfrieden, der hier verkündigt wird. Auch das Gleichgewicht des Schreckens aus Cant 3,8 erinnert an die Kriegslogik zur Zeit des Kalten Krieges und ruft daher nicht gerade Sympathie hervor. Oder ist gemeint, dass allein von Gott eine Herrschaft (sehnsüchtig) erwartet werden kann und soll, die wirklich Frieden bringt, indem sie auch die Opfer vor den Herrschern schützt ohne nur die Rollen auszutauschen? Dass allein Gott der Leviathan ist und sich kein Mensch ungestraft diese Stellung anmaßen dürfe? Dann käme hier in der Anschauungswelt des politischen Realismus eine eschatologische Hoffnung auf Gott als allmächtigen und heiligen, unbeirrbaren und gerechten Richter zur Sprache, die ebenfalls eine Verarbeitung der Schrecken von Auschwitz darstellt[26]. Gerade weil die irdischen Herrscher unmenschlich agiert haben mit einer Brutalität, die selbst einen Leviathan in den Schatten stellt, wird der Friede vom Allmächtigen erwartet, der allein dieses Böse überwältigen und die Opfer retten kann.

Doch bleibt diese universale Hoffnungsaussage für sich stehen, die folgenden Zitate des dritten sowie des vierten und fünften Ensembles der Gloria hebraica konzentrieren sich erneut auf die innige Zweierbeziehung und die damit verbundene Sehnsucht und deren Erfüllung. Die Texte steuern dabei auf die auch theologisch bedeutsame Aussage zu, dass nur von Gott her die ersehnte Beziehung wiederhergestellt werden könne. Gott sei die Quelle des Lebens, während die Menschen in

---

[26] Vgl. das berühmte Zitat von Max Horkheimer, Die Sehnsucht nach dem ganz Anderen. Gespräch mit Helmut Gumnior; in: ders., Gesammelte Schriften Band 7: Vorträge und Aufzeichnungen 1949-1973, Frankfurt a.M. 1985, 385-404, 389. Die biblische Theologie ist für Horkheimer Ausdruck "einer Sehnsucht danach, daß der Mörder nicht über das unschuldige Opfer triumphieren möge" und "daß das Unrecht nicht das letzte Wort sein möge". Zur Auslegung vgl. Oswald Bayer, Die Zukunft Jesu Christi zum letzten Gericht; in: ders., Gott als Autor, Tübingen 1999, 161-186, 167. – Dazu passt, dass zwei Tage für neue Musik und Theologie in Kassel Themen mit eschatologischer Ausrichtung gewidmet waren, nämlich die zweite Tagung: "Himmel, Hölle, Tod und Teufel" von 2000 (vgl. dazu: neue musik in der kirche II: Himmel, Hölle, Tod und Teufel. Interdisziplinäre Tage für Neue Musik und Theologie 15.-18. Juni 2000 - Dokumentation und Auswertung, hrsg. von Corinna Dahlgrün und Hans Darmstadt, Frankfurt a.M. 2001) und die dritte Tagung: "Ein Gott, der tötet?" von 2002 (vgl. dazu: neue musik in der kirche III: Ein Gott, der tötet? 3. Interdisziplinäre Tage für Neue Musik und Theologie 20.-23. Juni 2002 - Dokumentation und Auswertung, hrsg. von Corinna Dahlgrün und Hans Darmstadt, Frankfurt a.M. 2003).

sich verschlossen seien, bis sie von Gott gesehen, entdeckt, erkannt würden (Cant 8,10). Eine intensive Sehnsucht vermag Gottes Aufmerksamkeit zu erheischen (Cant 6,5)[27], aber sie kann Gott nicht herbeizwingen und nicht aus sich selbst heraus eine Beziehung eröffnen, sie wartet auf das Wunder der Beziehungseröffnung durch Gott, auf dessen Offenbarung - um die sie zwar weiß (Hi 29,25), deren Wirklichkeit betont wird (Rose Ausländer), aber die selbst nicht anders antizipiert und vorgestellt werden kann als durch ein offenes "und" (Rose Ausländer). Es gibt Indizien, dass "mein Erlöser lebt" und "ich vor seinen Augen Frieden finde": Zum einen die Sehnsucht nach Frieden (Elie Wiesel), zum anderen die als schön empfundenen Tatsachen in der geschaffenen Welt (Rose Ausländer); aber diese Indizien sind auf eine Bewahrheitung angewiesen, die allein Gott selbst vollziehen kann und hoffentlich vollziehen wird.
Der Lobpreis Gottes im Gloria hebraica vollzieht sich nach Auschwitz, so lässt sich zusammenfassend festhalten, in einer doppelten Modifikation. Zum einen ist er Ausdruck einer sehnsüchtigen Hoffnung nach dem allmächtigen und heiligen Gott, dessen Erfahrbarkeit nicht mehr direkt möglich scheint, an dessen Existenz aber weiterhin geglaubt und auf dessen zugleich machtvolles und liebevolles Erscheinen innig gewartet wird. Das Lob wird so zum Mittel, die ersehnte Gegenwart Gottes herbeizurufen, muss sich dabei aber auf einen langen Atem einstellen und die Spannung, in der missa sowohl durch das Gegeneinander der Stimmen wie durch die Länge der konzentrierten fünf Ensembles zum Ausdruck gebracht, aushalten und durchhalten. Zum anderen sind nicht die Heilstaten in der Geschichte, sondern die verbliebenen Erfahrungen der Schöpfung in mir (das Vermögen zu sehen, zu rufen und zu sehnen) und außer mir (die Naturschönheiten) Gegenstand der Hoffnung und damit Ausdruck des Gotteslobes.

Während Kyrie und Gloria im Eingangsteil des Gottesdienstes ihren liturgischen Ort haben und das Credo zum Wortteil (Lesungen und Predigt) zählt, steht das

---

[27] Ich muss gestehen, dass mir die Aussage des "dialogus" im dritten Ensemble nicht klar geworden ist. Ich sehe hier zunächst wieder die Schilderung einer Beziehung, die sich in zwei Aussagen ausdrückt, die beide über die Augen und den Blickkontakt handeln. Die Aufforderung des Mannes an die Frau, den (sehnsüchtigen) Blick aufzuheben, weil er den Mann verwirre, wird kontrastiert mit einer rhetorischen Frage nach den Fähigkeiten des Schöpfers, der selbst sehen können muss, um die Augen und den Blick erschafft haben zu können. Greife ich auf die traditionelle Auslegung des Hoheliedes zurück, dann fühlt sich Gott durch die (aufdringliche?) Sehnsucht seiner Partnerin (Volk, Gemeinde, Kirche) irritiert. Aber inwiefern antwortet die Frage aus Ps 94,4 auf diese göttliche Forderung? Verstärkt sie die Gewissheit, dass Gott die sehnsüchtigen Blicke erreichen?

Sanctus am Anfang der Abendmahlsliturgie (Sakramentsteil). Dieser Hymnus am Ende des Dankgebets (Präfation) greift zwei Bibelzitate auf, nämlich Jes 6,3 ("Heilig, heilig, heilig ist der Herr Zebaoth; alle Lande sind seiner Ehre voll") und Mt 21,9 ("Hosianna in der Höhe. Gelobet sei, der da kommt im Namen des Herrn. Hosianna in der Höhe"). Die missa hebraica steht hier sehr dicht zur liturgischen Tradition der Kirche, indem ihr Sanctus den Gesang der seraphischen Engel im Himmelsthron aus dem Jesajabuch aufgreift und erweitert (Jes 6,3-10[28]) und dadurch die Betonung der Heiligkeit Gottes durch die Kontrastierung der gewaltigen Erscheinung Gottes zur menschlichen Unwürdigkeit noch unterstreicht. Das Ich des Menschen, das in den beiden ersten Stücken der Messe noch Subjekt war, dessen Sehnsüchte und Hoffnungen geschildert wurden, hat bereits im Credo angekündigt, sich selbst zurückzunehmen. Und genau dies ist nunmehr eingetreten - allerdings nicht als Aktion des Ich, sondern als Folge der Erscheinung Gottes in seiner Heiligkeit.

Auch die Passagen aus Rainer Maria Rilkes 1. Duineser Elegie fügen sich dieser Aussage ein[29]: Während der Mensch schon bei der Begegnung mit einem Engel vergehen müsste, liegt die Steigerung der Begegnung mit dem Schönen an sich darin, dass der unwürdige Mensch es nicht einmal wert sei, zerstört zu werden.

---

[28] Allerdings werden die Verse 7b und 8 im Sanctus ausgelassen, so dass die Folge der Kohlenberührung, nämlich die Entsühnung des Propheten Jesaja ebenso fehlt wie der Berufungsdialog zwischen Gott und Jesaja, wer denn der Bote Gottes sein könne. Kann das Ergebnis des Dialogs allerdings noch aus V.9 geschlossen werden, indem Gott nun dem (sich in V.8 freiwillig gemeldeten) Propheten einen Verkündigungsauftrag erteilt, so bleibt der Sinn der Zeichenhandlung des Engels aus V.7a (die Berührung mit der glühenden Kohle) unklar. Der Wegfall von V.7b ist daher weitaus problematischer, zumal an seine Stelle der erste Teil des Rilke-Zitates tritt, so dass nur noch das Vergehen des unwürdigen Menschen vor Gott und seinen Heerscharen zum Ausdruck gebracht wird, nicht aber die von Gott ausgehende Vergebung der Sünden, die doch inhaltlich sehr gut zu den letzten Passagen des Gloria, nämlich zur erhofften Erlösung des Menschen durch Gottes Handeln, gepasst hätte: Solche Erlösung geschieht durch die Wegnahme der Sünde. Und auch die Schlussaussage des Sanctus, gegen Rilkes Erkenntnis der menschlichen Unwürdigkeit die Heiligkeit Gottes zu betonen, hätte durch Jes 6,7b unterstrichen werden können, indem diese Unwürdigkeit durch den heiligen Gott behoben wird. Dass auch die Autoren mit dem Wegfall dieses Halbverses theologisch nicht einverstanden gewesen sein dürften, geht aus dem Einleitungstext des folgenden Agnus Dei hervor, der das Ritual der Sündenvergebung (durch die Berührung mit der glühenden Kohle) voraussetzt, indem er es mit dem Entsühnungsritual, das die Texte des Agnus Dei beschreiben, vergleicht.

[29] Folgende Zeilen werden von Rilke zitiert: "Wer, wenn ich schriee, hörte mich denn aus der Engel / Ordnungen? Und gesetzt selbst, es nähme / einer mich plötzlich ans Herz: Ich verginge von seinem / stärkeren Dasein. Denn das Schöne ist nichts / als des Schrecklichen Anfang, den wir noch grade ertragen, / und wir bewundern es so, weil es gelassen verschmäht, / uns zu zerstören. Ein jeder Engel ist schrecklich".

Der einzelne Mensch als selbstbewusstes Subjekt, Ausgangspunkt und Bezugsgröße unseres modernen Denkens und Zusammenlebens, wird bei dieser Begegnung mit dem Heiligen nicht ernstgenommen und genau damit in seinem Anspruch gekränkt[30]. Folglich ist für Rilke eine Engelserscheinung schrecklich, weil sie dem Menschen seine Unwürdigkeit und Nichtigkeit vor Augen führt, während die Autoren zurücklenken zum Engelschor und zum Lobgesang auf die Heiligkeit Gottes. Damit bleibt nicht die Unwürdigkeit des Menschen, sondern die Heiligkeit Gottes die zentrale Aussage des Sanctus hebraica. Sie wird musikalisch umgesetzt durch die Aufteilung des Chores im Kirchenraum und den zusätzlichen Einsatz der Orgel, so dass der Hörer von allen Seiten mit dem Engelsgesang umgeben ist; das Erlebnis, von Klängen umgeben zu sein ist zwar auch anstrengend und erweckt das Eindruck, von der Vielzahl der Stimmen und Töne überwältigt zu werden, doch führt solche Erfahrung nicht zum Eindruck der Nichtigkeit, sondern vielmehr zum Staunen.

Jedoch gehört zur Heiligkeit Gottes auch der absurd erscheinende Auftrag, zugleich dem Volk die göttliche Botschaft zu verkündigen und dessen Herz zu verstocken (Jes 6,9f.). Die Botschaft Gottes soll also nach seinem eigenen Willen und Befehl zwar gehört, aber nicht verstanden noch befolgt werden, so dass der Adressat trotz Verkündigung ins Verderben laufen wird. Es ist ein uns und unserem Verstehen fremder Gott - und genau damit bleibt die missa hebraica ihrer Grundaussage über Gott treu[31]: Das Gloria schilderte die Begegnung von

---

30 Vgl. die berühmten drei Kränkungen der Menschheit durch die Wissenschaft, die Sigmund Freud 1916 in seinen Vorlesungen zur Einführung in die Psychoanalyse (Frankfurt/Main 1977, 226) konstatierte: "Die erste, als sie erfuhr, daß unsere Erde nicht der Mittelpunkt des Weltalls ist, sondern ein winziges Teilchen eines in seiner Größe kaum vorstellbaren Weltsystems. Sie knüpft sich für uns an den Namen Kopernikus, obwohl schon die alexandrinische Wissenschaft ähnliches verkündet hatte. Die zweite dann, als die biologische Forschung das angebliche Schöpfungsvorrecht des Menschen zunichte machte, ihn auf die Abstammung aus dem Tierreich und die Unvertilgbarkeit seiner animalischen Natur verwies. Diese Umwertung hat sich in unseren Tagen unter dem Einfluß von Ch. Darwin, Wallace und ihren Vorgängern nicht ohne das heftigste Sträuben der Zeitgenossen vollzogen. Die dritte und empfindlichste Kränkung aber soll die menschliche Größensucht durch die heutige psychologische Forschung erfahren welche dem Ich nachweisen will, daß es nicht einmal Herr ist im eigenen Hause, sondern auf kärgliche Nachrichten angewiesen bleibt von dem, was unbewußt in seinem Seelenleben vorgeht". An diese Konstellation knüpft Rilke in seiner zwischen 1913 und 1922 entstandenen Elegie inhaltlich an: Eine gleichsam vierte Kränkung des modernen Ich wird durch die Gleichgültigkeit der wahren himmlischen Mächte gegenüber dem Menschen evoziert, der zu gering ist, um auch nur beachtet zu werden.

31 Das Sanctus wurde 2002 in Kassel auf der dritten Tagung "neue musik in der kirche" unter dem Leitmotiv: "Ein Gott, der tötet?" uraufgeführt; auch dieser theologische Rahmen fügt sich in die dargestellte Ausrichtung des Werks ein.

Mensch und Gott, die zwar ausgeht von der Sehnsucht des Menschen, die aber nur dadurch zum Ziel kommt, dass die Menschen auf Gottes Offenbarung warten; das Credo ergänzte die Bereitschaft des Glaubenden, sich (hoffend auf Segen) auf diesen Gott einzulassen und sich selbst dabei loszulassen - und nun redet das Sanctus von einem sich offenbarenden Gott, dessen Unverfügbarkeit deutlich durch seine den Menschen überwältigende Heiligkeit und seine Fremdheit gegenüber den menschlichen Erwartungen und Gottesbildern markiert wird. Hier kann nicht in das neutestamentliche Hosianna über den Einzug des Davidsohns in Jerusalem eingestimmt werden, vielmehr kann nur seine Heiligkeit angesichts dieser Geschehnisse konstatiert (und entsprechend vom Chor wiederholt) werden. An keiner Stelle dieser Messe ist die Rede von Gott als der Liebe so weit entfernt vom Empfinden des Glaubenden wie am Ende des Sanctus.

Mit dem folgenden **Agnus Dei** stehen wir liturgisch im Zusammenhang der Austeilung des Abendmahls. Der Bezug zu Jesus Christus ist dabei unmittelbar gegeben, zum einen durch das von ihm eingesetzte Herrenmahl, zum anderen durch die Deutung der Elemente als Leib und Blut Christi, die nicht nur seine Gegenwart aussagen, sondern auch die durch ihn erwirkte Sündenvergebung persönlich zueignen. Jesus Christus ist gemäß Joh 1,29, der Textgrundlage dieses Hymnus, das Lamm Gottes, welches hinwegträgt die Sünde der Welt - wobei diese Prädikation Jesu durch den Täufer zurückgreift einerseits auf Jes 53,7 (der Gottesknecht als Lamm, das stumm leidend zur Schlachtbank geführt wird) und andererseits auf das Ritual der Entsühnung, wie es beispielsweise in I Chr 29,24 (die Priester schlachteten Rinder, Widder und Lämmer und brachten deren Blut auf den Altar zur Entsühnung des Volkes Israel) geschildert wird. Die von Gott ausgehende und in einem Ritual vollzogene Sündenvergebung, die bereits in Jes 6 als biblischer Textgrundlage des Sanctus in unmittelbarem Zusammenhang mit der Begegnung Gottes mit dem Menschen steht, wird nun zum Zentrum; was auch die biblischen Texte der missa hebraica eindeutig belegen: Neben die bereits erwähnte Stelle aus I Chr 29,24 treten ein Vers aus dem vierten Gottesknechtlied (Jes 53,5), der den stellvertretenden Charakter des Opfers betont, das um unserer Sünde willen getötet werde und dessen Tod uns Frieden und Heil sichere, und als dritter Text Ex 24,8; hier wird das von Moses auf dem Berg (Sinai) vollzogene Blutritual als Zeichen des Bundes zwischen Gott und seinem Volk interpretiert.
Mit dieser Konzentration auf die als Entsühnung vorgestellte Sündenvergebung bleibt die missa hebraica ihrer Vorgabe treu, nur Texte des Alten Testaments zu verwenden und dennoch einen Bezug zu Jesus Christus herzustellen, ohne einer-

seits die biblischen Texte christologisch zu überfremden, also insbesondere Identifikationen vorzunehmen, die ursprünglich nicht gemeint waren, aber auch ohne andererseits zu leugnen, dass Christen immer Kreuz und Auferstehung Christi bei ihrem Verstehen der Bibel einbeziehen[32]: Die Notwendigkeit der Sündenvergebung, um als unreiner Mensch vor dem heiligen Gott bestehen zu können, wird auch in der hebräischen Bibel eindeutig ausgesagt, ebenso wird das blutige, durch ein stellvertretendes Opfer zu vollziehende Ritual der Entsühnung, durch das sich solche Vergebung Gottes vollzieht, mehrfach (mit unterschiedlicher theologischer Ausrichtung) geschildert[33]. Die theologische Pointe liegt allerdings darin, dass diese Entsühnung von Gott gewährt wird, Gott wird nicht etwa in seinem Zorn besänftigt, sondern schafft von sich aus Möglichkeiten, die dem sündigen Menschen Vergebung gewähren und erfahrbar zukommen lassen[34].

---

32 So betonen die Autoren in ihrer Einführung zum Agnus Dei: "Eine Messe ohne die Erwähnung Jesu Christi ist undenkbar. Aber andererseits: Eine Messe mit hebräischen Texten, die von Christus spricht? Auch das ist undenkbar, aus mancherlei Gründen. Wiederum lesen wir im Bewusstsein dieser Schwierigkeit die alten Texte in unserer Tradition, die Rede vom Knecht Gottes bei Jesaja, der Strafe und Leiden trägt für uns, die Berichte über das geopferte Lamm, dessen Blut Sühne schafft für das Volk".

33 Dabei betonen die Autoren im Einleitungstext den Unterschied der Entsühnung zur Sündenvergebung des Jesaja: "Während aber die glühende Kohle in der Gottesbegegnung im Sanctus den Menschen leiden läßt und ihn unter Schmerzen zu einer nur momentanen Nähe zu Gott befähigte, reinigen das Leiden des Gottesknechtes und das vergossene Blut des geschlachteten Lammes ihn dauerhaft und ermöglichen ihm, die Nähe des Heiligen nicht nur 'gerade noch zu ertragen', sondern in ihr zu gesunden, Frieden zu finden". Deutlich wird hier nicht nur eine christliche Interpretation des Gottesknechtes und des Opferlammes, die das "ein für allemal" aus Hebr 9ff. einbezieht, sondern auch das unterschiedliche Gottesbild, bei dem einmal die Heiligkeit, das andere Mal die Barmherzigkeit (in der Gewährung) dominiert.

34 Diese Aussageintention der biblischen Sühnetradition muss – unbeschadet aller Schwierigkeiten, die gegenwärtiges Verstehen dennoch haben mag – gegen die dominante Auslegungstradition, die durch Anselm von Canterbury initiiert wurde, betont werden. Anselm entwickelt in seiner Schrift "Cur deus homo" von 1098 folgenden Gedankengang, um die Notwendigkeit des Kreuzestodes Christi zu plausibilieren: Die Sünde des Menschen hat Gottes Ehre beleidigt und seinen Zorn hervorgerufen, sie kann daher so nicht stehen gelassen werden, schließlich würde sonst die Ungerechtigkeit den Status eines zweiten Gottes erhalten, weil sie neben dem gerechten Gott bestehen bliebe. Näherhin gibt es für Anselm nur zwei Möglichkeiten: entweder Todesstrafe (poena) oder Ersatzleistung (satisfactio). Da die Vernichtung des Menschen von Gott nicht gewollt sein kann, ist eine Sühneleistung des Menschen notwendig; allerdings vermag nur Gott selbst, ein solches Werk zu vollbringen, weil alle menschlichen Werke nur den Forderungen Gottes entsprechen, aber niemals Werke der Übergebühr mit satisfaktorischer Wirkung sein können. Folglich war der Einsatz eines Gottmenschen unverzichtbar, der durch seinen ungeschuldeten Tod am Kreuz ein solches Werk vollbrachte. – Demgegenüber sind die biblischen Aussagen über die Sühne immer als Initiative Gottes verstanden; besonders deutlich II Kor 5,21: Gott hat "den, der von keiner Sünde wusste, für uns zur Sünde gemacht, damit wir in ihm die Gerechtigkeit würden, die

Indem beim "Agnus Dei hebraica" der Bezug auf das Abendmahl zurücktritt und statt dessen die stellvertretende Entsühnung des Volkes durch einen "Sündenbock" (sei es ein geschlachtetes Lamm, ein in die Wüste gejagtes Rind oder der unschuldig Leiden erduldende Gottesknecht) betont wird, wird wieder eine Verfremdung unseres christlichen Gottesverständnisses evoziert. Nicht nur der die Geschicke der Menschen lenkende Gott ist uns fremd geworden, sofern er im Sanctus geschildert wird als derjenige, der einige Menschen bewusst verstockt und augenscheinlich ins Verderben führt. Nun wird auch unser Bild von Jesus Christus als Gottes Sohn und insbesondere von seinem Sterben am Kreuz, das durch das Bachmann-Zitat mit Signalwirkung am Ende des Agnus Dei erwähnt wird, mit uns gegenwärtig problematischen Vorstellungen, die aber dem damaligen Verstehenshorizont präsent waren und die biblischen Ursprungs sind, konfrontiert[35]. Aber vielleicht ist ein massiver Einbruch oder gar endzeitlicher Zusammenbruch unserer Selbstverständlichkeiten notwendig, so insinuiert das erste Bachmann-Zitat, um diese Verfremdungen auszuhalten.

Am Ende der missa hebraica steht das **Dona Nobis**, das im Abendmahlsgottesdienst liturgisch zumeist als letzte Zeile des dreimal wiederholten Agnus Dei (... "gib uns deinen Frieden") und also nicht selbständig gebetet wird. Der Anlass für diese Textvariation im Hochmittelalter war wohl der vor Gott getragene Wunsch nach Frieden in konkreten Notzeiten[36]. Neben die Erfahrung der persönlichen Sündenvergebung im Abendmahl tritt somit die Bitte um universalen Frieden Christi, die sich auch im Friedensgruß (Dan 10,19: "Friede sei mit dir") unmit-

---

vor Gott gilt".

[35] Von Ingeborg Bachmann wird aus "Die Hafen waren geöffnet" folgender Satz zitiert: "Ein Kreuz im Blut / und ein grösseres Schiff überm Herzen". – Zur Verdeutlichung dieser Verfremdung sei hingewiesen auf den Rahmen der Uraufführung des Agnus Dei bei der vierten Tagung "neue musik in der kirche" zum christologischen Thema "Gottesfleisch". Schon der provokante Titel deutet an, dass es auch um Christus als Opfer für unsere Sünden ging. Vor allem die in Kassel geführten und im Dokumentationsband (neue musik in der kirche IV: Gottesfleisch. 4. Interdisziplinäre Tage für Neue Musik und Theologie 17.-20. Juni 2004 – Dokumentation und Auswertung, hrsg. von Corinna Dahlgrün und Hans Darmstadt, Frankfurt a.M. 2005) aufgezeichneten kontroversen Debatten zwischen der evangelischen Theologin Magdalene Frettlöh und dem katholischen Theologen Knut Backhaus über mögliche Anknüpfungspunkte der biblischen Rede vom stellvertretenden Opfer zeigt die Schwierigkeit gegenwärtigen Verstehens – ganz gleich, ob man wie Backhaus Analogien und Bezugspunkte erkennt oder mit Frettlöh festhält, dass der Opfergedanke aus christlicher Sicht seit Ostern endgültig diskreditiert sei.

[36] Vgl. Friedrich Kalb, Grundriss der Liturgik, 168.

telbar vor der Distribution Ausdruck verschafft[37] und deren Erfüllung mit der Verwandlung des Einzelnen durch den Segen Gottes einsetzt. Damit steht das Dona Nobis liturgisch noch im Kontext der Austeilung des Abendmahles, während es für die Autoren, ihrem Einleitungstext folgend, am Ende des Gottesdienstes (nach der Abendmahlsfeier) steht[38]. Theologisch wird dieser Friede zumeist als Gabe des Heiligen Geistes verstanden, so dass die (auch in anderen Messen vorgenommene) Abtrennung des Dona Nobis in der missa hebraica durch den trinitätstheologischen Impuls motiviert war, neben die Werke des Vaters und des Sohnes auch dieses Werk des Geistes zu stellen.

Dazu greifen die Autoren auf unterschiedliche eschatologische Visionen des Propheten Hesekiel zurück, die kommentiert werden durch eine wiederholt vom Chor gesungene Zeile aus einem Gedicht von Ingeborg Bachmann: "Da fiel mir Leben zu". Erst das von Gottes Geist wie ein fließender Strom (Ez 47,1) hervorgebrachte Ereignis der inneren Verwandlung des Menschen, der mit einem fleischernen Herzen und einem neuen Geist begabt wird (Ez 11,19), wird demnach zur Gesundung (Ez 47,9) und zum Leben führen - und zwar sowohl des Einzelnen wie der Gemeinschaft von Schwachen und Starken (Ez 34,16). Nicht das Ich vollzieht diesen Schritt hin zum wahren Leben, sondern ihm wird solches Leben als Gabe zuteil. Aber das impliziert eine innere Verwandlung des Menschen und damit auch den Verlust des alten Menschen - wohl nicht in Böhmen, sondern im Tempel, also im kultischen, von Gott eingerichteten Umfeld Gottes und bewirkt durch seinen Geist mit der Zielperspektive des Friedens.

Diese Aussicht auf Frieden, der jeden Einzelnen innerlich ergreift, aber damit auch die Gesellschaft erfasst und schließlich universale Dimensionen erreicht, gehört sowohl zur grundlegenden Hoffnung des christlichen Glaubens wie zu den elementaren Sehnsüchten wohl aller Menschen, die auf Erden weitaus eher Unfrieden erleben, aus dem sie erlöst werden möchten. Und sicherlich verdient ein Gott, der solchen Frieden (und damit Erlösung) bewirkt, als Liebe bezeichnet zu werden. Eine Verfremdung dieser Hoffnung findet am Ende der missa hebraica

---

[37] In der katholischen Messe ist der Friedensgruß nach der Konsekration (Einsetzungsworte) und vor dem Agnus Dei platziert.

[38] Die Autoren verorten ihr Dona Nobis wie folgt: "Bevor der Mensch den Raum der Gottesbegegnung verläßt, richtet er an den berührbar gewordenen Gott die Bitte um Frieden und Segen". Damit nimmt dieses Dona Nobis eher die Stelle des Luther-Liedes "Verleih uns Frieden gnädiglich" (EG 421) oder des ursprünglich in der Komplet beheimateten Nunc Dimittis (EG 222: "Im Frieden dein, o Herre mein") ein, das in mehreren Agenden vor Dankgebet und Segen den Schluss des Gottesdienstes einleitet.

nicht statt, wohl aber markiert das Eingangsbild aus Ez 47,1 vom fließenden Strom, dass es sich hierbei um ein Ereignis handelt, dessen Erfüllung durch Gott als Geist noch aussteht. Und weil das bekennende Ich um dieses Manko weiß und diesen Frieden ersehnt, kämpft es mit Gott um diesen Segen, hält es an dem teilweise fremden Gott fest, glaubt an die ihm zuteil werdende Sündenvergebung und hofft auf den neuen Geist: "Lass es Liebe sein" wird so zum Ausdruck der betenden Hoffnung des Christen, der angesichts sowohl der Erfahrungen des Unfriedens in der Welt wie der ihm in der Gottesbegegnung deutlich werdenden Erkenntnis der eigenen Sündhaftigkeit nicht gewiss ist, dass ihm ein solcher Gott begegnen und ihn erlösen werde.

Wie redet die missa hebraica von Gott? Unter Rückgriff auf das Alte Testament wird ein aktiver, in die Welt eingreifender, sie nach seinem Plan lenkender und zugleich den Menschen fordernder, sich nicht mit dessen Sünde abfindender Gott gezeichnet. Auch wenn Liebe das Losungswort bleibt (vgl. das Zitat von Rose Ausländer im Gloria), so wird das sich herkömmlich damit einstellende Bild verfremdet: Der liebe Gott ist für die Autoren nicht jemand, der uns Menschen bei unseren irdischen Verrichtungen in Ruhe ließe und sich so zurückhaltend benehmen würde, als ob es ihn nicht gäbe ("etsi deus non daretur"), der sich vielmehr selbst darauf beschränkt habe, uns in den Grenzsituationen des Lebens abzusichern und unser Seelenheil zu verbürgen, der aber ansonsten unsere selbstbewusste, herrschaftliche Stellung in der Welt akzeptiere und sogar unterstütze. Gottes Liebe wird vielmehr emphatisch geschildert, sie muss erkämpft werden, sie akzeptiert und duldet nicht alles (wie I Kor 13,7 von der Liebe behauptet), unternimmt aber von sich aus die notwendigen Schritte, um die nicht akzeptable Sünde des Menschen zu überwinden.
Zieht man eine Analogie zu den mitmenschlichen Formen der Liebe, so scheint mir, dass die missa hebraica eher eine Liebe zwischen Erwachsenen vor Augen hat, während der sicherlich überzogen geschilderte liebe Gott paternalistisch als fürsorgender Vater vorgestellt wird, der seinen Kindern so viel Freiraum wie möglich bietet, sie jedoch bewahrt, wenn sie ihre Grenzen überschreiten. Sicherlich ist auch dieses paternalistische Gottesbild biblisch fundiert, jedoch macht die missa hebraica durch die Gegentexte auf die Gefahr aufmerksam, dass dieses Gottesbild einerseits durch Auschwitz in eine schwere Krise geraten ist und dass es andererseits auch nur ein Gottesbild der Bibel (neben anderen, auch dunkle Seiten Gottes schildernden) markiert. Die Liebe des väterlichen Gottes darf nicht zur Selbstverständlichkeit werden, denn damit würde weder Gott ernst genommen

noch ließen sich so die Gräuel der Geschichte und die persönliche Erfahrung der Ungewissheit erklären. Die Autoren votieren daher dafür, die Fülle der Aspekte, welche die Bibel mit der Liebe Gottes verbindet, auszuschöpfen. Gottes Liebe ist auch ein unverfügbares Ereignis, das in der Messe erbeten und gelobt zu werden verdient. Denn es ist nicht selbstverständlich, dass der heilige Gott die Sünder entsühnt, damit sie seine Gemeinschaft aushalten können, sondern dies ist ein geschichtliches Ereignis, das noch nicht beendet ist, solange der Friede als eschatologische Realität aussteht.

Christfried Brödel

Missa hebraica
Zu Werk und Wirkung

Am 15. Oktober 2005 erklang die Missa hebraica von Hans Darmstadt erstmalig vollständig in der Dreikönigskirche Dresden unter Leitung des Komponisten, dargeboten vom Kasseler Vocalensemble, Angelika Luz (Sopran) und Ekkehard Abele (Bariton), Zsigmond Szathmáry (Orgel) sowie Corinna Dahlgrün, die den Inhalt der einzelnen Sätze in sehr dichten, gleichwohl gut verständlichen und hilfreichen kurzen Texten erläuterte. An diesem Tag fand ein viele Jahre dauernder Entstehungsprozess seinen Abschluss. Mehr noch: mit der Fertigstellung der Missa hebraica krönt Hans Darmstadt sein bisheriges kompositorisches Werk im letzten Jahr seiner Tätigkeit als Kantor an St. Martin in Kassel.

Für die Studierenden der von mir geleiteten Hochschule für Kirchenmusik in Dresden hatte ich ein einführendes Seminar gehalten und sie dringlich zum Besuch des Konzerts eingeladen. Erfreulicherweise waren etliche gekommen. Mit großer Spannung sprach ich sie danach auf ihre Eindrücke an. Die Reaktionen waren sehr ähnlich:

- hohe Anerkennung für die Leistung der Ausführenden
- ein sicheres Gefühl dafür, dass es sich um einen eigenen musikalischen Kosmos von großer innerer Substanz handelt
- die Wahrnehmung von Fremdheit
- eine gewisse Erschöpfung wegen des hohen Anspruchs an die Konzentration der Hörenden über die Zeitspanne von 90 Minuten.

Interessanterweise verwies niemand auf die völlig anders gearteten Hörerwartungen der überwiegenden Mehrzahl unserer Gemeindeglieder. Es mag sein, dass sich nur solche Studierende zum Besuch des Konzerts entschlossen hatten, die dieser Form zeitgenössischer Musik grundsätzlich aufgeschlossen sind.

Warum Fremdes?

Ein Werk wie die Missa hebraica bedarf keiner Rechtfertigung. Kunst ist a priori zweckfrei und muss sich nur im Blick auf ihre Qualität befragen lassen. Trotzdem soll im Folgenden der Spezifik der Kirchenmusik Rechnung getragen und begründet werden, weshalb gerade solche Kompositionen für die Kirche von großer Bedeutung, ja musikalisch und theologisch unverzichtbar sind.

Kirchenmusik ist ihrer Natur nach ambivalent. Als künstlerische Disziplin unterliegt sie deren Gesetzen ohne jede Einschränkung. Gleichzeitig steht sie aber im Dienst der Verkündigung des Wortes Gottes und wird erst darin ihrer eigentlichen Bestimmung gerecht.

Hans Heinrich Eggebrecht hat überzeugend dargelegt, dass es zwar geistliche Musik, nicht aber "das Geistliche in der Musik" gibt. Geistlich oder christlich zu sein, ist keine musikalische Kategorie. Nur der Künstler kann christlich sein, nicht sein Werk. Bei der "Musik an und für sich (wird) die Beziehung zu Gott in einem Akt der Bezugsetzung eigens hergestellt ... Dies kann auf mannigfache Art geschehen: durch eine Beischrift, die das Dasein und Bedeuten der Töne begrifflich richtet und lenkt; durch einen Text, eine Textierung oder Umtextierung; durch eine Gebrauchs- oder Funktionsbestimmung, auch durch den Transport einer Musik, welcher auch immer, in den Gottesdienst oder auch nur in den Kultraum des Gotteshauses; durch Assoziationen, geschichtlich geprägte Stileigentümlichkeiten, die dem musikalischen An-und-für sich die Aura des Geistlichen verleihen; durch Idiome und Zitate, die, als solche erkannt, Geistliches repräsentieren, indem sie wirken wie ein Text; und über all dies hinaus durch die subjektive oder kollektive Auffassung, die eine bestimmte oder überhaupt 'die' Musik als gottbezogen, gottgestiftet und -gerichtet deklariert."[1]

Die Kirche in Deutschland erlebt in der Gegenwart eine tief greifende Krise. Sie wird äußerlich sichtbar durch die überall dramatisch schrumpfende Zahl der Kirchenmitglieder. In den alten Bundesländern verläuft der Prozess der Säkularisierung mit hoher Geschwindigkeit, der auf dem Gebiet der ehemaligen DDR bereits abgeschlossen ist. Dort wiederum lassen die zunehmend ungünstige Altersstruktur der Bevölkerung und die Abwanderung der Jugend in Richtung Westen eine ähnlich kritische Situation entstehen. Nichts ist natürlicher als in solcher Lage zu fragen, auf welche Weise die kirchliche Arbeit erfolgreicher gemacht werden kann. Das ist beileibe keine falsche Frage, denn wenn die Kirche die Mehrzahl der Menschen überhaupt nicht erreicht und sich auf die Migliederpflege einer immer kleiner werdenden Minderheit beschränkt, erfüllt sie ihre eigentliche Aufgabe nicht.

Entscheidend ist nur, wie man die Frage stellt. Kritisch zu reflektieren, ob die eigene musikalische Praxis dem Inhalt der Verkündigung angemessen ist und ob die Adressaten mit genügend Liebe, Verständnis und Barmherzigkeit berücksich-

---

1 Hans Heinrich Eggebrecht, Geistliche Musik – was ist das? Musik und Kirche 66 (1996) 3-9.

tigt werden, sollte zum Programm jedes Tages gehören. Lediglich auf den zahlenmäßigen Erfolg zu schielen ist aber ebenso fragwürdig wie das Verhalten politischer Parteien, die ihr Programm (d.h. das, wofür sie eintreten und was sie für richtig halten) von Umfrageergebnissen abhängig machen.

In der verbreiteten Diskussion um Popularmusik in der Kirche ist häufig davon die Rede, dass prinzipiell jede Musik für die kirchliche Verwendung geeignet sei. Sie wird nur als Vehikel begriffen, das Texte zu den Verbrauchern transportiert. Eine solche Sicht degradiert die Musik als Mittel zum Zweck und spricht ihr einen eigenen Charakter ab. Die Frage nach der Wahrheit der Musik wird nicht mehr gestellt, obwohl sie die entscheidende Qualität bedeutet.
Das entspricht einer allgemein zu beobachtenden Entwicklung. In einer Gesellschaft, in der alles erlaubt und damit letztlich auch alles gleichgültig ist, werden scharfe Profile kaum noch wahrgenommen. Wir kennen aus der Vergangenheit Situationen, in denen die geistigen Auseinandersetzungen mit künstlerischen Mitteln eine hohe Brisanz gewannen.

Geschichtliche Erfahrungen

In den Jahren vor 1989 erlebten wir in der ehemaligen DDR eine durch die Staatsideologie geprägte Kulturlandschaft. In ihr spielte die Kirche als einzige "nicht integrierte gesellschaftliche Organisation" eine wichtige Rolle. Sie bot die einzigen Orte, an denen unzensiert geredet und musiziert werden konnte. Im staatlichen Bereich waren die Komponisten und Künstler zum so genannten "sozialistischen Realismus" verpflichtet, einer Sicht, in der keine prinzipielle Kritik geübt werden durfte und stets "das Positive" überwiegen musste. Welch entscheidende Rolle Kirchenmusik gerade in dieser Lage spielen konnte, erlebte beispielsweise die "Meißner Kantorei 1961" (ein überregionaler Laienchor mit dem erklärten Ziel, zeitgenössische Kirchenmusik in vielen Gemeinden aufzuführen) immer wieder. Uraufführungen - wie etwa die des Meißner Tedeums 1968 - wurden zu Veranstaltungen von hoher Brisanz, deren Wirkung weit über den innerkirchlichen Bereich hinausging. Probleme ergaben sich sowohl im Blick auf äußere Reaktionen als auch innerlich in der Auseinandersetzung mit den neuen Werken. Wer Verständlichkeit und Nachvollziehbarkeit den ersten Rang gibt, grenzt das Wichtigste aus. So wichtig es ist, den Hörer nicht unbarmherzig oder gar arrogant zu behandeln: Die Herausforderung und In-Frage-Stellung durch Ungewohntes, wohl auch Schockierendes, ist menschlich und theologisch unabdingbar und fruchtbar. Immer dann, wenn in qualitativ hoher künstlerischer Produktion die uneingeschränkte Hingabe an das vom Künstler als wahr und wichtig Empfundene sich ereignet, geschehen Sternstunden.

In diese Entwicklungslinie gehört die Missa hebraica von Hans Darmstadt. Ihr Vorhaben ist musikalisch äußerst anspruchsvoll und steht auf einem sehr hohen Reflexionsniveau. Sie trägt nicht mehr zur Definition des musikalischen Gattungsbegriffs der Messe bei, sondern setzt diesen bereits als bekannt voraus. Sie unternimmt es, den Inhalt der einzelnen Messsätze mit rein musikalischen Mitteln auszudrücken. Der traditionelle Messtext tritt nicht in Erscheinung. Stattdessen werden hebräische Texte aus dem Alten Testament gesungen, die sich - zumal in der Form ihrer musikalischen Verarbeitung - dem unmittelbaren Verständnis fast aller Hörer entziehen. Daran ändert die Möglichkeit des Nachlesens der deutschen Textübertragung nur wenig. Verständlich sind allein Passagen aus den hinzugefügten zeitgenössischen lyrischen Texten. Worte wie "Und Wiesen gibt es noch und Bäume und Sonnenuntergänge ..." oder "... von Grund auf weiß ich jetzt, und ich bin unverloren" prägen sich ein.

Zur Missa hebraica

Es wäre falsch, nach dem Effekt des Hörens der Missa hebraica zu fragen. Ebenso wie es ein absolut unplanbares, ausschließlich vom freien Wehen des Geistes Gottes abhängiges Ereignis ist, dass ein Mensch zum Glauben findet, kann diese Musik nur eine geöffnete Hand ausstrecken. Ob und wie Menschen sie beim Hören als für sie wichtig, zentral, anrührend, vielleicht gar heilsam empfinden, bleibt offen und muss offen bleiben.

Was unmittelbar wahrgenommen wird, ist die absolute Aufrichtigkeit, mit der die Missa hebraica geschrieben ist. Der Dresdner Komponist Jörg Herchet sagte einmal, für ihn sei das Komponieren seine Form der Auseinandersetzung mit Gott, und fügte hinzu, er hoffe irgendwann einmal Gott so nahe zu kommen, dass er nicht mehr komponieren müsse[2]. Man wird diese Sicht nicht ohne weiteres auf andere Komponisten übertragen können. Für die Missa hebraica von Hans Darmstadt gilt jedenfalls auch, dass es in ihr um letzte Fragen geht.

Beim Studium und beim Hören des Werkes wird klar, dass sowohl die theologische Konzeption als auch die musikalische Umsetzung aus tiefster existentieller

---

2 Vgl. die Ausführungen von Jörg Herchet in: C. Dahlgrün / H. Darmstadt (Hg.), Neue Musik in der Kirche IV. Gottesfleisch. Interdisziplinäre Tage für Neue Musik und Theologie 17.-20. Juni 2004 - Dokumentation und Auswertung, Frankfurt a.M. 2005, 146ff.

Betroffenheit erwachsen sind. Sie teilt sich dem Hörer mit - unabhängig davon, ob die Musik zu seiner eigenen Sprache werden kann oder nicht.
Dabei spielt die unmittelbare personale Vermittlung im Gesang eine entscheidende Rolle. Wer sich mit seinem Geist und seinem Körper ganz in den Dienst solcher Musik stellt (und sie fordert ja letzten Einsatz) verleiht ihr persönliches Gewicht. Dieses ist für die Wahrnehmung des Hörers von großer Bedeutung. Ein Beispiel mag das verdeutlichen:

Im Jahre 1999, zur Eröffnung der Festwoche zum 50jährigen Bestehen der Hochschule für Kirchenmusik Dresden, wurde vom Hochschulchor und der Meißner Kantorei 1961 das Kyrie aus der Missa hebraica uraufgeführt. Es war als Auftragswerk zu diesem Anlass entstanden. Die verwendeten gesanglichen und kompositorischen Techniken fordern Ungewohntes von den Sängerinnen und Sängern. Mit Engagement sangen alle, doch blieb in einigen Passagen eine fühlbare Distanz zu dem Werk. Das galt besonders für den Anfang. Der hebräische Text beginnt mit den Worten "Ich stehe auf in der Gemeinde, ich schreie". Alle Männerstimmen stimmen diesen Schrei unisono im schnellen, eine Dezime umfassenden Aufstieg an. Für den Vortag der Uraufführung war eine Probe angesetzt, zu der Hans Darmstadt bereits anwesend war. Wohlwollend hörte er das bisher Erarbeitete an. Beim Beginn hakte er ein. "So stelle ich mir das vor", sagte er und erhob seine Stimme zu einem markerschütternden Schrei, der mir noch heute im Ohr gellt. Existentielle Betroffenheit breitete sich aus. Mit einem Male war klar, in welche Tiefendimension die Komposition zielte.
Vom selben Moment an erreichte die Vorbereitung der Uraufführung eine neue Qualität. Jeder setzte sich jetzt in ganz anderer Weise ein. Bereits bei der ersten Wiederholung klang es völlig anders. Und mehr noch: das ganze Werk erschloss sich von daher ganz neu.
Das Konzert am folgenden Tag werden alle Mitwirkenden und sicher auch viele Zuhörer nicht vergessen. In einem vielfältigen Programm, das vom gregorianischen Hymnus "Veni creator spiritus" (gesungen von eine Schola), einer doppelchörigen Vertonung desselben Cantus firmus von Samuel Scheidt, Motetten aus den Cantiones sacrae von Heinrich Schütz bis zu Knut Nystedt ("Audi" aus "Lucis creator optime") reichte und mit Kurt Hessenbergs klassischer Motette "O Herr, mache mich zum Werkzeug deines Friedens" abschloss, nahm das Kyrie einen zentralen Platz ein. Es erwies sich als dasjenige Stück, das den emotional stärksten Eindruck hervorrief. Angeregt durch den Komponisten und die Komposition gelang eine Interpretation von großer Dichte und Ausstrahlung.

In der Gesamtaufführung der Missa hebraica nahm ich die gleiche bedingungslose Aufrichtigkeit und Hingabe bei allen Ausführenden wahr. Zusammen mit dem hohen musikalischen Rang der Komposition (beide bedingen einander) macht sie das Werk zu einem bleibenden und wichtigen Beitrag zu den geistigen, musikalischen und theologischen Auseinandersetzungen unserer Zeit.
In diesem Zusammenhang ist eine persönliche Wahrnehmung von untergeordneter Bedeutung. Ich empfinde, dass die fremde, rätselhafte Seite Gottes, seine furchtbare, Schrecken erregende Größe - durchaus alttestamentlicher Sicht entsprechend - viel mehr im Vordergrund steht als seine liebende Zuwendung zum Menschen. Entscheidend ist die Offenheit dieser Komposition für den Geist Gottes, der - niemals planbar, sondern nur als Geschenk erfahrbar - Mitwirkende und Hörer gleichermaßen erfassen und bewegen kann.

Dass solcher Musik der ihr zukommende Raum gegeben wird, ist für Gegenwart und Zukunft der Kirche von entscheidender Bedeutung. Das starke Profil, das Klaus Martin Ziegler der St. Martinskirche Kassel in Bezug auf die neue Musik in der Kirche gegeben hat, ist von seinem Nachfolger in anderer Ausprägung, aber mit gleicher Authentizität erhalten worden. Im Interesse der Kirchenmusik in ganz Deutschland bleibt zu hoffen, dass es auch nach der Emeritierung von Hans Darmstadt mit demselben Gewicht fortgeführt wird.

Albert Gerhards

Missa hebraica
- aus der Perspektive römisch-katholischer Liturgiewissenschaft

In der Musikgeschichte hat das Wort "Missa/Messe" einen besonderen Klang. Es erinnert an die große Zahl von Kompositionen seit dem ausgehenden Mittelalter bis in die Gegenwart hinein, die bestimmte Teile der katholischen Messfeier zu einer mehr oder weniger kohärenten Satzfolge zusammenfügen. Erstrangige Komponisten haben großartige Messkompositionen hinterlassen: Johann Sebastian Bach (Messe in h-moll), Wolfgang Amadeus Mozart ("Krönungsmesse") oder Ludwig van Beethoven (Missa sollemnis). Es handelt sich bei diesen Kompositionen um fünf Grundtexte, die in jeder feierlichen Messe vorkommen, das sogenannte Ordinarium missae[1]. Zu diesen stets feststehenden Teilen, die gleichsam wie die "Kette" bei einem Webstück funktionieren, kommen wechselnde Gesänge hinzu, die den "Schuss" bilden, das sogenannte Proprium missae. Dieses gibt der jeweiligen Feier das unverwechselbare Muster. Ursprünglich wurden alle diese Teile einstimmig und ohne Instrumente vollzogen. Im Hochmittelalter, als der mehrstimmige Gesang sich durchzusetzen begann, vertonte man zunächst die Propriums-Gesänge, während das Ordinarium weiterhin in schlichtem gregorianischem Stil gesungen wurde. Erst im Laufe der Zeit setzten sich die fünf Ordinariums-Gesänge als Kernstück katholischer Kirchenmusik durch. Die erste bekannte Vertonung dieser Art ist die Messe de Notre Dame von Guillaume de Marchaut (1364)[2].

Die Textüberlieferung ist seit Beginn der Ordinariumsvertonungen stabil. Bis zum Missale Romanum von 1570 konnten allerdings Einschübe (Tropen) in den Grundtext interpoliert werden, in einigen alten Diözesen, die das Römische Missale nicht einführen mussten, auch noch in der Zeit danach[3]. Franz Schuberts bekannter Verzicht auf das Thema Kirche im Credo bildete eine Ausnahme,

---

1 Die Satzfolge kann jedoch variieren. So wird zuweilen das Sanctus in Sanctus und Benedictus bzw. Hosanna (Bach), das Agnus Dei in Agnus Dei und Dona nobis pacem unterteilt. Variationen gab es auch bei der Requiem-Messe durch die Einfügung von Proprium-Stücken wie die Sequenz Dies Irae.

2 Vgl. Jakob Johannes Koch, Traditionelle mehrstimmige Messen in erneuerter Liturgie - ein Widerspruch?, Regensburg 2002.

3 So fügt das bis ins 19. Jahrhundert verwendete Missale Coloniense die Nennung der Gottesmutter Maria in das Gloria ein.

machte seine Kompositionen damit für den katholischen Gottesdienst aber unakzeptabel[4]. In jüngerer Zeit ist der Wortlaut des Messordinariums wieder in Fluss geraten. Dies mag damit zusammenhängen, dass die klassischen Texte heutigem Verständnis fremd erscheinen. Schon die mittelalterlichen Tropierungen hatten mitunter die Aufgabe, den objektiven Text der römischen Liturgie subjektiv zu vermitteln. Daran knüpfen die Versuche im 20. Jahrhundert an. So finden sich etwa seit den siebziger Jahren Kompositionen, die den liturgischen Text sehr frei behandeln. Als Beispiel sei die Kölner-Domfest-Messe von Heinz Martin Lonquich (Musik) und Klaus Lüchtefeld (Text) genannt[5]. Hier verwischt die in liturgiewissenschaftlicher Bewertung ohnehin eher künstliche Unterscheidung von Ordinarium und Proprium Missae. Wilhelm Schepping nennt als Charakteristika des Textes der Kölner Dom-Fest-Messe die "starke biblische Bindung und Bezogenheit und die Wirkkraft einer manchmal an den theologischen und poetischen Tiefgang früher kirchlicher Hymnen und Sequenzen gemahnenden, durchgängig biblisch und liturgietextlich hinterlegten poetischen Sprache."[6] Eine weitere Methode der Textvariation ist die Hinzufügung meist zeitgenössischer Texte zum (hier in der Regel lateinischen) Messordinarium. Erwähnt seien in diesem Zusammenhang die Credo-Vertonung op. 93 von Michel Denhoff aus dem Jahr 2003 mit Texten vornehmlich deutschsprachiger Literaten (Rose Ausländer, Paul Celan, Eva Zeller, Hilde Domin, Kurt Marti, Fernando Pessoa, Thomas Bernhard)[7] sowie die Missa op. 61 von Thomas Daniel Schlee aus dem Jahr 2005 mit Texten von Edith Stein[8]. Hier verhalten sich die literarischen Interpolationen wie ein Kommentar zum liturgischen Grundtext und umgekehrt. Ein weiteres Charakteri-

---

4 Vgl. Koch (s. Anm. 2). Auch in der Credo-Komposition von Michael Denhoff fehlt die Glaubensaussage über die Kirche (s. unten Anm. 7).

5 Vgl. Wilhelm Schepping , "Wo Jahr und Tag nicht zählt". 25 Jahre Kölner-Domfest-Messe 1980. Neue Verlagsedition des Werkes von Heinz Martin Lonquich und Klaus Lüchtefeld. Tonger: Köln 2005.

6 Schepping, 8 (s. Anm. 5).

7 Vgl. Michael Denhoff, Einführung in die Komposition "In unum Deum", in: Albert Gerhards (Hg.), Kirchenmusik im 20. Jahrhundert. Erbe und Auftrag (Ästhetik-Theologie-Liturgik 31), Münster 2005, 59-73; ferner die CD-Produktion: In unum Deum op. 93, Credo für Sopran, Bariton, Chor und kleines Orchester; Aus tiefer Not op. 43, Anrufung für Orgel; Credo op. 93a für gemischten Chor. Chor KHK St. Gregorius Aachen, Orchester der Kölner Kammermusiker, Ltg. Steffen Schreyer: CYBELE-SACD 860.301.

8 Vgl. Odilo Klasen, "Missa op. 61" - eine Komposition von Thomas Daniel Schlee, in: Uwe Appold, Missa, hrsg. Von Bischof Friedhelm Hofmann und Patrick Oetterer, Bachem: Köln 2005, 52f.; ferner die beigefügte CD der Uraufführung im Zusammenhang des Weltjugendtages 2005 in der Bunkerkirche, Düsseldorf.

stikum der neueren Kompositionen ist, dass sie die Gemeinde in unterschiedlicher Intensität mit einbeziehen, sofern sie für den gottesdienstlichen Gebrauch vorgesehen sind. Dies geschieht meist durch akklamatorische Elemente. Die "tätige Teilnahme" der Gemeinde ist in der römisch-katholischen Liturgie für einige der Ordinariumsstücke - etwa das Sanctus - vom Wesen des liturgischen Geschehens her gefordert. Hier kommt es auch auf die weitgehend wörtliche Übereinstimmung mit dem liturgischen Text an, da das Sanctus im Kontext des Eucharistiegebetes Vollzug der Liturgie und kein bloßer Begleitgesang ist.

Die Missa hebraica von Hans Darmstadt unterscheidet sich in mehrerer Hinsicht von der Tradition der Ordinariumsvertonungen wie von zeitgenössischen Neuinterpretationen des Themas Messe. Das Prinzip - die Verbindung eines Grundtextes mit zeitgenössischen Texten - ist nicht neu (vgl. z.B. das Credo von Michael Denhoff). Neu ist die Ersetzung des liturgischen Grundtextes durch alttestamentliche Stücke in hebräischer Sprache. Sie stehen bis auf Jes 6,3 beim Sanctus nicht in unmittelbarem Zusammenhang mit dem liturgischen Text, umkreisen aber dessen Grundaussage. Diese wird in den kurzen Kommentaren von Corinna Dahlgrün erläutert. Durch dieses Verfahren, das Ersetzen des liturgischen Textes und die Interpolation zeitgenössischer literarischer Texte, entsteht ein doppelter Verfremdungseffekt, der eine dritte Ebene ergibt. Sie ist durch die Verwendung der hebräischen Sprache gekennzeichnet: Das Herzstück christlicher Liturgie, die Eucharistiefeier, wird gleichsam mit einem Velum bedeckt. Wie bei der Bilderverhüllung während der Passionszeit bleiben die Bilder präsent, sind aber unsichtbar[9]. Im Vordergrund stehen - gleich einem Fastentuch - die starken alttestamentlichen Motive, die zwar teilweise auch im Neuen Testament in christologischer relecture vorkommen (z.B. das Gottesknechtslied Jes 63 beim Agnus Dei), hier aber keinen direkten Christusbezug aufweisen. Das ist in sich schon eine starke theologische Aussage, bleiben ja die liturgischen Texte gleichsam als Schatten hinter den beiden hörbaren Textebenen präsent. Wenn man die Erlösungszentriertheit dieser zentralen Gebets- und Bekenntnisformeln christlicher Identität bedenkt, handelt es sich dabei um eine Provokation. Diese hat durch die Kombination von Texten aus der hebräischen Bibel und Literaturzitaten großenteils jüdischer Autorinnen und Autoren des 20. Jahrhunderts eine eindeutige Ziel-

---

9 Zu den bildtheologischen Bezügen vgl. Albert Gerhards, Abbilden und Einbilden. Von der Ambivalenz biblischer Bilder im liturgischen Feierraum, in: Theologie der Gegenwart 48 (2005) 281-289.

richtung: Ist christlicher Gottesdienst, der in einer naiven Heilsgewissheit verharrt, nach der Schoa überhaupt noch möglich und legitim? Muss sich christliche Liturgie nicht auch ihrer eigenen Gebrochenheit angesichts einer bald 2000jährigen Parusieverzögerung und der realen Kirchengeschichte bewusst sein?[10] Die Missa hebraica ist ein Bekenntnis zu der im christlich-jüdischen Dialog der vergangenen Jahrzehnte gewachsenen Überzeugung, dass christlicher Gottesdienst nur im Angesicht des heutigen Judentums vollziehbar ist[11]. Durch den Verzicht auf den liturgischen Grundtext und die Akzentuierung bestimmter Aussagen könnte man in Anlehnung an die "negative" Theologie oder besser an die apophatische (= verneinende) Theologie des Orients von einer "apophatischen Liturgie" sprechen. Vor dem Hintergrund der positiven, "kataphatischen" Aussagen der liturgischen Texte entstehen Spannungen, die die Musik auf ihre Weise zum Ausdruck bringt und die es auszuhalten gilt. Christlicher Gottesdienst befindet sich in einem ständigen "Dazwischen", in einer Karsamstagsexistenz[12].

Im Folgenden sollen die einzelnen Stücke des Ordinariums in ihrer liturgischen Aussage kurz vorgestellt und zu den entsprechenden Stücken der Missa hebraica in Beziehung gesetzt werden.

Kyrie

Das Kyrie steht als griechischer Monolith in der ansonsten lateinischen Liturgie. Zwar war die Liturgie der Stadt Rom bis in das 4. Jahrhundert hinein ebenfalls griechisch, doch ist das Kyrie wohl erst in späterer Zeit aus dem Orient übernommen worden. Es handelte sich zunächst um Bittrufe der Gemeinde auf Fürbitten des Diakons, um das Jahr 600 wurden sie auf dreimal drei Rufe reduziert: je dreimal "Kyrie eleison", "Christe eleison", "Kyrie eleison". In späterer Zeit hat

---

[10] Vgl. Albert Gerhards, Römische Liturgie in Auseinandersetzung mit dem Judentum: Gerhard Höver (Hg.), In Verantwortung vor der Geschichte. Besinnung auf die jüdischen Wurzeln des Christentums = Kleine Bonner Theologische Reihe (Bonn 1999) 73-91.

[11] Vgl. zu diesem Themenkomplex die Bände Albert Gerhards / Andrea Doeker / Peter Ebenbauer (Hg.), Identität durch Gebet. Zur gemeinschaftsbildende Funktion institutionalisierten Betens in Judentum und Christentum (Studien zu Judentum und Christentum), Paderborn u.a. 2003; Albert Gerhards / Hans Hermann Henrix (Hg.), Dialog oder Monolog? Zur liturgischen Beziehung zwischen Judentum und Christentum (QD 208), Freiburg 2004; Albert Gerhards / Stephan Wahle (Hg.), Kontinuität und Unterbrechung. Gottesdienst und Gebet in Judentum und Christentum (Studien zu Judentum und Christentum), Paderborn u.a. 2005.

[12] Vgl. dazu Hans-Ulrich Wiese, Karsamstagsexistenz. Auseinandersetzung mit dem Karsamstag in Liturgie und moderner Kunst = Bild - Raum - Feier (Studien zu Kirche und Kunst 1), Regensburg 2002.

man darin eine trinitarische Anrufung an Gott Vater, Christus und den heiligen Geist gesehen, was aber der ursprünglichen, allein auf Christus bezogenen Anredeichtung nicht entspricht. Der Ruf als solcher entstammt möglicherweise dem antiken Herrscherkult, wo das Volk den als Gottheit verehrten Imperator mit solchen Anrufungen begrüßte. In der griechischen Liturgie wurde dieses Ritual auf Christus übertragen. Allerdings kennen wir auch im Neuen Testament diesen Ruf, wenn etwa Kranke den vorübergehenden Jesus um sein Erbarmen anflehen (Mt 15,22; 20,30). Der Ruf "Herr, erbarme Dich" drückt zu Beginn der Messfeier die vertrauensvolle Hinwendung der Gläubigen zu ihrem Herrn aus. "Erbarmen" ist im Alten Testament geradezu ein Synonym für Gott (vgl. z.B. den Psalm "Miserere", Ps 51(50)). Der Charakter dieses Rufes in der Liturgie ist freilich weniger der einer flehentlichen Bitte als der einer hoffnungsvollen Huldigung. Derjenige, der hier angerufen wird, hat sich durch seine Menschenfreundlichkeit bis zur Hingabe seines Lebens am Kreuz als der Erbarmende schlechthin erwiesen.
Demgegenüber kommt in der Missa hebraica durch das Zitat aus Hiob 30,28b der existentielle Schrei zur Darstellung, der in dem Text von Nelly Sachs aktualisiert wird. Am Ende bleibt die offene Wunde, die die Frage nach dem Hören und der Erhörung des Schreiens durch Gott unbeantwortet lässt.

Gloria

Auch beim Gloria handelt es sich ursprünglich um einen griechischen Text, genauer um einen altkirchlichen Hymnus aus dem Orient, der an das Bibelzitat Lk 2,14 anknüpft. Aufgrund des ersten Wortes Doxa (Verherrlichung) wird der Hymnus auch die "Große Doxologie" genannt im Unterschied zur kleinen Doxologie, dem trinitarischen Lobpreis am Ende eines Psalms. In der byzantinischen Kirche gehört das Gloria seit alters her zum Stundengebet am Morgen, während es sich im Westen in lateinischer Sprache schon bald innerhalb der Messe wiederfindet.
Das Gloria gliedert sich in drei Abschnitte: Das Zitat des Gesangs der Engel Lk 2,14, der an Gott gerichtete Abschnitt sowie der an Christus gerichtete Teil. Eine Eigenart des Gesanges ist also, ähnlich wie in dem parallelen Hymnus Te Deum, die doppelte Gebetsanrede an Gott Vater und an Jesus Christus.
Das Zitat aus der Kindheitsgeschichte des Lukas zu Beginn des Hymnus stellt den Gesang in einen weihnachtlichen Kontext, weshalb er auch Engelsgesang genannt wird. Auf das Bibelzitat folgt eine Reihe von lobpreisenden Anrufungen, die parallel aufgebaut sind, sachlich aber eine Steigerung im Vollzug darstellen. In

ihnen kommt die Gottesverehrung zum Ausdruck. Es ist im Grunde die Antwort der Gemeinde auf die Proklamation der Engel, dass dem Gott Ehre zukommt, der den Menschen seinen Frieden geschenkt hat. Erst nach den Anrufungen wird der Angerufene mit einer Reihe von Namen benannt, die die Größe und Herrlichkeit zum Ausdruck bringen. Unmittelbar daran schließt sich mit der Nennung des Namens Jesu die christologische Strophe an, wobei der Angeredete diesmal zuerst benannt wird, bevor ihm Zurufe entgegengebracht werden Die mittlere der drei Anrufungen ist eine Bitte um Annahme des Gebetes. Jesus Christus ist der erhöhte Mittler, der zur Rechen Gottes sitzt. An das letzte "Erbarme Dich unser" schließt sich kausal die Schlussformel an: "Denn du allein bist der Heilige ...". Vertrauensvoll wenden sich die Beter an den, den sie als den Erbarmer kennen gelernt haben. Doch bleibt der Hymnus hier noch nicht stehen. Leben und Wirken Jesu ist liebende Zuwendung, Proexistenz, zusammen mit dem Heiligen Geist. All dies geschieht "zur Ehre Gottes des Vaters", womit der Hymnus endet. Es handelt sich hier um ein direktes Zitat aus dem Hymnus im Philipperbrief, wo von der Erniedrigung und der Erhöhung Christi die Rede ist: "Herr ist Jesus Christus zur Ehre Gottes des Vaters" (Phil 2,11). Damit endet das Gloria an dem Punkt, an dem es angefangen hat, bei der Gloria Dei.
Das umfangreiche Gloria der Missa hebraica dramatisiert den Gegensatz von "oben" und "unten". Auch hier steht ein Lobpreis am Beginn, der dem Hohelied entnommen ist. Aber er wird mit Zitaten von Elie Wiesel konterkariert, die wiederum in Dialog gebracht werden mit Texten von Rose Ausländer[13]. Das Ende mit einem Text von Rose Ausländer ist versöhnlich, aber der Blick richtet sich nicht wie beim Gloria-Hymnus auf Gott zurück. Auch dieser Satz der Missa hebraica ist am Ende offen, es bleibt die Sehnsucht.

Credo

Das Credo gilt als das Mittelstück des Ordinarium missae. Dies ist in historischer Perspektive zwar ein Zufall, doch faktisch stellt es allein schon aufgrund seiner Länge einen Schwerpunkt dar. Dem tragen viele Ordinariums-Vertonungen Rechnung. Glaubensbekenntnisse haben ihren ursprünglichen Sitz im Leben in der Tauffeier, erst seit dem 11. Jahrhundert findet das Credo Eingang in die Messe. Das Credo der lateinischen Messe ist eine mit der Zeit gewachsene Synthese un-

---

[13] Vgl. zu Rose Ausländer: Christiane Bongartz, Die Zeichen deuten - Betende Menschen, schweigende Engel und ein 'überströmender' Gott in den Schriften deutsch-jüdischer Dichterinnen des 20. Jahrhunderts (Ästhetik-Theologie-Liturgik 33), Münster 2004.

terschiedlicher Symbola (Glaubensbekenntnisse) die ihren Ursprung in den Auseinandersetzungen um den rechten Glauben im 4. und 5. Jahrhundert hatten. Es trägt seinen Namen nach den ersten beiden ökumenischen Konzilien in Nizäa (325) und Konstantinopel (381). Auf dem vierten Konzil (431) in Chalcedon wurde es in der heutigen Fassung - bis auf einen späteren Zusatz - zusammengestellt. Zwar erscheint das Credo als ein prosaisch erscheinendes Bekenntnis des Glaubens. Es handelt sich dabei aber um weit mehr als um einen prosaischen Akt. Die Sprachform des Credo ist kunstvoll, entsprechend den rhetorischen Regeln der Antike. Im gemeinsamen Vollzug, zumal mit einer entsprechenden Klanggestalt, wird es zu einer Feier des Glaubens. Insofern darin das gesamte Spektrum der jüdisch-christlichen Glaubensüberlieferung zur Sprache kommt, handelt es sich tatsächlich um einen Höhepunkt im Vollzug der Messfeier.

Am Beginn steht das Bekenntnis zum einen Gott, das die Christen mit Juden und Muslimen gemeinsam haben. Dieser Gott ist der allmächtige Schöpfer des Alls, der sichtbaren und unsichtbaren Welt. Nun aber trennen sich die Bekenntnisse der Religionen. Allein die Christen können hier weitergehen. Gott wird Vater genannt nicht nur im allgemein menschlichen Sinne, sondern in Hinblick auf eine ganz besondere Beziehung: die zu seinem einziggeborenen Sohn. Um Jesus Christus, seine Herkunft, sein Lebensschicksal und seine Verherrlichung geht es im Mittelteil des trinitarisch aufgebauten Credos. Die Geschichte Jesu Christi nimmt den überwiegenden Raum des Bekenntnisses ein.

Die dritte Strophe handelt zunächst über den Heiligen Geist. An das Bekenntnis zu Gott, dem Hl. Geist schließt sich das Bekenntnis der einen, heiligen katholischen und apostolischen Kirche an. Das Credo schließt mit dem Ausblick auf Zukünftiges: Et expecto. Hier wird das Bekenntnis zu der biblisch-christlichen Sicht der Eschatologie, des kommenden Äons, ausgesprochen. Christen glauben, dass sie das gleiche Schicksal erfahren werden wie Jesus Christus, der von den Toten auferstanden ist.

Gegenüber dem liturgischen Text ist der das Credo der Missa hebraica äußerst reduziert. Dem Zitat aus der Erzählung vom Jakobskampf (Gen 32,27), einem der dunkelsten Zeugnisse der Gotteserfahrung im Ersten Testament, wird ein Text von Ingeborg Bachmann "Böhmen liegt am Meer" zugesellt, der selbst schon Zitat ist (aus Shakespeares "Wintermärchen"). Mit dem Wort "unverloren" kommt eine positive Wendung hinein, trotz der Erfahrung des "Zugrund gerichtet".

Sanctus und Benedictus

Als einziges Element des Ordinarium missae steht das Sanctus nicht für sich, sondern ist Teil einer größeren Textkomposition, des eucharistischen Hochgebets. Im ersten Teil wird darin gleichsam eine himmlische Thronzeremonie inszeniert mit üppigem Personal. Das Sanctus bildet darin den Vollzug des himmlischen Lobpreises, in den die Menschen einstimmen dürfen. Eingeleitet wird dieser durch die Präfation, die eine Begründung des Dankes liefert (Heilsgedächtnis) und in den Lobpreis überleitet, wobei oft eine Fülle von Engelklassen aufgelistet wird: Engel, Mächte und Gewalten, Kräfte, Cherubim und Seraphim. Die ganze himmlische Hierarchie wird aufgeboten, mit der sich die versammelte Gemeinde im Gotteslob vereint.

Das Sanctus ist in der überlieferten Form eine Kombination verschiedener Schriftstellen, die allerdings in der Tradition der christlichen Liturgie verändert worden sind. Der erste Teil, das eigentliche Sanctus, ist ein freies Zitat von Jes 6,3. Die Liturgie verändert den Text, indem sie dem Sanctus eine Anrede gibt: "Deiner" Herrlichkeit. Außerdem ist nicht nur die Erde mit der Herrlichkeit Gottes erfüllt, sondern Himmel und Erde. Diese Erweiterung wird damit erklärt, dass die Herrlichkeit (Doxa) Gottes auf die Erde gekommen ist. Das Verbindungsglied von Himmel und Erde ist der Mittler zwischen Gott und den Menschen, Jesus Christus. Er gewährleistet, dass auch das Lob der irdischen, der Liturgie feiernden Kirche, mit dem Lob der Engel verbunden wird.

Wahrscheinlich zuerst im syrischen Raum hat man dem Sanctus das Benedictus angefügt mit dem Hosanna-Ruf. Es handelt sich um eine auf Ps18, 25 fußende Anspielung an die Palmsonntagsberichte. Mit dem Sanctus-Benedictus-Ruf kommt zum Ausdruck, dass durch den Tod und die Auferstehung Christi die kosmische Einheit wiederhergestellt worden ist. Himmel und Erde sind der Herrlichkeit Gottes voll und vereinen sich zum ewigen Gotteslob.

Wie bereits erwähnt, nimmt die Missa hebraica auf den biblischen Grundtext des liturgischen Sanctus Bezug, unterstreicht aber gerade nicht die Verbindung von Himmel und Erde, sondern die bleibende Distanz, die "Fremdheit des Heiligen". Die interpolierten Zeilen von Rainer Maria Rilke verstärken diese Tendenz.

Agnus Dei / Dona nobis

Ab etwa dem Jahre 700 wird das aus dem Orient stammende Agnus Dei Bestandteil der römischen Liturgie und begleitet den Vorgang der Brechung des Brotes, von dem die ganze Feier einmal ihren Namen hatte: fractio panis. Das Motiv des Lammes, das die Sünde der Welt hinwegnimmt, entspricht der allegorischen Deu-

tung der Brotbrechung als Hinweis auf die Passion Christi. Die Bezeichnung "Lamm" verweist zudem auf die Sündenbock-Symbolik im frühen Judentum. Von hier aus erklärt sich auch der biblische Ursprung des Rufes. Im Johannesevangelium ruft Johannes der Täufer aus, als er Jesus auf sich zukommen sieht: "Siehe, das Lamm Gottes, das die Sünde der Welt wegnimmt" (Joh 1,29). Das Lamm ist eins der Hauptsymbole im Johannesevangelium, worin das Bild vom Gottesknecht, der die Sünden der Welt trägt und sich als "Sühnelamm" opfert, und der Ritus des Pascha-Lamms, des Symbols der Erlösung Israels, zu einer einzigen Wirklichkeit verschmelzen. All das schwingt mit, wenn dieser Gesang unmittelbar vor der Kommunion angestimmt wird. Während die ersten beiden der drei Rufe mit dem Erbarmensruf enden, ähnlich dem Kyrie zu Beginn der Messfeier, steht an dritter Stelle die Bitte um den Frieden. Gemeint ist jener Friede, den die Welt nicht geben kann, der allein Gottes Geschenk ist. Dadurch ergibt sich eine Klammer zum Eröffnungsteil der Messe, wenn im Gloria eben dieser Friede den Menschen verkündet wird, die in der Gnade Gottes stehen.
Die Texte des in zwei Sätze aufgeteilten Agnus Dei der Missa hebraica sind den alttestamentlichen Motiven des Sühnerituals entnommen, die auch den Hintergrund des liturgischen Textes bilden. Das Lied vom Gottesknecht bildet eine Brücke zum Christusgeschehen, das durch die Verschränkung mit einem Zitat von Ingeborg Bachmann explizit wird - der einzige "christliche" Bezug in der Missa hebraica. Auch hier geht es um den im Sanctus thematisierten Gegensatz. Dieser ist nun aber positiv gewendet und wird im "Dona nobis" durch einen Dialog aus Ezechiel-Zitaten und einer Formulierung von Ingeborg Bachmann "Da fiel mir Leben zu" am Ende aufgelöst: "Und die Erde leuchtete von seiner Herrlichkeit Ehre."

Der Durchgang durch das Ordinarium Missae mit Blick auf die Missa hebraica, der hier nur sehr kursorisch erfolgen konnte, zeigt eine Fülle von intertextuellen Bezügen auf, die zu vertiefter Reflexion einlädt. Doch kommen diese erst im Erklingen zu ihrer Wirkung. Hier müsste eine Theologie der Kirchenmusik ansetzen, wie Thomas Eicker sie in Auseinandersetzung mit Franz Rosenzweigs Hauptwerk "Stern der Erlösung" skizziert hat: "Indem gottesdienstliche Musik die Wirklichkeit von Unfrieden, Ungerechtigkeit und Lieblosigkeit nicht verschweigt, beugt sie einer Fluchtgefahr in eine abgesonderte Scheinwelt vor. Gerade ihre Fähigkeit zur Konfrontation von erhofftem Heil und erlittenem Unheil birgt eine praxisverändernde Energie. Andererseits gibt sie Gelassenheit und Vertrauen auf die Einlösung der göttlichen Zusage. Im eigenen Vollzug spürt die liturgische Musik, dass sie selbst schon Bestandteil und Vorgeschmack der Erlösungszukunft ist."[14]

Die Musik von Hans Darmstadt eröffnet einen Klangraum, in dem die durch die Text-Centonisation intendierte Begegnung von Judentum und Christentum stattfindet, der Erweis, dass die gemeinsame Wurzel des Ersten Testaments ihre ungebrochene Wirkkraft im heutigen Judentum und Christentum entfaltet. Vierzig Jahre nach der Veröffentlichung der Erklärung des Zweiten Vatikanischen Konzils zu den nichtchristlichen Religionen "Nostra Aetate", deren vierter Paragraph ein neues Verhältnis der Kirche zum Judentum begründete, ist die Vollendung der Missa hebraica ein hoffnungsvolles ökumenisches Zeichen des Zueinanderfindens der christlichen Kirchen und zugleich der Weggemeinschaft von Judentum und Christentum zu dem Ziel, zu dem der göttliche Ratschluss sie führen will[15].

---

[14] Thomas Eicker, "Einsäen der Ewigkeit ins Lebendige" - Impulse einer Theologie der Kirchenmusik im Dialog mit Franz Rosenzweig, in: Gerhards, Kirchenmusik (s. Anm. 7) 153-168, hier 167; vgl. Thomas Eicker, Einsäen der Ewigkeit ins Lebendige. Impulse der Ästhetik Franz Rosenzweigs für eine Theologie gottesdienstlicher Musik (Studien zu Judentum und Christentum), Paderborn 2004.

[15] Vgl. die erneuerte Karfreitagsfürbitte für die Juden im Römischen Messbuch; dazu Gerhards, Römische Liturgie (s. Anm. 9).

Norbert Laude

Erfahrungen mit der *Missa hebraica*

Als im Mai 1999 in Marburg die ersten Ausschnitte des *Gloria* zur Sprache und zum Klingen gebracht wurden, konnte trotz der ausführlichen Erläuterungen wohl noch niemand erahnen, welche Herausforderungen, Anstrengungen, Zu-Mutungen, aber auch faszinierende Begegnungen mit Theologie und Musik auf uns zukommen würden. Unvorstellbar auch zum damaligen Zeitpunkt, am Anfang einer gewaltigen Probenserie, die sich über mehr als sechs Jahre erstrecken wird, zu stehen. Die Eindrücke und Erfahrungen der zurückliegenden Konzerte waren noch frisch (u.a. mit Hans Joachim Hespos' *geleut* oder mit der *Apokalyptischen Szene* von Hans Darmstadt), und die Takte des *Gloria*, die an jenem Sonntagvormittag in Angriff genommen wurden (*mah-yy*^{e}*dîdôt*; T. 35ff.), waren noch nicht diejenigen, die unseren bisherigen Erfahrungshorizont in den kommenden Monaten und Jahren noch bedeutsam erweitern würden.

Das *Gloria* ist der zeitlich umfangreichste Satz, und bis zur Uraufführung im November 1999 folgte ein halbes Jahr intensivster Proben, die den Chor bereits mit einer Reihe von kompositorischen Besonderheiten und musikalischen Problemstellungen der *Missa hebraica* und damit zum Teil erheblichen Anforderungen konfrontierten. Ähnlich wie bei der *Apokalyptischen Szene*, so der erste Eindruck, eine Musik mit hochgradig verdichteten, häufig mehrdimensional aus teils höchst disparaten Elementen und ganzen Formabschnitten (vgl. T. 62 a-d) zusammengeschweißten Strukturen. Eine Musik, die mitunter ein Komplexitätsniveau erreicht, dass demgegenüber die räumlich-akustischen Bedingungen ihrer klanglichen Realisierung sowie die Grenzen der auditiven Wahrnehmungs- und Auflösungsfähigkeit von Zuhörern wie Ausführenden aus dem Blick zu geraten scheinen. Die den Ausführenden häufig den Lohn ihrer Mühen vorenthält, z.B. wenn eine Passage von atemberaubender rhythmischer Finesse endlich "sitzt", aber das Klangresultat, besonders aus der räumlichen Position des Chores heraus, dennoch weit hinter den Erwartungen zurückbleibt.

In den übrigen Sätzen der *Missa hebraica* verschärfen sich diese Aspekte noch, so besonders im *Sanctus*, das hinsichtlich der rhythmischen Komplexität oder auch in seinen Anforderungen an Kraft und Ausdauer ohne Beispiel dasteht, oder auch im *Kyrie* oder *Credo* durch eine Vielzahl von vokalen Aktionen, die in überlegener Weise beherrscht sein wollen. Hiervon soll in den folgenden Abschnitten die Rede sein.

Neue Lösungen im Rhythmischen

Eine der im Ganzen außerordentlichen Herausforderungen für den Chor und die Probenarbeit liegt in der rhythmischen Dimension. Sprache und Musik gehen hier in jedem Fall eine besondere, auf die einzelne Situation zugeschnittene Verbindung ein, wobei die Musik mit ihren Gesetzmäßigkeiten weder die Sprache dominiert noch sich einem wie auch immer gearteten "Sprachrhythmus" unterwirft. Taktmäßige Rhythmisierungen sind selten, und wo sie begegnen (z.B. in den "tänzerisch" gedachten Passagen im *Gloria*: Anfang, Sopran T. 62 oder S/A T. 151), werden entstehende Taktschwerpunkte durch die polyphone Anlage genauestens wieder austariert. Klang und Wertigkeit der einzelnen Wortsilben werden akribisch, z.T. unter Verwendung komplexer X-tolen, herausgearbeitet, herausgeschält aus den Eigengesetzlichkeiten sowohl des Sprachflusses wie auch einer taktmäßigen musikalischen Ordnung, so z.B. im Sprechkanon *Niemand weiß* ... im *Kyrie* (Abschnitt B), dem *miyyayin*-Ruf im *Gloria* (T. 19) oder dem *Da fiel mir Leben zu* im *Dona nobis* (u.a. T. 26), um nur wenige Beispiele für dieses durchgehend wirksame Prinzip zu nennen. Häufig wird durch die extreme rhythmische Differenzierung gerade Leichtigkeit in der Deklamation angestrebt, indem der Bezug zu den Zählzeiten (durch häufige Verwendung von drei- und fünfteiligen Rhythmen einerseits und durch Vermeidung von regelmäßigen rhythmischen Mustern andererseits) verschleiert wird.

In der gesamten Messe erscheint die Rhythmik als formbildende Kraft ersten Ranges: sowohl im Hinblick auf die metrischen Grundkonstellationen als auch auf die rhythmischen Ausgestaltungen en detail. Da sind zum einen dichte polymetrische Konstellationen (*Sanctus*, Anfang und Ende, sowie *Agnus Dei*, Abschnitt C) anzuführen: Bis zu vier unterschiedliche Metren werden hier zusammengehalten. Die entstehenden Proportionen erinnern an die Schwingungsverhältnisse der Obertonreihe (vgl. Kommentar zum *Sanctus*) und scheinen damit auf die grundlegenden harmonikalen Gesetze zu verweisen. In der Praxis sind damit die Sängerinnen von Sopran und Alt vor die Notwendigkeit gestellt, sich fünf- oder siebenzeitige Gestalten zu einem vierzeitigen Dirigat vorzustellen. Wobei in Wirklichkeit keine "Zeitigkeit" im Sinne von Taktmäßigkeit vorliegt, sondern schlichte metronomische Proportionen (eine Information, die dem nach Orientierung dürstenden Ausführenden in praktischer Hinsicht kaum dienlich sein dürfte). In dem *m*^{e}*dukkā'*-Abschnitt des *Agnus Dei* (T. 68ff.) entsteht durch diese Mehrdimensionalität eine intensive perkussive Fläche mit durch die Sprache unterschiedlich gefärbten Impulsen, ein scheinbares Chaos, in dem jedoch keine einzige Note dem Zufall überlassen wird.

Auch in dem *lô' ʾᵃšalleḥᵃḵā*-Kanon (*Credo*, Abschnitt D) ist das Verhältnis von Zeitmaß und Rhythmik der auszuführenden Figuren bis zum Zerreißen gespannt. Durch die einzelnen Phrasen unterschiedlicher Länge entstehen unregelmäßige metrische Konstellationen, die den Viertelschlag qualitativ vollkommen überwiegen und ihn zu einem schwachen Leuchtfeuer in der Brandung werden lassen. Für den Chor entsteht folgendes Dilemma: Einerseits ist der Schlag als Orientierung unverzichtbar, andererseits wiederum höchst hinderlich bei der möglichst plastischen Ausführung der unregelmäßigen Einsatzimpulse. Es ist ein Spiel mit hohem Einsatz und hohem Risiko. Ähnliches gilt für den *Niemand weiß*-Abschnitt im Kyrie: regelrecht "geborgen" im Viertel-Zeitmaß der 1. Sopran, verzweifelt zwischen allen Stühlen Sopran 2 und 3 aufgrund einer einfachen Phasenverschiebung um eine Achtel (dieses Verhältnis herrscht auch unter den übrigen Stimmen). Im Ergebnis ein eindrucksvoll schwebendes, klangvolles Gewebe mit den Silben des Nelly-Sachs-Textes.
Viele Passagen in den verschiedensten Sätzen der Messe sind gekennzeichnet durch eine radikale Vereinzelung der Stimmen innerhalb des Satzes, indem rhythmische Kongruenzen sorgsam vermieden werden. Lauter lose Scherben, so scheint es, die sich an ihren Bruchkanten nicht (mehr) zusammenfügen lassen. Ein Punkt, der gerade zu Beginn der Arbeit an der Messe fremdartig und etwas verstörend wirkte: Hatte man sich seine Stimme mit ihren teils komplizierten rhythmischen Verästelungen angeeignet, so war der klangliche Gesamteindruck zunächst nicht gerade eine Belohnung für die auf sich genommene Mühe: unscharfe, "verwackelte" Einsätze (als könne man nicht zählen oder seine Einsätze abnehmen - was werden nur die Zuhörer sagen?). Keine Chance auch für die Ausführenden einer Stimme, sich an einer anderen zu orientieren - der einzige Anhaltspunkt ist der Schlag des Dirigenten. Um nur wenige Beispiele hierfür anzuführen: In den ersten Takten des *Agnus Dei* entstehen auf engstem Raum solche unentwirrbaren Klang- und Geräusch-"Flecken", indem alle möglichen Unterteilungen der Viertelnote (von der Triole bis zur Sextole) gleichzeitig erklingen (T. 6 oder 19). Disparates auf einem Stecknadelkopf von einer Viertelnote Dauer auch in dem *mᵉdukkā'*-Ruf am Ende des C-Abschnitts (T. 82). Der Beginn der *Aria* (*gan nā'ûl*, T. 113ff.) im *Gloria* mit den offenliegenden, partikelhaften, nervösen Choreinsätzen erfordert ebenfalls Präzisionsarbeit und dann wiederum ein hohes Maß an Gelöstheit, Hingabe an das Gesamtgeschehen (das natürlich mehr ist als die Summe korrekt ausgeführter Rhythmen).
Im Gegensatz zu den vorgenannten Beispielen kann eine solche "Unschärfe" auch durch ametrische Notation (wie z.B. in den Abschnitten A und B des *Credo* oder

dem Abschnitt H des *Sanctus*) bewirkt werden. Im Grunde handelt es sich hierbei um eine eher strenge Schreibweise, indem die Dauern exakt in mm festgehalten sind. Durch den Fortfall des Metrums jedoch ist die zeitliche Realisierung der Töne und Einsätze nicht mehr koordinierbar, und es kommt so zu den erwünschten Verwischungen.

Aleatorik/Improvisation und Determination

Die angesprochenen rhythmischen Prinzipien berühren eine der zentralen, das ganze Werk durchziehenden Problemstellungen kompositorischer wie probentechnischer Natur: Wie lässt sich ein Abschnitt mit präzisen Vorstellungen hinsichtlich seiner Struktur oder Textur klanglich umsetzen? Größtmögliche Festlegung (wie im gesamten *Agnus Dei*) oder größtmögliche Freiheit innerhalb eines weitgesteckten Rahmens (*Kyrie*, Abschnitt A1) sind hier die beiden Enden einer langen Skala. Im Credo stoßen mit den Abschnitten D und E die beiden Prinzipien in unvermitteltem Kontrast aufeinander.

Es ist ein wenig wie mit den "magischen Würfeln", mit denen wir uns in meiner Schulzeit beschäftigten: Eine einfarbige Oberfläche auf jeder Seite als Ziel und als Ordnungsprinzip ist nur für Anfänger interessant. Manche gingen dazu über, ihrem Würfel eine individuelle Oberflächenstruktur zu verpassen und ihn dann als "Aufgabe" an einen Mitschüler zum "Nachbau" weiterzureichen. Oder einen "verdrehten" Würfel exakt zu kopieren: Wiederholung eines (scheinbaren) Chaos. Wiederholbarkeit oder Vertrauen auf die jeweilige Situation: Probentechnisch zieht beides den gleichen Aufwand nach sich. Die Erarbeitung einer gut durchimprovisierten Klangfläche, in der alle gewünschten Aktionen optimal zur Geltung kommen sollen - das zeigte die intensive Arbeit am *Kyrie* –, ist beileibe nicht zeitsparender als die Erschließung der bereits angesprochenen rhythmisch hochkomplexen Partien. Hinzu kommt, dass diese Partien kaum individuell vorbereitet werden können. Ungeduldige Fragen, die sich manchmal, vor allem abends nach einem langen Probentag, einstellen (Könnte man dieses und jenes nicht einfach festlegen?) widersprechen sich dabei nicht selten selbst (Warum üben wir immer noch den Einsatz auf der zweiten Quintolensechzehntel? Kann man den gleichen Effekt nicht auch frei hinbekommen?). Einmal kam es zu einem Wechsel der Prinzipien bei laufender Probenarbeit: Das *me'awonotênû* (*um unserer Sünden willen*) aus dem *Agnus Dei* (T. 70ff.), ursprünglich aleatorisch auf der Basis eines individuell zu empfindenden Metrums angelegt, führte nicht zu den gewünschten Strukturen. Die vokalen Aktionen, die unvorsehbar, abrupt wie auf Knopfdruck hervorgebracht werden sollen, kamen nur selten zur Geltung, weil ungünstige

Klangzusammenballungen oder aber auch zufällige Regelmäßigkeiten entstanden. Um den Vergleich mit dem Würfel noch einmal zu strapazieren: Die Flächen verfügten nicht mehr über ein interessantes Farbspiel, sondern gerieten eher buntscheckig. In dem bereits angesprochenen *m^{e}dukkā'*-Abschnitt einige Takte zuvor erscheint dies demgegenüber von vornherein kompositorisch ausgeschlossen,

Stimme - Klang - Laut - Geräusch

Die beiden großen aleatorischen Abschnitte sind der A1-Teil des *Kyrie* und die Abschnitte E und F aus dem *Credo*. Beziehen sich diese Messesätze im Ganzen schon auf eine äußerst eng begrenzte Textgrundlage (was für einen Credo-Satz übrigens recht ungewöhnlich ist), so befassen sich die genannten Abschnitte mit deren phonetischem Material, wobei Stimmhaftes, flächig Geräuschhaftes und Perkussives zu gleichen Teilen berücksichtigt wird.

Im *Kyrie*, das ohnehin eine Vielfalt an vokalen Äußerungsformen (geräusch- und klangvolles Ein- und Ausatmen, Lautieren, Sprechen, Singen, Schreien), durchweg mit nahtlosen Übergängen fordert, wird in A1 ausgehend von flächigen Atem- und Flüstergeräuschen (vgl. hierzu die detaillierten Vortragsanweisungen) über die Einbeziehung von perkussiven Konsonantlautierungen sukzessive das Singen erreicht. War Ausgangspunkt für das *Kyrie* der klar gesungene Einzelton es' in den Männerstimmen, der stufenlos in einen Schrei übergeht, so entsteht am Ende von A1 eine umfassende Klang-Geräusch-Fläche auf der Basis des chromatischen Totals. Erst in A2 werden die Geräuschanteile vollständig ausgeblendet, bevor die liegenden Töne nach und nach in immer mehr Bewegung, schließlich geradezu "außer Kontrolle" geraten (die umfangreichen Ausführungsanweisungen sprechen hier eine beredte Sprache).

Nun sind Anforderungen, die andere vokale Aktionen beinhalten als das reine Singen mit den entsprechenden Idealvorstellungen zur Tongebung, durchaus nichts Ungewöhnliches für ein Ensemble, das sich Neue Musik zum Schwerpunkt gemacht hat. Dennoch sind die Ansprüche, die sich hier an Ausdauer, Konzentration und zugleich an Gelöstheit und Flexibilität stellen, außergewöhnlich. Gerade die Übergangszustände zwischen Atmen und Singen, Singen und Schreien, aber auch die exaltierten Intervallsprünge nebst der gewünschten "Besessenheit" erfordern ein Höchstmaß an Kondition und Überlegenheit in der Dosierung der Aktionen (schließlich sind dies erst die ersten fünf von insgesamt 70 Minuten). Bei aller Tiefe des Einblicks, die uns die mehr als sechsjährige Probenarbeit in die Komposition gewährt hat - eines werden uns (und wahrscheinlich teilweise auch dem Dirigenten) die Hörer unserer Konzerte immer voraus haben: den Blick auf die klangliche Totale, von außen sozusagen. Welche Aufstellung auch immer eingenommen wird: Aus der Perspektive der Ausführenden werden notgedrungen immer Schwerpunkte entstehen, die die Einordnung des eigenen Tuns in das Gesamtspektrum erschweren. Umso positiver überrascht war ich von den ersten Tonaufnahmen, die bei den Teiluraufführungen entstanden sind: Es stellte sich heraus, dass vieles von dem, was in den Proben aufgrund der eigenen Position im Raum verborgen geblieben war, nun ganz selbstverständlich zu hören war. Keine Notwendigkeit also mehr, sich bis zum Letzten zu verausgaben – lieber etwas mehr Luft zwischen den eigenen Aktionen lassen, was dann wiederum ein flexibleres Reagieren auf die klangliche Umgebung ermöglicht.

Ich stehe auf in der Gemeinde und schreie – ist es der Blick auf das Individuum, der zu eher freien (nicht wie sonst in allen Punkten akribisch festgelegten) Passagen führt? Jedenfalls ist es im *Credo* wiederum die Stimme des Menschen (*Ich lasse dich nicht …*), die sich in vielfältigen rhythmischen, harmonischen und eben auch vokalen Facetten äußert. Vielfältig die Versuche, Tritt zu fassen, Boden unter die Füße zu bekommen: Rhythmisch Vages nimmt nach und nach Präzision an, schließlich der komplexe Kanon in Abschnitt D. Letzten Endes alles nur Strohhalme, Produkte des eigenen Geistes, an die sich der Mensch in seinem "Kampf" klammert? Bevor alles wie ein Kartenhaus zusammenfällt (Abschnitt E) und es jetzt um seine bloße Existenz geht?

Die hier geforderten vokalen Aktionen überschreiten den Rahmen alles in den vorigen Sätzen Gewesenen. Das phonetische Material des Textes (*lôʾ ʾᵃšalleḥᵃḵā*) verselbständigt sich im Abschnitt E, indem es, von jeglicher Tonhöhenordnung abrupt losgelöst, nun aus sich selbst heraus eine neue Entwicklung begründet: Die Konsonanten l, h und ḵ werden zu fest einzustellenden "Filtern", die das Lautmaterial (*ʾᵃ ša*) zunehmend verengen, "zusammenschnüren" bis zur gewaltsamen Erstarrung. Ein Kampf gegen alle Widerstände, auch gegen die selbst zugefügte "Versehrtheit" an. Kaum ein Gesangslehrer, der diesem Treiben entspannt zuschauen könnte, und in der Tat: Der Grat – wenn auch durchaus existent – ist gefährlich schmal zwischen einer unbeteiligten *als ob*-Einstellung und einer wirklich unzuträglichen Belastung des Stimmapparates.

Nachdem das Lautmaterial in E bis zur Unkenntlichkeit zerrieben worden ist, setzt mit F eine entgegengesetzte Entwicklung ein: *kî ʾim-beraḵtānî (du segnest mich denn)* – nach und nach, als fülle sich ein Vakuum allmählich wieder mit Luft, gewinnen die Klangbausteine dieses Halbsatzes an Kontur und Plastizität. Gegen Ende, bevor das Wort *beraḵ* in einem Schrei herausgeschleudert wird, sind die Mühen des E-Teils vergessen, und es lässt sich mit geradezu kindhaftem Vergnügen in einer Art Phantasiesprache improvisieren.

Harmonik und *musikalischer Raum*

Auch wenn die Aneignung des eigenen Chorstimme teilweise einen immensen Aufwand erfordert: Früher oder später ist schließlich der Zeitpunkt erreicht, an dem er sich in Intervallik und Rhythmik zu konturieren beginnt und melodische Eigenständigkeit annimmt (mit welchen "Ohrwürmern" man sich in den Wochen zwischen den Proben zuweilen konfrontiert sah, war unter den Chormitgliedern häufig beliebtes Gesprächsthema). Eigentlich mag man in praktischer Hinsicht zufrieden sein, wenn dieses Stadium erreicht ist und der eigene Part daneben in der gewünschten Ausdrucksqualität ausgeführt werden kann. Dennoch stellte sich mir häufig auch die Frage nach der eigenen Position im Chorganzen (auch wenn die schon angesprochenen akustischen Gegebenheiten den "Blick" vom eigenen Standpunkt auf die klangliche Totale merklich einschränkten): Immer dann, wenn der eigene Part nicht 100% Aufmerksamkeit erforderte, ergaben sich Möglichkeiten, kleine "Fenster", zu spannenden, jedoch zum Teil auch verwirrenden Klangeindrücken.

Durchweg verfügen die Stimmen im Satz über ein hohes Maß an harmonischer und/oder tonaler Selbständigkeit: Durch ihre konsequent lineare Anlage breiten sich die Stimmen frei im Raum aus, keinem harmonischen *Sinn* (in der Bedeutung von Gerichtetheit) unterworfen. Manchmal hat man den Eindruck, als bildeten Notation und Klang zwei gleichwertige, komplementäre Konkretisierungen einer und derselben Formidee: die gestochen scharfen, millimetergenau gesetzten Zeichen der Partitur wie Eingravierungen auf einem Medium, dem sich dann Klang in analoger Weise entlocken lässt, die aufgeschlagene Partiturseite als zweidimensionale Entsprechung zum *musikalischen Raum*, in dem jeder Ton je nach Tonhöhe, zeitlicher Ausdehnung und Dynamik seinem ihm zugedachten Platz einnimmt. Die zahlreichen Kanon-Abschnitte im *Gloria*, der Abschnitt D des *Credo* oder die Frauenchöre zu Beginn des *Sanctus* mögen hierfür als Beispiele genannt werden. Manchmal erobern die Stimmen ein großes Klangspektrum in kurzer Zeit (*Credo*), manchmal wiederum kapseln sie sich in einem eng begrenzten Tonhöhenausschnitt ein (*Gloria*: Frauen in T. 151ff. und 169ff.; Männer zu Beginn des *Agnus Dei*). Die Wahrnehmung diskreter melodischer Strukturen wird hier mehr noch als ohnehin schon – nämlich bereits aus nächster Nähe – extrem erschwert bzw. vollends unmöglich gemacht: Polyphonie, die nicht gehört werden will? Oder texturiertes Klangkontinuum, etwa wie bei Ligeti?

Eine interessante Zwischenstellung zwischen den gesprochenen und gesungenen Kanonstrukturen nimmt der *kulām*-Abschnitt (*Gloria*, T. 63ff.) ein: Tonrepetitionen in einer Rhythmisierung, die sich kanonmäßig durch die Stimmen fortpflanzt, im Ergebnis eine vibrierende Klangfläche, die zudem durch die symmetrische Anordnung der Intervalle in der Vertikalen trotz der eher schroffen Klangwirkung harmonisch zu schweben scheint.

Mächtige Klangmassen ohne tonale Bodenhaftung bewirken auch die zahlreich anzutreffenden Zwölftonklänge, einige davon chorische Gehörbildungsübungen *par excellence*. So wird uns der Schluss des *Gloria* sicherlich noch einige Zeit in Erinnerung bleiben: ausgehend von T. 181 (*goʾalî ḥāy*), wo in freier Permutation der angegebenen Tongruppen ein Zwölftonfeld gebildet und eine Weile gehalten wird, bevor es ab T. 187 schrittweise auf einen Ton (unisono des') abgebaut wird. Auch hier erscheint die Zusammensetzung der Akkorde (ihre Intervallstruktur) stark von symmetrischen Gesichtspunkten geprägt, und in Folge dessen dauerte es eine ganze Weile, bis sie in ihrer je eigenen Klangqualität und nicht nur als Anordnung von einzelnen Tönen wahrgenommen werden konnten (was wiederum die Voraussetzung für eine saubere Landung auf dem des' war: Bald war die Stimmgabel nicht mehr nötig, weil man bereits an den Klangcharakteren spüren konnte, dass man auf dem richtigen Weg war). Eine eindrucksvolle Demonstration des musikalischen Raums mit den elementaren Mitteln der Tonhöhe, Tondauer und Dynamik: Gern hätte ich mir diese Passage einmal aus dem Publikum angehört.

Gegen Ende des *Credo* (Abschnitt G) finden wir die entgegengesetzte Entwicklung: Ein Einzelton (as' im Alt, der fast so wirkt, als würde als Folge des riesigen Sprach- und Lautgetümmels von F irgendwo noch eine Saite nachschwingen) "explodiert" in wenigen Takten zu einem Zwölftonakkord (fast wie ein Krebs des *Gloria*-Abschnittes in Kurzfassung). Auch hier, wie in allen bisher angesprochenen Beispielen, keinerlei harmonische Strebungen oder sonstige tonale Implikationen.

In diesem Kontext ragen diejenigen Fälle heraus, die tatsächlich Ansätze von Dreiklangsharmonik oder gar harmonische Fortschreitungen beinhalten. So steht am Ende des A1-Abschnittes sowie überhaupt am Ende des *Kyrie* ein Zwölftonfeld im Raum, das sich auf eine Art "Alldreiklangsreihe" gründet: Jede Stimmgruppe erhält eine der vier Dreiklangsarten, und unversehens sieht man sich in seiner nächsten Umgebung von vertrauten Klängen umfangen. Noch weniger im Verborgenen ist Dreiklangsharmonik am Ende des *Dona nobis* und damit der

Messe wahrzunehmen: D-Dur in den Frauenstimmen gegen Es-Dur in den Männerstimmen - Schein und Widerschein, sich gegenseitig durchdringend? Harmonisch expressive Klänge, dazu noch aufgeladen mit chromatischen Tendenzen, sind zu Beginn des *Sanctus* im Männerchor (Chor II) und im *Agnus Dei* (Frauen, Abschnitt B: *lauschten wir wieder*) zu erleben. Töne und Intervalle, die um ihrer sinnlichen Erfahrbarkeit willen aus sämtlichen vertraut erscheinenden Verbindungen herausgelöst worden sind, unterwerfen sich hier für einen kurzen, reminiszenzhaften Augenblick wieder einem harmonischen Wert, und es entstehen Klänge von einer herben Schönheit, die an ein anderes Hören rühren.

Expressivität

Auf den ersten Blick scheint es, dass solche homogen gesetzten oder die freien Passagen eher zu expressiver Gestaltung einladen bzw. herausfordern als diejenigen, denen eine vergleichsweise komplizierte Struktur zu Grunde liegt. Jedoch gehörte es zum durchgehenden Prinzip aller Proben, dass der Grundsatz "Erst die Noten, dann der Ausdruck" zurücktrat zu Gunsten einer frühzeitigen Einbeziehung und Einforderung des Ausdrucksmäßigen, und zwar auch dort, wo man nach einem ersten Notenstudium kaum Spielraum dafür vermuten würde. Eine Strategie, die sich, so scheint es, in den vier Aufführungen der gesamten Messe ausgezahlt hat: Viele der Zuhörer, mit denen wir anschließend ins Gespräch kamen, zeigten sich beeindruckt von der Ausdrucksvielfalt, ja Leidenschaftlichkeit, die sie wahrgenommen hätten. Zu den "leidenschaftlichen" Sätzen gehört zweifellos das *Gloria* - und hier lohnt es sich, sich einmal die vielen feinschattierten Ausdrucksbezeichnungen zu vergegenwärtigen und zum zugehörigen Notentext in Beziehung zu setzen. Manchmal scheint eine melodische Bewegung durch die entsprechende Angabe bestärkt, direkt in ihren Qualitäten unterstützt zu werden, manchmal hingegen hat man den Eindruck, dass die Vortragsbezeichnung eher hinzufügende oder ergänzende Funktion hat. So ist z.B. das "Tänzerische", "Ausgelassene" zu Beginn oder in T. 62A ohne Weiteres nachvollziehbar bereits in der Rhythmik angelegt. In T. 169 erhält S1 gar einen regelrecht wienerischen Walzerrhythmus, der "leicht, beflügelt" auszuführen ist. Auch die übrigen Stimmen haben diesen Rhythmus, jedoch derart phasenverschoben, quer zum Takt gelegt, dass für sie diese Angabe schon von erheblicherer Notwendigkeit sein dürfte. Eine Reihe von expressiven Vorstellungen scheinen nicht unmittelbar aus den Noten hervorzugehen, so z.B. der "sehnsüchtige" strenge Kanon in T. 42ff., das "beschwörende" *šālôm* in den Tenören (T. 173; nicht unmittelbar naheliegend hinsichtlich Tonlage, Rhythmus und Dynamik) oder der "visionäre"

Zwölftonakkord in T. 183: permanente freundliche Ermahnungen, über das rein Notentechnische hinauszudenken.
Auch wenn entsprechende Ausführungsanweisungen in der Partitur fehlen, so bedeutete das für die Probenarbeit nicht, dass eine Partie mit der korrekten Aneignung (oder - um im Vergleich des vorigen Abschnitts zu bleiben: der analogen Umsetzung) des Notentextes als erarbeitet gelten konnte. Der bereits mehrfach angesprochene Kanon im *Credo* (D) beispielsweise wurde in den einzelnen Stimmen ausgiebig von der expressiven Seite geprobt und zuweilen auch entsprechend dirigiert, um ja nicht ins Notenbuchstabieren zu verfallen. Andererseits, und das zeigten die Proben über die Jahre ein weiteres Mal, stehen Komplexität und Expressivität überhaupt nicht in einem umgekehrt proportionalen Verhältnis zueinander, so dass auch die technische Beherrschung einer anspruchsvollen Passage schon ein enormes Ausdruckspotenzial mit sich bringen kann.

Synästhetisches
Wenn man sich - wie im Abschnitt über die Harmonik geschehen - eine Vielzahl von Passagen als Ausgestaltung eines musikalischen Raums vorstellt, so gehen damit zwangsläufig auch visuelle Vorstellungen einher. Je mehr sich die Musik aus überkommenen harmonischen und rhythmischen Zusammenhängen löst, desto deutlicher tritt ihre Materialhaftigkeit in Erscheinung, und tatsächlich verwenden Komponisten des 20. Jahrhunderts denn auch recht nüchtern den Begriff des "Materials", wenn von Tönen oder elementaren musikalischen Vorgängen (Reihenmaterial, Geräuschmaterial, konsonantisches Material u.v.m.) die Rede ist. Oder andersherum: Die musikalischen Zusammenhänge *materialisieren* sich in der Vorstellung bereits soweit, dass die klangliche Realisierung, flüchtig in der Zeit, nur noch eine von mehreren Konkretisierungsmöglichkeiten zu sein scheint. (Ein Erlebnis, wie es sich häufig beim Studium des Kontrapunkts - ob bei Josquin, Bach oder Webern - einstellt: Was für ein Medium wird hier eigentlich in Wirklichkeit durch diese unermesslichen geistigen Anstrengungen geformt, gefügig gemacht, möchte man sich fragen.) Viele Verständnishilfen während der Proben bewegten sich auf einer materialen, visuellen Ebene, so etwa die Vorstellung von den verschiedenen Tapeten-Schichten mit unterschiedlichen Mustern, die nach und nach freigelegt würden, im Zusammenhang mit der *Aria* (T. 113ff.) im *Gloria*. Für den Ausführenden gewinnen viele Partien darüber hinaus aber auch noch eine Art stoffliche Dimension, ganz im Sinne einer wörtlich verstandenen Materialhaftigkeit: Manchmal hat man den Eindruck, es nicht nur mit Gestalten, sondern auch mit bestimmten Substanzen, aus denen sie bestehen, zu tun zu ha-

ben. Je nachdem, mit welchen auditiven oder physischen Erfahrungen – oder Überlagerungen von beiden – die Erarbeitung eines bestimmten Abschnittes einhergeht, stellen sich neben den visuellen durchaus auch haptische Assoziationen ein: Geschmeidiges, sich mühelos in alle Richtungen Ausbreitendes beispielsweise im Abschnitt B des Sanctus (*flexibles f in allen Stimmen*), Verfestigtes, Geronnenes demgegenüber in der *Aria* im *Gloria,* hartes, sprödes Material mit scharfen Bruchkanten zu Beginn des *Agnus Dei* oder in den blitzenden Akkordeinwürfen der Frauenstimmen (*hart, ruckartig*) kurz vor Abschnitt C des *Credo*. Mit jeder Stufe der Aneignung entstehen auf spannende Weise neue Verflechtungen zwischen diesen Sinnesbereichen, die musikalischen Sinnzusammenhänge erscheinen als gleichermaßen hörbar wie auch sichtbar oder spürbar: Eine Erfahrung, die die Ausführenden wiederum dem einmalig Hörenden durch die lange Probenarbeit voraus haben dürften.

Diese und andere Erfahrungen haben die *Missa hebraica* in der insgesamt sechsjährigen Auseinandersetzung zu einem prägenden Kapitel in meiner Chor-Biografie (und – wie sich in den Gesprächen nach den vier Gesamtaufführungen herausstellte – auch in mancher der anderen Beteiligten) werden lassen. Faszinierend vor allem auch die Auseinandersetzung mit dem Textkonzept und den ihm zu Grunde liegenden theologischen Gedankengängen (ein Aspekt, der in meinem Beitrag bewusst unberücksichtigt geblieben ist, da hierzu fundiertere Kommentare zu erwarten sind, als ich sie auch nur ansatzweise leisten könnte). *Ich lasse dich nicht, du segnest mich denn* – welch eine erschütternde Parallele zu unserem Glaubensbekenntnis! Jede Messvertonung bietet demjenigen, der sich zu Studien- oder Aufführungszwecken mit ihr beschäftigt, neue Einblicke, neue Wahrnehmungsmöglichkeiten des Gegenstandes, unabhängig davon, ob dieser Bestandteil der eigenen religiösen Praxis ist oder nicht. Die Begegnung mit der *Missa hebraica* bedeutet Verstörung (am dramatischsten wohl in der Konzeption und kompositorischen Realisierung des *Sanctus)* und notwendige Erweiterung des eigenen Horizonts, indem verfestigte Muster in der eigenen Auffassung aufgebrochen und der Blick auf die vielfältigen Bedeutungszusammenhänge wieder frei wird – auch und gerade dadurch, dass sich die Musik einfachen und damit nur scheinbar zufriedenstellenden Antworten auf die vielen Fragen, die sie aufwirft, konsequent entzieht. Ebenso wie die elementaren Qualitäten eines Klanges (seine materialen Eigenschaften) in den Hintergrund treten, wenn man ihn einem funktionalen Kontext unterwirft, so kann man sich den Blick auf die musikalischen Vorgänge verstellen, indem man sie zu früh mit Be-Deutungen versieht und damit in entsprechenden Schubladen verstaut. Die Musik leiht dem Wort ihr Material, ihre Form, und richtet es dadurch auf, macht es in einer weiteren ästhetischen Dimension wahrnehmbar - das ist das Einzige, was man auf die Frage nach den vielfältigen Wort-Ton-Beziehungen zunächst einmal mit Sicherheit sagen kann. Sie folgt ihren eigenen Gesetzen, ihren eigenen Entfaltungsmöglichkeiten, unbeirrbar, ohne sich dabei ablenken oder einengen zu lassen von irgendwelchen außerhalb ihr selbst liegenden Ansprüchen oder pragmatischen Überlegungen, die man als praktischer Ausführender zuweilen gerne anstellt. Selbst über ihre eigenen technischen und akustischen Realisierungsmöglichkeiten weist sie mitunter weit hinaus.

Auch wenn der immense Aufwand, der den vier Aufführungen des Gesamtwerks vorausging, dagegen zu sprechen scheint, dass sich seiner in absehbarer Zukunft wieder ein Chor annehmen wird: Zu wünschen wäre es in jedem Fall. Wenn in den Kommentaren des Komponisten im Anhang vom Ordinarium der abendländischen Messe als "Folie", als nicht weiter konkretisierter Hintergrund für die einzelnen Sätze die Rede ist, so lässt sich umgekehrt auch festhalten, dass die Auseinandersetzung mit der *Missa hebraica* einen nicht mehr wegzudenkenden Horizont für künftige Einstudierungen und Aufführungen von Messvertonungen geschaffen hat.

Helmut Kornemann

Näherungen an die Missa Hebraica von Hans Darmstadt - Erkenntnisversuche

Eine Missa also, ein weiterer Beitrag zum Arsenal der unzählbaren Musikalisierungen jener tradierten fünf Texte, die seit vielen Jahrhunderten die Säulen der westlichen christlichen Eucharistiefeier darstellen: Kyrie - Gloria - Credo - Sanctus/Benedictus - Agnus Dei, übersetzt aus dem Griechisch/Lateinischen in viele Volkssprachen, hier nun ins Ivrith, versetzt ins Ursprungsland der Christen? Nein, das gerade nicht! An den traditionellen Textbestand erinnern (außer dem *qādôš* im Sanctus) allenfalls die einzelnen Sätze durch ihre tradierten Namen. In einer früheren Vorlage des Credo stand noch die übliche Intonation. Ansonsten bestehen die Texte aus (z.T. Mini-) Zitaten aus der Hebräischen Bibel und zeitnaher Dichtung, gleichsam einzelne Töne aus überaus reichen Partituren, offensichtlich die tradierten Messtexte bewusst meidend und neue Assoziationen um sich sammelnd, aber im Bezug zu diesen Texten und ihrer Funktion in der gottesdienstlichen Feier.

Warum diese Spannung von Distanz und Nähe? Im Umgang mit dem Werk wächst die Erkenntnis: Motiv ist das Leiden an der Vernachlässigung der Wurzeln des Christentums in der jüdischen Tradition und das nicht minder große Leiden an der Entleerung der traditionellen gottesdienstlichen Formeln und Formen und deren Plausibilität. Corinna Dahlgrün sucht nach den Keimen in der Hebräischen Bibel und in der Poesie der Gegenwart. Hans Darmstadt bringt sie in seiner musikalischen Sprache zum Wachsen und Blühen. Die Tradition ist als Folie ständig gegenwärtig, aber die Distanz zu ihr bestimmt den künstlerischen Reiz.

Das Ich

Der Königsgruß des Volkes, in der bewussten Selbsterniedrigung den Gegrüßten erhebend, ist in der frühen gottesdienstlichen Tradition zur Akklamation der versammelten Gemeinde zu den eröffnenden Christusanrufungen geworden. Die musikalische Ausgestaltung dieser Akklamation hat zur Loslösung von den Anrufungen und zu deren Verlust geführt. Das nach der Verpflanzung in westliche Kulturen wachsende Unverständnis für die ursprüngliche Funktion hat neue Interpretationen zur Folge gehabt. Bis in die Gegenwart hat sich ihre Deutung als Sündenbekenntnis erhalten. Die zur Gottesbegegnung versammelte Gemeinde bekennt ihren Abstand zum heiligen Gott. Da wird die Distanz greifbar:

Die Missa hebraica beginnt mit "Ich"! Ein Ich freilich, das sich aus der Gemeinde erhebt (und auch von vielen Stimmen gesungen wird), aber ein Ich, das sich anders verhält als die Gemeinde, es schreit, aufgestört und störend, so lang, als wollte es die ganze Messe über fortdauern.

Im Gloria erscheint das Ich in den Texten aus dem Hohenlied der Liebe und dem Psalm 22 wieder, mündend in den Hiobruf: Ich weiß, dass mein Erlöser lebt.

Besonders erschütternd agiert das Ich im Credo. Die Tradition hat das Credo, sofern es von der Gemeinde im Gottesdienst gesungen oder gesprochen wird, längst aus der Funktion des Täuflingsbekenntnisses gelöst und im Verständnis (im Nicaenum auch in der Formulierung) in das "Wir glauben" transponiert. In der Missa hebraica aber ist es der Eine, der, alle tradierten Formeln verlassend, sein Bekenntnis nur noch mit Jakob (Gen 32,27) stammeln und würgen kann: Ich lasse dich nicht, bis du mich segnest!

Im Sanctus ist das Ich die Gestalt Jesaja (Jes 6), der im Tempel seine Berufung zu schrecklicher Botschaft erlebt. Das Volk ist die Masse der Uneinsichtigen, deren Unwille noch verstärkt werden soll.

Im Gegensatz dazu tritt im Agnus der Einzelne in der Gestalt des Mose als des Bundesvermittlers auf. Eine Wende, die der Erweiterung bedarf. Darmstadt gestaltet die abschließende Zeile Dona nobis pacem (ursprünglich nur das Signal, dass die Brechung der Brote für die Mahlausteilung beendet ist) in einem eigenen Satz. Gott selbst spricht durch den Mund des Propheten Ezechiel. "Ich werde ihnen an die Stelle ihrer steinernen Herzen ein Herz aus Fleisch geben!" "Und die Erde glänzte von seiner *kābôd* (Herrlichkeit)".

Der Schrei

Damit beginnt die Missa hebraica, und dessen musikalisches Symbol eröffnet den letzten Satz. Bis dahin durchläuft er viele Stationen, ihm geht die Luft aus, er taucht ein ins Stimmengewirr, scheint zu verschwinden, erwacht neu im Verlangen nach Segen, endet im Staunen über das Heilswasser (Ez 47,1). Auch in der Stille bleibt er gegenwärtig. Es ist kein Schrei der Verzweiflung, vielmehr wohnt ihm jene Gewissheit inne, die der Schrei der Gotteskinder seit Jahrtausenden enthält: Dass er gehört und beantwortet wird. Wem käme dabei nicht der Psalm 130 (und Luthers Bereimung) in den Sinn. Die Missa hebraica folgt seiner Struktur.

Die Bilder

Die Missa hebraica ist voller Bilder, der Text evoziert sie und die Musik übersetzt sie ins Hörbare, lässt sie leuchten und bereichert sie durch eigene Gesten und Figuren. Es beginnt mit dem Einen, der aufsteht und schreit, reiht die Bilder eines Gedichtes von Nelly Sachs an, und eröffnet im Gloria einen förmlichen Bilderreigen der Lebensfreude: Junge Menschen jauchzen und tanzen, freuen sich der Freundschaft und Liebe ("Brüste" sind gemeint!), der Schönheit und des Weins. Und Rose Ausländer zählt die Zeichen des kommenden Friedens im Diesseits auf: Wiesen und Bäume, Sonnenuntergänge und Meeresweite, Sterne und Sprache, das Lied und sogar (trotz aller widersprechender Erfahrungen) Menschen und …

Das Credo ruft das Bild des Kampfes am Jabbok in die Erinnerung, jenes Kampfes, in dem Jakob mit der rätselhaften Machtgestalt um den Segen ringt.

Und erst recht das bilderpralle Sanctus: Die Musik macht das Wanken des Tempelbodens, das Rufen der Serafim und den Rauch, der den Tempel füllt, spürbar. Die Szene, in der der Seraf den Glühstein vom Altar nimmt, um damit reinigend die Lippen Jesajas zu berühren, bietet in der Musikliteratur die erste musikalische Darstellung einer Zange (die Wagnerfreunde mögen widersprechen!), und wie das widerspenstige Volk verstockt wird, erfährt bildkräftige Vertonung: Fett auf die Herzen, Schwere auf die Augenlider und Lehm auf die Ohren! Und inmitten allen Trubels steht der Engelchor und singt Heilig, Heilig, Heilig.

Im Agnus geht's blutig zu. Im Blut der im Tempel geschlachteten Lämmer findet die Begegnung Gottes mit seinen der Begegnung gewürdigten Menschengeschöpfen ein sicht- und fühlbares (Besprengung) Symbol. Gott gewährt dem Menschen, dessen Selbsthingabe stellvertretend in der Hingabe von Tierleben zu realisieren. Die Priester bringen das Blut zum Altar. Aber Gott gibt das Blut, den Träger des Lebens, an die Menschen zurück. Mose besprengt damit das Volk zum Zeichen der Versöhnung.

Und schließlich der letzte Satz: Das Wasser des Heils sprudelt unter der Tempelschwelle hervor, Gott vollzieht am Volk die verheißene Herztransplantation und die Erde strahlt von seinem Wesen.

Gegensätze

Daraus empfängt jedes Kunstwerk seine Spannung, gewinnt die Möglichkeit, das Unsagbare, das zur Sagbarkeit drängt, einzugrenzen und seinen Ort zu bestimmen. Solche Gegensätze/Kontraste/Extrempaare gibt es in Fülle: Intervalle, Tonlagen (die vor allem von den Solisten Grenzleistungen fordern), Rhythmen, Pau-

sen, Singen/Sprechen, Bibeltext/Gedichtzitate, Melodien/Geräusche, Lebensfreude/religiöse Starrheit, meditative/expressive Partien, genaue Tonfixierung/Improvisation, rasch wechselnde Tempi, Tonballungen und kontrapunktische Klarheit. (Im Sanctus sind die Gegensätze geradezu Leitidee.) Tradierte Kompositionsweisen und neue Erfindungen.
Die weiter gehende Analyse wird sich den Motiv- und Stichwortverbindungen zu widmen haben, die Text und Musik aufweisen, wird die penible Notation bewundern, die sorgfältig ausgehörten dynamischen Relationen bis in einzelne Akzente und Farben hinein. Sie wird schließlich auch den einzigen, winzigen Ton entdecken, dem ein Laut zugeordnet ist, den es im zugrundeliegenden Text gar nicht gibt. Aber die Analyse kann nicht über den anregenden Eindruck entscheiden, der sich beim Hören des Ganzen mitteilt, und den wir, die Chorsänger wohl am tiefsten erfahren haben, weil zur Aufnahme eines Kunstwerks Bemühen gehört. Wir haben uns bemüht und sind reich beschenkt worden. Es ist ein Vermächtnis.
Danke!

Johannes Goldenstein

Sich in die Wirklichkeit hineinhören
Das Agnus Dei aus der *Missa Hebraica* im Religionsunterricht?!

> »Die seltenen Fenster des Lernens: sie sind ein Geschenk. Wenn ich eine Musik höre, die mich anspricht, die in mich hineinfällt wie ein Licht, folge ich ihr, suche nach mehr. Es ist wie ein Bild, ein Gedanke, ein Wort, das in mir hängen bleibt. Das sind die wichtigen Momente. Wenn ich bereit bin, folge ich ihnen wie ein Detektiv, spüre ihnen nach, begebe mich auf Entdeckungsfahrt.«
>
> *(Ingo Metzmacher)*[1]

Musik - sei sie textgebunden oder absolut - wirkt durch und aus sich selbst. Sie dringt in den Körper der Hörenden ein, regt das Gemüt und den Intellekt an, sie bewegt Leib, Seele und Geist, ohne daß es dazu einer Werkeinführung oder weiterer Erläuterungen bedürfte[2]. Musik *wirkt* aus sich selbst; gleichwohl ist nicht jedes Werk in einem Maße 'selbstevident', daß es sich den Rezipienten bereits beim ersten Hören unmittelbar *erschließt*. Das gilt für alle Musik, insbesondere freilich für neue, avantgardistische Musik, wie sie seit dem 20. Jh. entsteht. Ihre Tonsprache wirkt auf viele Menschen zunächst fremd und unzugänglich, denn "das noch nicht Gehörte ist schwerer zu begreifen als das Vertraute" (Wolfgang Rihm)[3]. Und so steht Neue Musik, obwohl sie "just in den letzten zehn Jahren einen großen Schritt getan [hat] aus der selbstgezimmerten Deckung heraus"[4], noch immer weithin unter dem Verdacht, "'unverständlich', 'zu kompliziert, 'eli-

---

1 Ingo Metzmacher: Keine Angst vor neuen Tönen. Eine Reise in die Welt der Musik, Berlin ³2005, 11.

2 Vgl. etwa das Statement des Komponisten Jörg Herchet: "Ein freundlicher Pfarrer, der eine Kammermusik von mir gehört hatte, sagte hinterher zu mir: 'Ah, Sie müssen unbedingt mal zu mir kommen und das *erklären*.' Und damals war ich wirklich ganz naiv und sagte. 'Was soll ich Ihnen denn darüber erklären? Es ist einfach Musik!'" (Musik im Gespräch II, in: Corinna Dahlgrün / Hans Darmstadt (Hg.): Neue Musik in der Kirche IV. Gottesfleisch. Interdisziplinäre Tage für Neue Musik und Theologie. 17-20. Juni 2004. Dokumentation und Auswertung, Frankfurt a. M. 2005, 155).

3 Mündliches Dictum, überliefert in einer Radiosendung.

4 Eleonore Büning: Crescendo der Intensität. Dem Komponisten Helmut Lachenmann zum Siebzigsten, FAZ vom 26.11.2005, 35.

tär'" zu sein, und das heißt: "allgemein unzumutbar" und "nur für ein bestimmtes Milieu" geeignet[5].

Wer sich von der ersten Wirkung Neuer Musik verschrecken läßt, läßt sich freilich eine Chance entgehen: die Chance, sich in die Wirklichkeit hineinzuhören, wie zeitgenössische Komponisten sie wahrnehmen, die Chance, ihre Deutung nachzuvollziehen und auf die eigene Existenz zu beziehen.

Am Beispiel des Agnus Dei aus der *Missa Hebraica* möchte ich zeigen, welches "Fenster des Lernens" sich durch die Neue Musik öffnet für das Verständnis des Todes Jesu, und daran anschließend einige Überlegungen anstellen zum Lernen mit Neuer Musik im Religionsunterricht.

1. Eine zeitgenössische Messe

Mit ihrer *Missa hebraica* stehen Hans Darmstadt und Corinna Dahlgrün, die die theologische Konzeption und die Textauswahl verantwortet, in der langen und weiten Tradition der Messvertonungen, für die es eine Fülle von Beispielen aus allen Epochen der Musikgeschichte gibt - Palestrina, Monteverdi, Bach, Haydn, Mozart, Beethoven, Schubert und Bruckner neben vielen anderen -, durchaus auch einige aus jüngster Zeit[6]. Ursprünglich handelt es sich bei der Musikgattung 'Messe' um liturgische Musik für den gottesdienstlichen Gebrauch. Als musikalische Ausgestaltung des (römischen) Messordinariums, d.h. der regelmäßig wiederkehrenden Stücke im Gottesdienst (Kyrie, Gloria, Credo, Sanctus, Agnus Dei und später separat das Dona nobis pacem) ist die 'Messe' textgebundene Musik - auch dann, wenn (wie z.B. in Orgelmessen) der Text nicht Bestandteil, sondern nur Grundlage ihrer Klanggestalt ist.

---

[5] Vgl. Klaus Röhring, "... die Ohren zu öffnen ...". Neue Musik in Liturgie und Gottesdienst, in: Irene Mildenberger / Wolfgang Ratzmann (Hg.), Klage - Lob - Verkündigung. Gottesdienstliche Musik in einer pluralen Kultur, Beiträge zu Liturgie und Spiritualität 11, Leipzig 2004, 125-139 (Zit. 137).

[6] Vgl. etwa die *Missa contraria* für Sprecher, Sopran- und Bariton-Solo, Chor, Orgel und Instrumente (1988/89) von Werner Jacob, in der er das lateinische Messordinarium mit Texten aus dem Buch Hiob, dem Psalter und Lyrik des 20. Jh.s kontrastiert. Ähnlich verfährt John Rutter in seiner *Mass of the Children* (2003), der die lateinischen Stücke des Messordinariums teilweise mit Gedichten aus der Tradition (vom 5. bis zum 19. Jh.) kombiniert. Sein Werk ist freilich nicht dem Bereich der avantgardistischen Musik zuzurechnen (s.u. Anm. 32). Zu nennen sind ferner die *Dahlemer Messe* (1988) und die *Missa brevis* (2000, überarb. 2002) von Dieter Schnebel, die (nur fragmentarische) *Orgelmesse* von Friedhelm Döhl sowie die Orgelmesse *Das Amen der vier Wesen*, für Orgel und Tonband "ausgehend von und nach Texten von Olov Hartman" von Hans-Ola Ericsson (1999-2000); Näheres zu den Werken von Schnebel und Ericsson bei Klaus Röhring, a.a.O. (s. Anm. 5).

Die Musik interpretiert und deutet die Texte, und die Gemeinde hört zu. Daran ändert auch die Einführung deutschsprachiger Kirchenlieder in der 'Choralmesse' und die Entwicklung der 'Deutschen Messe' in der protestantischen Kirchenmusik nicht viel. Die Kompositionen sind anspruchsvoll und fordern von Musikern ein hohes Maß an Qualität und Können.
Spätestens mit Beethovens *Missa solemnis* gewinnt die Messe neben ihrem ursprünglichen 'Sitz im Leben' im Gottesdienst der Kirche einen weiteren hinzu: das Konzert. Aber auch außerhalb des Gottesdienstes und außerhalb des Kirchenraums deuten die Messvertonungen die gottesdienstlichen Stücke. In den Texten des Messordinariums werden grundlegende Themen der Religion bewahrt und tradiert, die prinzipiell auch außerhalb eines gottesdienstlichen Kontextes "zur Besinnung einladen, zur Infragestellung dienen, zur Lebensdeutung beitragen, zur Sinnvergewisserung verhelfen mögen"[7]. Nur: wieviel vom ursprünglichen Aussagegehalt der Texte erfaßt der zeitgenössische Hörer? Wieviel von dem, was sich in der Messe ereignet - der Begegnung zwischen Gott und Mensch - wird für ihn erfahrbar?
Die *Missa hebraica* ist der Versuch, die Begegnung von Gott und Mensch, wie sie in der Messe geschieht, für die Gegenwart zu artikulieren. Sie tut das in mehrfacher Hinsicht auf ganz und gar neue Weise.
Neu ist gegenüber (mutmaßlich) allen bisherigen musikalischen Messen der vollständige Verzicht auf die lateinischen Texte des Ordinariums. Die Titel und die Abfolge der Stücke werden beibehalten. An die Stelle der lateinischen Texte aber treten eigenständige Kompositionen aus originalen Passagen - meist einzelnen Versen oder Versteilen - der hebräischen Bibel (Hiob, Canticum canticorum, Psalmen, Genesis, Jesaja, II. Chronik, Exodus und Hesekiel) und deutschsprachiger Lyrik und Prosa der Gegenwart (von Nelly Sachs, Rose Ausländer, Elie Wiesel, Ingeborg Bachmann und Rainer Maria Rilke). Kriterium für die Textauswahl ist, daß sie "wesentliche Gehalte des betreffenden Stückes der Messe wiedergeben"[8]. Durch die Verwendung ausschließlich alttestamentlicher Schriftworte wird der christliche Gottesdienst völlig neu in Beziehung gesetzt zur israelitisch-jüdischen Religion. Es geht dabei nicht um genetische Fragen nach der Herkunft des christlichen Gottesdienstes oder einzelner seiner Teile aus dem israelitisch-jüdischen Kult, sondern um einen unmittelbaren, theologischen Bezug zwischen

---

7 Paul-Gerhard Nohl, Lateinische Kirchenmusiktexte. Geschichte - Übersetzung - Kommentar, Kassel u.a. ²1998, 73.

8 Corinna Dahlgrün, Zum Text der Missa hebraica, Manuskript, 1.

einem Stück der Messe zum Glauben der alttestamentlich-jüdischen Mütter und Väter - mit dem Ziel, zu einem neuen, tieferen Verständnis *der Messe* zu gelangen. Durch die Verwendung von Originalpassagen aus der hebräischen Bibel, d.h. in (alt)hebräischer Sprache, wird eine zusätzliche Verfremdung erreicht. Sie erleichtert es, sich von den lateinischen Texten des Ordinariums zu lösen, die ihrerseits durch die der lateinischen Sprache eigenen Ästhetik dazu beitragen, den Sinngehalt der einzelnen Stücke zu verstellen.

Neu (und als Ganze vom Nichtfachmann schwer zu charakterisieren) ist auch die Musik, die Klanggestalt der *Missa.* Auch sie folgt nicht den traditionellen Mustern, sondern transformiert die durch die Texte erzeugte Verfremdung in Musik. Wenngleich ihr die Textzusammenstellung als Vorlage gegeben war, so ist die *Missa hebraica* dem Konzept nach doch keine Vertonung, sondern eine eigenständige Komposition. "Die Musik setzt das Wort um. Die Gesamtheit aller Klangerlebnisse entspricht in der Weise, die der Komponist gewählt hat, dem Wort."[9] So ist "das Wort nicht mehr getrennt von der Musik oder die Musik Dienerin des Wortes", sondern "Wort und Musik [gehen] ineinander auf."[10]

Mit der *Missa hebraica* ist eine zeitgenössische musikalische Messe entstanden, die auf dem Weg der Verfremdung eine Neubegegnung mit der alten abendländischen Tradition ermöglicht. Wie das geschehen kann, läßt sich am Beispiel des Agnus Dei näher zeigen.

2. Das Agnus Dei: liturgische, theologische und historische Schlaglichter

a. 'Sitz im Leben'

In den Kirchen des Ostens beginnt der Gemeindegottesdienst mit einem Rüstakt der Priester und Diakone, der sog. Proskomidie. An einem eigens dafür vorgesehenen Tisch in der nördlichen Ecke des Altarraumes, der Prothesis, werden die Abendmahlsgaben vorbereitet. Mit einem kleinen Messer, der 'heiligen Lanze', schneidet der Priester aus einem gesäuerten Weizenbrot, der Prosphora, das quadratische Mittelteil heraus. Es wurde vor dem Backen gestempelt, so daß - auf die vier Felder um ein Kreuz verteilt - in Abkürzung die Buchstaben für "Jesus Christus siegt" zu lesen sind. Dieses Mittelstück des eucharistischen Brotes wird

---

9 Christfried Brödel, Musik im Gespräch II, in: Corinna Dahlgrün / Hans Darmstadt (Hg.): Neue Musik in der Kirche IV (s. Anm. 2), 156.

10 Christfried Brödel, a.a.O. (s. Anm. 9), 155.

'das heilige Lamm' oder 'das Lamm Gottes' genannt[11]. Aus dem Rest des Brotes schneidet der Priester weitere Stücke zu Ehren der Gottesmutter, der Engel, Propheten, Apostel, Kirchenväter, Märtyrer und Heiligen, sowie einige weitere für die Lebenden und Verstorbenen, derer im Gottesdienst gedacht werden soll. Sie alle werden in einer bestimmten Ordnung um das 'Lamm' herum auf den Diskos (einen Brotteller mit Fuß) gelegt und dienen bei der Eucharistie als Abendmahlsbrot. Später im Gottesdienst, vor der Kommunion, wird das 'Lamm' über dem Diskos erhoben und anschließend in vier Teile gebrochen. Auf diese Weise wird in der sonntäglichen Liturgie der Orthodoxen Kirchen das Opfer Jesu Christi symbolisch nachvollzogen: "der König der Könige und Herr der Herren tritt herein, um geschlachtet zu werden und sich den Gläubigen zur Speise zu geben."[12]

Die Bezeichnung des eucharistischen Brotes als 'Lamm' (grch. *amnós*) ist schon früh belegt. Als Gesang findet sich die auf Joh 1,29 zurückgehende Anrufung

> "Domine Deus, agnus Dei, filius patris.
> Qui tollis peccata mundi, miserere nobis.
> Qui tollis peccata mundi, suscipe deprecationem nostram."[13]

zuerst im Gloria in excelsis, das Papst Symmachus (498-514) für die Bischofsmessen in Rom eingeführt hat[14]. Sein eigenständiger Gebrauch als vielfach wiederholte Akklamation während des (bis dahin schweigend vollzogenen) Brotbrechens geht auf den aus Syrien stammenden Papst Sergius I. (687-701) zurück[15]. Mit dem Aufkommen von kleinen Brotstücken (Hostien) für jeden einzelnen Abendmahlsteilnehmer entfiel die Brotbrechung (lat. *fractio*) als liturgischer Voll-

---

[11] Vgl. Heinz Ohme, Der Orthodoxe Gottesdienst, in: Eugen Hämmerle / Heinz Ohme / Klaus Schwarz: Zugänge zur Orthodoxie, Bensheimer Hefte 68, Göttingen 1988, 38-95: 46 (Abb. a.a.O., 78).

[12] Aus dem Hymnus zur Gabenübertragung in der Basilius-Liturgie am Karsamstag, zit. n. Karl-Christian Felmy, Orthodoxe Theologie. Eine Einführung, Darmstadt 1990, 188.

[13] "Herr, Gott, Lamm Gottes, Sohn des Vaters. Der du trägst die Sünden der Welt, erbarme dich unser. Der du trägst die Sünden der Welt, nimm an unser Gebet."

[14] Was die historischen Zusammenhänge betrifft, verläßt sich die einschlägige Literatur ausnahmslos auf die Forschung der römisch-katholischen Liturgiewissenschaft. Hans-Christoph Schmidt-Lauber nennt in seinem Artikel zum Agnus Dei in der RGG^4 aus dem Jahr 1998 (Bd. 1, 189f.) als weiterführende Literatur allein Josef Andreas Jungmanns liturgiewissenschaftlichen Klassiker *Missarum sollemnia* aus dem Jahr 1962 (5. Aufl.), Bd. 2, 413-422; Frieder Schulz in seinem Beitrag für die Liederkunde zum Evangelischen Gesangbuch (Lieferung 6/7, Göttingen 2003, 99f.) ergänzt diesen Hinweis nur um die Nennung dreier einschlägiger Überblicksdarstellungen bzw. Lexika.

[15] Als Beleg dafür dient die Notiz im *Liber pontificalis*: "Hic statuit ut tempore confractionis dominici corporis 'Agnus Dei qui tollis peccata mundi miserere nobis' a clero et populo decantetur" (ed. Duchesne I, 376).

zug. Das Agnus Dei wurde dennoch beibehalten, nun (zu Beginn des 11. Jh.s) in dreifacher Wiederholung, wobei an die Stelle des dritten "miserere nobis" das "dona nobis pacem" (Verleih uns Frieden) trat - vielleicht als Vorbereitung für den Friedensgruß, möglicherweise auch aus Anlaß äußerer Not.

"Agnus Dei, qui tollis peccata mundi, miserere nobis.
Agnus Dei, qui tollis peccata mundi, miserere nobis.
Agnus Dei, qui tollis peccata mundi, dona nobis pacem."

Während in der reformierten Tradition das Agnus Dei zusammen mit den übrigen Ordinariumsgesängen der Messe abgeschafft wurde, behielten die lutherischen Kirchen zunächst das lateinische Agnus Dei als Chorgesang weiterhin bei, ergänzten oder ersetzten es dann aber durch deutsche Übertragungen für die Gemeinde[16]. Weil es vielerorts während der Austeilung gesungen und in eine Reihe mit anderen Abendmahlsliedern gestellt wurde, verlor es seinen Charakter als Ordinariumsgesang. Erst die Restaurationsagenden des 19. Jh.s behandelten es wieder als solchen (Preußen 1822, Wilhelm Löhe 1853). Das Evangelische Gottesdienstbuch (1999) schließlich bringt den Bezug zur Brotbrechung wieder in Erinnerung, erklärt es aber zugleich für eingeschränkt austauschbar[17]. Im Evangelischen Gesangbuch (1993) sind den beiden klassischen deutschen Gesängen von Luther und Decius zwei Vertonungen aus dem 20. Jh. zur Seite gestellt[18].

b. Funktion

Die Funktion des Agnus Dei war also ursprünglich eine ganz praktische: Im Ablauf der Abendmahlsliturgie diente es dazu, die mit dem Vorgang des Brotbrechens entstehende Pause zu füllen. Seine Funktion als von diesem Vorgang abgelöster Gesang, möglicherweise sogar erst zu Beginn oder während der Austei-

---

16 Vgl. Luthers Ausführungen in der Deutschen Messe 1526 (zum Agnus Dei s. WA 19,100); ferner Martin Luthers Übersetzung "Christe, du Lamm Gottes" von (1525) 1528, EG 190.2; und die liedhafte Nachdichtung von Nikolaus Decius (1523) 1531 ("O Lamm Gottes, unschuldig, am Stamm des Kreuzes geschlachtet", EG 190.1). Zur Geschichte des Agnus Dei im Gottesdienst der reformatorischen Kirchen vgl. Karl-Ferdinand Müller: Das Ordinarium Missae, in: Leiturgia, Bd. 2, Kassel 1955, 1-45: 41ff.

17 "Während des Agnus Dei kann das Brot gebrochen werden und die Austeilung beginnen. In thematisch besonders geprägten Gottesdiensten des Kirchenjahres kann eine entsprechende Liedstrophe gesungen werden." (Evangelisches Gottesdienstbuch. Agende für die Evangelische Kirche der Union und für die Vereinigte Evangelisch-Lutherische Kirche Deutschlands, hg. v. Kirchenleitung der Vereinigten Evangelisch-Lutherischen Kirche Deutschlands und Kirchenkanzlei der Evangelischen Kirche der Union, Berlin u.a. 1999, 47).

18 Unter EG 190.3 findet sich ein Responsorialgesang für Chor und Gemeinde von Ewald Weiß, 1983; unter EG 190.4 als gekürzte Textfassung ein Kanon über Joh 1,29* für 2 bis 6 Stimmen von Rolf Schweizer, 1972.

lung, ist schlicht die eines jeden Hymnus: der Lobpreis. Indem es den Opfergedanken aufnimmt (s.u.) und in Beziehung mit dem Altarsakrament setzt[19], deutet es zudem das Geschehen theologisch. Insofern ist das Agnus Dei "der Teil der Messe, der das Abendmahl mit seinen vielen Dimensionen *aneignen* will - Sündenvergebung, Erinnerung, Gemeinschaft, Teilhabe am himmlischen Freudenmahl, Ausblick auf die Ewigkeit."[20]

Eine weitere (und weitergehende) Funktion kommt dem Agnus Dei aus verhaltenswissenschaftlicher Perspektive zu. Manfred Josuttis hat ausgeführt, "daß durch das Agnus Dei die Gegenständlichkeit der Abendmahlsgabe eine neue Qualität gewinnt. In Brot und Wein wird die Gemeinde Leib und Blut des Erlösers empfangen, aber dieser Erlöser wird unmittelbar vor der Austeilung als 'Lamm' angerufen."[21] Dabei geschieht ein Doppeltes. Zum einen "stellt die damit ausgesprochene Animalisierung des Eßobjektes die Humanität des folgenden Eßaktes sicher"[22]: Die Kommunikanten empfangen mit der Hostie 'das Lamm', nicht das Fleisch eines Menschen. Zum anderen erhalten die bei der Kommunion verwendeten vegetarischen Nahrungsmittel "auf der Realebene des Traumzeitbewußtseins [...] den Charakter von Fleisch."[23] Die Kommunikanten empfangen in, mit und unter Brot und Wein das Lamm Gottes. Durch den Gesang des Agnus Dei ereignet sich somit zwischen der Einsetzung des Mahles und der Kommunion eine zweifache Umdeutung der Abendmahlsgaben, welche zugleich die Elemente 'fleischlicher' (Lamm Gottes, nicht Brot), den Eßakt aber humaner (ein Lamm, nicht ein Menschen) erscheinen läßt. "Erst durch diese dreifache Schichtung ihrer gegenständlichen Qualität werden die Objekte des heiligen Essens inkorporierbar."[24]

c. Theologie

Das Agnus Dei ist ein (liturgischer) Text mit einem konkreten Sitz im Leben und verschiedenen damit zusammenhängenden Funktionen. Unabhängig davon ist es - rein seinem Wortlaut nach - eine an Jesus Christus gerichtete Anrufung, die ihn

---

19 Vgl. Friedrich Kalb, Grundriß der Liturgik, München ²1982, 168.

20 Corinna Dahlgrün, Zum Text der Missa hebraica, Manuskript, 8 (Hervorhebung J.G.).

21 Manfred Josuttis, Der Weg in das Leben. Eine Einführung in den Gottesdienst auf verhaltenswissenschaftlicher Grundlage, München 1991, 291.

22 Ebd.

23 Manfred Josuttis, a.a.O., 292.

24 Manfred Josuttis, a.a.O., 293.

auf sein erlösendes Wirken für die ganze Welt anspricht und ihn um Erbarmen und Frieden bittet.
Die Textgestalt des Agnus Dei geht auf Joh 1,29 zurück, einen Bericht des Evangelisten über die erste Begegnung zwischen Jesus und Johannes dem Täufer. "Am nächsten Tag sieht er, wie Jesus zu ihm kommt, und sagt: 'Siehe, das Lamm Gottes, das die Sünde der Welt hinwegnimmt'." Dieses Zeugnis des Täufers ist für den liturgischen Gebrauch umgestaltet zu einer dreigliedrigen Formel, die aus einer Akklamation ("Agnus Dei", im Deutschen verstärkt durch das hinzugefügte "Christe"), einer Prädikation im Stil eines Hymnus ("qui tollis peccata mundi") und einer Bitte ("miserere nobis" bzw. "dona nobis pacem") besteht.
Die Ausleger des Johannesevangeliums sind sich einig: "Es ist sicher, daß diese Wendung einen alttestamentlichen Hintergrund hat, weniger sicher, welches dieser Hintergrund ist."[25] Als mögliche traditionsgeschichtliche Alternativen werden das Passalamm (vgl. Ex 12 u.ö.), der Vergleich des Knechtes aus Jes 53,7 mit einem Lamm, das zur Schlachtbank geführt wird, und der Bock, der die Sünden des Volkes am großen Versöhnungstag hinwegtrug (vgl. Lev 16,21f.), diskutiert; "aber nicht eine einzige dieser Stellen bietet eine völlig befriedigende Erklärung."[26] Es gibt gute Gründe für die Annahme, daß der Evangelist hier alle drei Überlieferungslinien auf Jesus bezieht und an hervorgehobener Stelle am Beginn des Evangeliums in Gestalt der Proklamation des Täufers zum Ausdruck bringt, daß er die unterschiedlichen Vorstellungen im Tod Jesu zum Ziel gekommen sieht. "Paradoxerweise offenbart sich die Macht der Liebe in der Ohnmacht des Kreuzes. Jesus erscheint in der Gestalt der Niedrigkeit und hat dennoch die Macht vom Vater, die Welt zu erlösen [...]. Als [grch.] *ho amnós tou theou* rettet Jesus durch seinen stellvertretenden Sühnetod am Kreuz den widergöttlichen Kosmos aus seiner Verfallenheit an die Sünde. Genau an der Stelle, wo der joh. Jesus zum ersten Mal in den Blick kommt, erscheint er als der Gekreuzigte. Bereits am Anfang ist damit das Ende präsent, die Hörer/Leser wissen, daß der Weg des präexistenten und inkarnierten Logos ans Kreuz führt."[27] So besingt das Agnus Dei Jesus Christus als das Lamm, das am Karfreitag geopfert wurde und dadurch die endzeitliche Heilsgemeinde von ihren Sünden befreit und erlöst hat (vgl. I Kor 5,7; Apg 8,32; I Petr 1,19).

---

25 Charles Kingsley Barrett, Das Evangelium nach Johannes, KEK.Sonderband, Göttingen 1990 [engl. Orig. 1978], 201.
26 Ebd.
27 Udo Schnelle, Das Evangelium nach Johannes, ThHK 4, Leipzig 1998, 50.

d. Die Abschwächung des Opferaspektes

Der Opfercharakter, der in der Proklamation Jesu als Lamm Gottes in Joh 1,29 von zentraler Bedeutung ist, wird im Blick auf das Agnus Dei aufgenommen und zugleich eschatologisch gewendet durch den intertextuellen Bezug auf Apk 5,6-14. Dort erscheint "ein Lamm wie geschlachtet" (grch. *arnion,* nicht *amnos*; V.6) vor dem Thron Gottes und empfängt aus der Hand Gottes als Symbol der Weltherrschaft eine Buchrolle und sodann die Huldigung des um den Thron versammelten himmlischen Hofstaates: "Das Lamm, das geschlachtet ist, ist würdig, zu nehmen Kraft und Reichtum und Weisheit und Stärke und Ehre und Preis und Lob" (V.12). Der hier anklingende nachösterlich-doxologische Ton ist weder im Bild der Prädikation aus Joh 1,29 noch im Wortlaut des Agnus Dei zu finden. Dennoch wird er als biblisch-theologischer Horizont in die Deutung des Agnus Dei bisweilen miteinbezogen: "Im Bilde des Lammes vereinen sich damit die Demut und die gehorsame Ergebung mit der Sieghaftigkeit und Stärke. Im Bilde des Lammes schauen wir auf den Gekreuzigten [sic!] und auferstandenen Herrn. Und als dieser Gekreuzigte und Auferstandene wird Christus als Lamm Gottes im Abendmahl in, mit und unter dem Brot und Wein gegenwärtig. [...] Unter dem Agnus Dei nehmen wir teil am Hochzeitsmahl Christi mit seiner Gemeinde. Das Agnus Dei ist das Hochzeitslied, das das Königsmahl des Lammes begleitet."[28]
Mit dieser Deutung geht eine Akzentverschiebung einher, die den ursprünglichen Sachgehalt des Bildes vom Opferlamm in all seinen Konkretionen - Schlachtung, Blut, Angst, Schmerzen, Gewalt, Geschrei usw. - deutlich abschwächt. Diese Tendenz zur Abschwächung und Ästhetisierung des Opferaspektes bei der Rede von Jesus als dem Lamm Gottes ist in der Motivgeschichte ein verbreitetes Phänomen.

In den Kirchenliedern wird aus dem "Lamm Gottes" - dem Schlachttier (vgl. Act 8,32ff.; Apg 5,13; Jes 53,7) - zunächst das "unbefleckte[] Lamm" (Adam Thebesius 1652, EG 87,2), dann das Lämmchen; das Lämmchen schließlich wird verinnerlicht zum "große[n] Freund / und Heiland meiner Seelen" (Paul Gerhardt 1647, EG 83,2), zum Seelenbräutigam des Glaubenden[29].

In der christlichen Ikonographie findet sich das Lamm als Symbol für Christus zwar auch als ergeben daliegendes Opfertier, an den Beinen gebunden und seinen

28 Karl-Ferdinand Müller, Ordinarium Missae (s. Anm. 16), 44.

29 Vgl. Gottes Lamm, "mein Bräutigam" (Johann Franck 1653, EG 396,1; Johann Scheffler 1657, EG 400,2).

Kopf vom Betrachter abgewandt[30]; verbreiteter sind aber Darstellungen wie die des Matthias Grünewald (Mathis Gothart-Nithart, ca. 1480-1528) auf dem Isenheimer Altar: als freundlich und treu dreinschauendes Schäfchen, das ganz lebendig zu Füßen Johannes des Täufers steht, ja geradezu umherspringt und an dessen gewaltsames Ende nur das Kreuz, das es mit dem rechten Vorderlauf umfaßt, und das Blut, das aus seiner Brust in einen goldenen Kelch fließt, erinnern. Von dem Kampf, der Qual und den Schmerzen des Tieres beim Opfer ist in dieser Szene nichts zu spüren. Die Ikonographie des Lammes hat (wie die des 'Schmerzensmannes') ihre eigene Ästhetik, die das Leiden verklärt.

Auch in der Literatur begegnet das Agnus Dei im Diminuitiv, etwa bei William Blake (1757-1827), einem Dichter der englischen Romantik, der es in seinen *Songs of Innocence* (1789) als kleines Lämmchen mit weichem, flauschigem Fell und sanfter Stimme besingt:

Little lamb, who made thee?
Dost thou know who made thee?
Gave thee life & bid thee feed,
By the stream & o'er the mead;
Gave thee clothing of delight,
Softest clothing, wooly, bright;
Gave thee such a tender voice,
Making all the vales rejoice?
Little lamb, who made thee?
Dost thou know who made thee?

Little lamb, I'll tell thee,
Little lamb, I'll tell thee:
He is called by thy name,
For he calls himself a Lamb.
He is meek & he is mild,
He became a little child:
I a child & thou a lamb,
We are called by his name.
Little lamb, God bless thee.
Little lamb, God bless thee.[31]

Der Komponist John Rutter (*1945) hat diesen Text im Jahr 2003 - d.h. im selben Jahr, in dem auch das Agnus Dei der *Missa hebraica* entstanden ist - in das Agnus Dei seiner *Mass of the Children* aufgenommen und mit der Anrufung "Ag-

---

30 Z.B. Francisco de Zurbarán (1598-1640), *The Bound Lamb (Agnus Dei)*, ca. 1635-1640, abgebildet in: Gabriele Finaldi (Hg,), The Image of Christ, London 2000, 37.

31 William Blake, Poems and Prophecies, hg. v. Max Plowman, London u.a. 1927, ND 1975, 9.

nus Dei, qui tollis peccata mundi, miserere nobis" zu Beginn und einem wiederholten "Miserere nobis" am Ende gerahmt[32].
Diese eher zufällig gewählten Beispiele ließen sich vermehren; sie belegen schlaglichtartig, wie verbreitet sich eine Tendenz zur Abmilderung des Opferaspektes beobachten läßt, wo es um Christus als Lamm Gottes geht. Ästhetisierung, Stilisierung und Diminuitiv, die Betonung des Unschuldsmotivs und die Verinnerlichung des Lammes zum Seelenbräutigam haben vor allem *eine* Wirkung (und *einen* Zweck): sie entemotionalisieren, reduzieren oder verschweigen die Gewaltdimension, die mit der Prädikation Christi als (Opfer)Lamm verbunden ist, und machen das Bild auf diese Weise erträglich.
Ungeachtet der Aufmerksamkeit, die dem Thema Opfer in den Geisteswissenschaften und in der Theologie in jüngster Zeit geschenkt wird[33], erschweren die konkreten Implikationen des Opferaktes wie Leiden und Schmerzen, Blut und Gewalt in ihrer Anschauung eine positive Sicht des Opfergedankens. Das gilt insbesondere für alle Zugänge, die eine persönliche oder existentielle Haltung ermöglichen oder fordern - etwa das Singen von Kirchenliedern, das Hören von geistlicher Musik oder die Betrachtung von christlicher Kunst[34]. Die Deutung des Todes Jesu als (Sühn)Opfer, wie sie im Bild von Christus als Lamm Gottes Gestalt gewinnt, stößt bei kirchlich gebundenen wie bei von der Kirche distanzierten Menschen gleichermaßen auf Irritationen und Widerstände.

3. Das Agnus Dei der *Missa hebraica*

"Biblische Sachverhalte, die uns fremd anmuten, bewältigen wir nicht, indem wir sie unseren alltäglichen Denkgewohnheiten angleichen und so vermeintlich 'übersetzen'; verständlicher werden sie uns, indem wir das Unerhörte, das Staunens-

---

[32] Die Komposition trägt den Charakter des für Rutter typischen Mischstils aus klassischen und populären Elementen. Die Tonsprache des Stückes spielt mit dem Kontrast zwischen dem in seiner Melodik von Anleihen an die Gregorianik bestimmten 'strengen' Rahmen, der von Erwachsenenstimmen gesungen wird, und der eher bukolischen Harmonik und Instrumentierung des Gedichts, das einem Kinderchor und Frauenstimmen übertragen ist.

[33] Vgl. Ruben Zimmermann, Die neutestamentliche Deutung des Todes Jesu als Opfer. Zur christlichen Koinzidenz von Opfertheologie und Opferkritik, KuD 51 (2005) 72-99, mit dem Hinweis auf die jüngste Literatur (72, Anm 2).

[34] Vgl. den Erfahrungsbericht von Ernst-Dietrich Egerer, Leiden in Dur und Moll. Nach einer "Tagung für Menschen, denen es schwerfällt, Passionslieder zu singen", PTh 82 (1993), 61-67: "Die alten Bilder und Deutungsmodelle wie Opfer, Sühne, Versöhnung scheinen nicht mehr zu sprechen, und neue sind noch nicht in Sicht" (a.a.O., 61). Vgl. ferner die erregte Diskussion um Mel Gibson's Kinofilm "The Passion Of The Christ", der in der Passionszeit 2004 in die deutschen Kinos kam.

werte entdecken und artikulieren."[35] Vor dem Hintergrund der verbreiteten Tendenz zur Abschwächung oder Verdrängung des Opfergedankens artikuliert das Agnus Dei der *Missa hebraica* das Unerhörte, indem es die Hörer mit dem Bild des geschlachteten Lammes in seinem ursprünglichen Gehalt konfrontiert.

a. Text

Dieser Konfrontation dient bereits die Auswahl und Komposition der Texte. Mit den ersten beiden Schriftzitaten sind Ausschnitte aus zwei Schilderungen von Opferhandlungen gewählt: eine Notiz über das Sündopfer anläßlich der Wiederherstellung des Jerusalemer Tempelkultes unter Hiskia aus II Chr 29 und ein Satz aus dem Bericht über das Opfer des Mose beim Bundesschluß am Berg Sinai in Ex 24. Im ersten Text wird das Opfer explizit genannt (*ḥṭ'* 'entsündigen, als Sündopfer darbringen'); vor allem aber beschreibt der Wortlaut beider Stellen Details der jeweiligen Opferhandlung: das Schlachten (*šḥṭ*) der Opfertiere, ihr Blut (*dām,* 3 Mal), den Altar (*mizbeaḥ*), die Darbringung des Blutes bzw. den Besprengungsritus (*zrq*). Außerdem benennt er das handelnde Personal (die Priester, II Chr 29 bzw. Mose, Ex 24), weitere Anwesende (das Volk), sowie den Zweck des Opfers (*kpr* 'Sühne erwirken'). Bei dem dritten Schriftzitat, einem Vers aus dem vierten sog. 'Gottesknechtslied' in Jes (52-)53, handelt es sich zwar um keinen kultischen Opfer-Text, doch läßt sich das stellvertretende Eintreten des Knechtes (*'æbæd*) für sein Volk im Sinne eines (freiwilligen) Opfers verstehen; zudem erinnern die zugehörigen Verben, *hll* 'durchbohren' und *dk'* 'zerbrechen', an Gewaltopfer.

Insbesondere der dritte Text (Jes 53,5*) wird in der neutestamentlichen Überlieferung explizit auf den Tod Jesu bezogen[36]; aber auch die Wendung 'Blut des Bundes' (*dam-habbᵉrît*) aus Ex 24,8 ist nicht ohne Anklänge an die christliche (Herrenmahls-)Überlieferung[37]. Wenngleich die alttestamentlichen Texte *eo ipso* nicht unmittelbar auf Christus verweisen, wird doch durch die Komposition ebendieser Schriftzitate der alttestamentliche Hintergrund der Deutung des Todes Jesu

---

35 Gottfried Voigt, Agnus Dei und Austeilung, in: Der Gottesdienst. Grundlagen und Predigthilfen zu den liturgischen Stücken, hg. v. Hans-Christoph Schmidt-Lauber und Manfred Seitz, Stuttgart 1992, 223-233: 231.

36 Vgl. die Anspielungen auf Jes 53,5 in Röm 4,25; 5,1 sowie das Zitat in I Petr 2,24; ferner auf Jes 53,6f.8f. in I Kor 15,3; sowie zahlreiche weitere Anspielungen und Zitate auf Jes 53, bes. V.7 und 12 (V.7f. zit. in Act 8,32f.).

37 Vgl. Mk 14,24; Mt 26,28. Das Deutewort über dem Becher nimmt diese Wendung auf, wenn Jesus sagt: "Das ist mein Blut des Bundes [...] (*to haima mou tes diathekes*)". Anders in I Kor 11,25; Lk 22,20: "Dieser Kelch ist der *neue* Bund in meinem Blut".

als Opfer für die Sünden der Welt, wie sie im Neuen Testament mindestens anklingt[38], offengelegt. Von daher eröffnet sich ein neues Verständnis für die Bedeutung des Agnus Dei im Kontext der Messe, und das gerade im Blick auf denjenigen Aspekt, der vielen Menschen in besonderer Weise anstößig ist.
Den entscheidenden Impuls für die christologische Deutung der alttestamentlichen Texte erhalten die Hörer durch das zweite Zitat aus Ingeborg Bachmanns Gedicht *Die Häfen waren geöffnet*. Mitten hinein in die beiden Sätze über den *ʿæbæd* aus Jes 53,5*, zwischen 'durchbohrt', 'zerschlagen' und 'Züchtigung' fallen die Worte "Ein Kreuz im Blut"[39]. Damit ist der Bezug auf das Kreuzesgeschehen explizit - und für deutschsprachige Hörer in der eigenen Sprache wahrnehmbar - zum Ausdruck gebracht.
Das erste, in der Abfolge der Texte voranstehende Zitat aus demselben Werk Bachmanns knüpft an Bilder aus dem Sanctus der *Missa hebraica* an. Dort wird mit Texten aus Jes 6 und den Duineser Elegien von Rainer Maria Rilke die Unfaßbarkeit und Unverfügbarkeit des Heiligen thematisiert[40]. Für den ganz und gar unheiligen Menschen ist Gott in seiner Heiligkeit rein, unberührbar, fremd und unnahbar. Die Trennung zwischen dem Heiligen und dem Unheiligen kann nur überwunden werden, indem das Heilige die Unreinheit ausbrennt. Darum fliegt ein Seraph vom Thron Gottes herab und berührt den Menschen mit einem glühenden Stein am Mund (vgl. Jes 6,6). Doch auch der auf solch schmerzhafte Weise gereinigte Mensch ist in seinem Wahrnehmungsvermögen durch die Helligkeit und Reinheit des Heilige überfordert. Für ihn gilt: "Ein jeder Engel ist schrecklich" (Rilke)[41]. Es sind diese Engel aus dem Sanctus, an die Ingeborg Bachmanns Worte anknüpfen:

---

[38] Einschlägige Stellen lassen sich in I Kor 5,7; Joh 19,36; I Petr 1,19 (Jesus als Opferlamm); Röm 8,3; II Kor 5,21 (Sündopfer); Röm 3, 23-26 (Sühnopfer) u.ö., insbesondere im Hebr (2,17; 5,3; 7,27; 9,1-10,18) finden. Allerdings ist dabei immer der Zusammenhang zwischen Opfertheologie und Opferkritik zu beachten (das einmalige Opfer Jesu überbietet bzw. vollendet dem Verständnis der ntl. Verfasser zufolge alle bisherige Opferpraxis); vgl. z.B. Gerhard Friedrich, Die Verkündigung des Todes Jesu im Neuen Testament, BThSt 6, Neukirchen-Vluyn 1982; Ruben Zimmermann, a.a.O. (s. Anm. 33).

[39] Ingeborg Bachmann, *Die Häfen waren geöffnet*, in: Sämtliche Gedichte, München / Zürich 2002, 31 (Text nach Typoskript aus dem Nachlaß, ohne Titel. Einzige Veröffentlichung: Hörfunk-Aufnahme des NWDR Hannover vom 4. Juni 1952, ohne Titel).

[40] Zum Folgenden vgl. die Einleitung zum Sanctus in der Partitur der *Missa hebraica*, Kassel 2005, 65.

[41] Rainer Maria Rilke, *Duineser Elegien [Die erste Elegie]*, in: Werke in drei Bänden, Bd.1: Gedicht-Zyklen, Frankfurt a.M. 1991, 441.

"... Engel traten hervor,
hefteten schwärzere Augen in unsere schwarzen.
Vernichtet standen wir da. Unser Wappen flog auf:"[42]

Auch im Agnus Dei "stehen sich, wie im Sanctus, Gottes Heiligkeit und die Unreinheit des Menschen gegenüber. Auch hier erfordert die Heiligkeit Gottes die Befreiung des Menschen von seiner Sünde, die Reinigung."[43] Aber im Unterschied zum Sanctus geschieht die Reinigung nun nicht mittels eines Glühsteins, der den gereinigten Menschen mit Verbrennungen zurückläßt. Ingeborg Bachmanns Sprachbild vom Menschen in seiner Unreinheit ist hier verwoben mit dem Bild Moses aus Ex 24,8*, der das Volk mit Opferblut besprengt. "Das Blut [reinigt] den Menschen, das ganze Volk dauerhaft und ermöglicht ihm, die Nähe des Heiligen nicht nur 'gerade noch zu ertragen' (Rilke), sondern in ihr zu gesunden, Frieden zu finden."[44] 'Die Züchtigung / unseres Heilseins / auf ihn' (Jes 53,5). So wandelt sich der unberührbare Heilige aus dem Sanctus im Agnus Dei "zu einem unendlich ohnmächtigen und nahekommenden Gegenüber [...], das aber gerade in dieser Ohnmacht, im vergossenen Blut große Wirksamkeit entfaltet."[45]

b. Klanggestalt[46]

Die Klanggestalt, die Hans Darmstadt dem Agnus Dei aufgrund dieser Texte gegeben hat, verkörpert nicht nur deren Aussagegehalt, sondern läßt zugleich die Lautwelt der hebräischen Sprache in besonderer Weise lebendig werden. Die Komposition ist geschaffen für Baritonsolo und Vokalensemble a capella. Männer- und Frauenstimmen stehen zunächst getrennt, zwischen ihnen der Solist.
Die Männerstimmen (TT.BB) setzen ein mit scharfen fortissimo-Impulsen, *wayyišḥāṭûm* 'und sie schlachteten sie', die sofort gegen zarte, dichte pianissimo-Klänge - langgezogene u-Laute - gestellt werden, einmal, zweimal, dreimal. Der Solist erweitert den Klang (*hakohᵃnîm* 'die Priester') und trägt ihn für einen Moment allein. Dann setzen erneut die Männerstimmen ein, wieder wechselnd zwischen schroffem Fortissimo und dichten, klingenden u-Lauten im Piano: *wayᵉḥaṭ-*

---

42 Ingeborg Bachmann, ebd. (s. Anm. 39).

43 Corinna Dahlgrün, Zum Text der Missa hebraica, Manuskript, 9.

44 Ebd.

45 Corinna Dahlgrün, Kommentare, in: Programmheft zur Uraufführung der Missa hebraica, Kassel 2005 (nicht paginiert).

46 Der Versuch einer Versprachlichung der Klanggestalt eines musikalischen Werkes kann dem Werk selbst in keiner Weise gerecht werden. Wenn ein solcher Versuch hier dennoch unternommen wird, dann nur deshalb, weil er möglicherweise der bewußteren Wahrnehmung einzelner Details dienen und somit eine Hörhilfe bieten kann.

ṭ^eʾû 'und sie bringen als Sündopfer dar'. Wieder stimmt der Solist ein und trägt die Handlung (*ʾaet-dāmām hammizbeḥāh* 'ihr Blut zu dem Altar'), bis sich der Wechsel aus Impulsen und Klängen zur siebentönigen Akklamation steigert: *l^e-ḵapper ʿal-kål-yiśrāʾel* 'um Sühne zu erwirken für das ganze Israel' - Fermate.
Im zweiten Teil entfaltet ein sechsstimmiger Frauenchor (SSS.AAA) in immer neuen Auffächerungen (teils atonal, für einzelne Augenblicke auch in spannungsreichen Harmonien) die ersten vier Zeilen des Gedichtes von Ingeborg Bachmann, gegen die der Bariton in taktfreien, expressiven Einschüben (zwischen gravitätisch, cantabile und rezitierend wechselnd) die Schilderung vom Bundesopfer des Mose hält. Die Sequenz kulminiert in dem "zwischen Sprechen und Flüstern, trocken"[47] von den Frauenstimmen beinahe skandierten "vernichtet standen wir da", das der Solist mit der gleich anlautenden Silbe *dam-habb^erît* 'Blut des Bundes' aufnimmt. Und während er im Pianissimo einen a-Laut intoniert, vollenden die Frauen die Entlarvung der menschlichen Unreinheit mit einem aufgeschreckt-erstaunten, nach oben gezogenen "unser Wappen flog auf".
Vom Ton *es'*, der wesentlich den Schlußteil [C] des Kyrie bestimmt, ausgehend, entsteht im dritten Teil eine (in Anlehnung an den Anfang und Schluß des Sanctus) rhythmisch differenzierte Auffächerung zum Zwölftonklang, in der die ersten beiden Halbverse von Jes 53,5a ausgestaltet werden. Das nun vereinte Ensemble (SSS.AAA.TTT.BBB) variiert mehrfach Dynamik und Klangfarbe, setzt nach einer Generalpause *quasi battuto* mit dem zweiten Halbvers ein, das *m^edukkāʾ* 'zerschlagen' vielfach wiederholend, um in eine "erstarrende Geste"[48] zu münden, die mitten im Wort (*m^edukkāʾ* 'zerschlagen' oder *meʿawonotênû* 'wegen unserer Sünden') "unvermittelt aufhör[t]."[49]
Der Solist eröffnet den Schlußteil, indem er im Piano, "sehr ruhig / wie eine Ikone"[50] den christologischen Kernsatz des Agnus Dei artikuliert: "Ein Kreuz im Blut". Die im selben Ton verschmolzenen Laute 'm' und 'u' aufnehmend, übernimmt die Baßstimme des Ensembles: *mûsar š^elômenû* 'die Züchtigung unseres Heilseins', und beschließt das Zitat aus Jes 53,5b (*ʿālâw* 'auf ihn') in warmem Piano mit einem Klangzitat aus dem Gloria, in dessen Verklingen hinein (und anderthalb Takte darüber hinaus in die Stille) der Solist mit natürlicher, schlichter

47 Anweisung zu Takt 55 in der Partitur.
48 Hans Darmstadt, Kommentare, in: Programmheft (s. Anm. 45).
49 Anweisung zu Takt 82/83 in der Partitur.
50 Anweisung zu Takt 84 in der Partitur.

Stimme die letzten Worte des Bachmann-Zitates spricht: "Und" ... "ein größeres Schiff" ... ... "überm" *[Stille]* .. .. "Her-zen".
Wie jede Musik wirkt auch das Agnus Dei der *Missa hebraica* auf die Hörenden unmittelbar und durch sich selbst. Die hier gemachten, z.T. sehr speziellen Beobachtungen erschließen sich freilich nicht beim ersten (und auch noch nicht beim zweiten) Hören. Denn "das noch nicht Gehörte ist schwerer zu begreifen als das Vertraute" (Wolfgang Rihm). Die intensivere Erschließung in einem Unterrichtskontext bietet sich also bereits aus der Sache heraus an.

4. Unterricht

Der Religionsunterricht (RU) in Schule und Gemeinde knüpft heute - wie die Theologie überhaupt - gern und vielfach an Elemente der Popularkultur an, insbesondere an die Popularmusik. Ausgehend von den Schülern Bekanntem wird versucht, die religiöse Dimension von Songtexten zu erheben und als Deutehorizont für religiöse Phänomene und theologische Themen zu nutzen[51]. Traditionelle (Kirchen)Musik spielt demgegenüber im RU eine weitaus geringere Rolle[52], Neue Musik mutmaßlich gar keine.
Die Gründe dafür liegen auf der Hand. Neue (Kirchen)Musik wird als unverständlich und zu kompliziert empfunden und als elitär eingeschätzt (s.o.), so daß sich die Vermutung nahe legt, sie überfordere die Schüler. Im durchschnittlichen lebensweltlichen Kontext begegnet sie nur in den Spätprogrammen der öffentlich-rechtlichen Rundfunksender, im Angebot einzelner Konzertveranstalter (wenn nicht gar nur im Kontext bestimmter Festivals) und auf Tonträgern. In die Aus-

---

51 Aus der umfangreichen Literatur zum Thema seien exemplarisch genannt: Klaus Depta, Holy Fire. Christliche Rock- und Popmusik in Religionsunterricht, Jugend- und Gemeindearbeit. Mit CD, Limburg 1999; Stephan Dorgerloh / Markus Hentschel, Knockin' on Heaven's Door. Mit Jugendlichen die Religion ihrer Lebenswelt entdecken, Gütersloh ^{2}1998; Matthias Everding, Land unter!? Populäre Musik im Religionsunterricht, Internationale Hochschulschriften 324, Münster 2000; Uwe Böhm / Gerd Buschmann, Popularmusik - Religion - Unterricht. Modelle und Materialien zur Didaktik von Popularkultur, Münster 2000; Andreas Obenauer, Too much Heaven? Religiöse Popsongs - jugendliche Zugangsweisen - Chancen für den Religionsunterricht, Münster 2002; für Aufsätze und Unterrichtsmodelle vgl. die Literaturverzeichnisse der genannten Arbeiten.

52 Vgl. Johannes Goldenstein, Resonanzräume des Heiligen. Religion in Klanggestalt, in: Schauplatz Religion. Leib und Raum im religionspädaogischen Diskurs, hg. v. Thomas Klie und Silke Leonhard, Leipzig 2003, 283-307 (Lit!), sowie die äußerst instruktiven Impulse von Klaus König, Hindurch-Hören. Absolute Musik im Religionsunterricht, Informationen für Religionslehrerinnen und Religionslehrer des Bistums Limburg 19 (1990) H. 2/3, 20-22; ders, Religiöses Lernen mit absoluter Musik, RPäB 30 (1992) 45-57; ders., Religiöses Lernen durch Musikhören. Absolute Musik im Religionsunterricht, KatBl 121 (1996) 306-310.

bildungsstrukturen von künftigen Lehrenden ist sie bislang kaum oder gar nicht einbezogen; vielfach haben die Lehrenden selbst keinen Zugang zu ihr.
Der RU verzichtet mit der Neuen (Kirchen)Musik aber nicht nur auf die Wahrnehmung eines Segments zeitgenössischer Kultur. Er verzichtet auch auf eine Reihe nicht inhaltsspezifischer Impulse für die persönlichkeitsbezogenen Lernprozesse der Schüler, die wiederum den religiösen Lernprozessen zugute kämen, denn:

- Neue Kirchenmusik "intendiert Verbindlichkeit [...]. Sie stellt [...] die Frage nach Wahrheit und ist mutig im Aufdecken von Unwahrhaftigkeiten."[53]
- Neue Kirchenmusik hilft, die "bekannte tonale Sprache[, die] durch die Kitschproduktion der Musikindustrie ausgehöhlt und unglaubwürdig gemacht wurde", zu entlarven[54].
- Neue Musik "hilft [...] die alten Werke neu zu hören," indem sie "das *gegenwärtige* In-der-Welt-Sein" zeichnet[55].
- "Neue Musik fordert von ihren Hörerinnen und Hörern [- ungeachtet ihres Alters -] eine Stellungnahme."[56]

Der Einsatz von Neuer Musik im Unterricht dient also keineswegs der Förderung einer elitären Spezialkultur, sondern nutzt ein neues Medium, das die Rezipienten zur existentiellen Auseinandersetzung mit ihrer Lebenswirklichkeit herausfordert.
Wo Neue Musik im RU eingesetzt wird, wird es mit dem Primärziel geschehen (müssen), "an die vielschichtigen musikalischen Sprachformen neuer Musik und ihren unvertrauten Umgang mit Texten, Tönen, instrumentellen Möglichkeiten und menschlichen Stimmen langsam heran[zu]führen und die Eingewöhnung [zu] erleichtern."[57] Doch im Gespräch und der Annäherung an die Form wird es unweigerlich und unmittelbar zur Auseinandersetzung mit dem Inhalt kommen; beide sind auch hier nicht voneinander zu trennen.
Was für andere Unterrichtsmethoden und -medien gilt, gilt auch für die Neue Musik: Nur wer selbst einen Zugang zu ihr gefunden hat, wird vermitteln können, worum es geht. Dabei kann es für die Lehrenden hilfreich sein, sich die eigenen Widerstände und Annäherungsprozesse bewußt zu machen, um daraus für die Vermittlungssituation zu lernen.

---

[53] Corinna Dahlgrün, "mit schweigen predigen - und in musik aufbrausende stille". Impulse neuer Kirchenmusik, Manuskript, 10.
[54] Corinna Dahlgrün, a.a.O. (s. Anm. 53), 11.
[55] Ebd.
[56] Ebd.
[57] Corinna Dahlgrün, a.a.O. (s. Anm. 53), 10.

Für die Erstbegegnung mit Neuer Musik eignet sich die Unterrichtssituation besser als ein Konzert; sie ermöglicht das wiederholte, analytische Hören - freilich mit dem Nachteil, daß die Musik nur als künstlich reproduzierte erlebbar ist[58].
Was nun konkret die *Missa hebraica* betrifft, so sprengt die Aufführungsdauer des Gesamtwerks von ca. 70 min. den Rahmen jeder Unterrichtsstunde. Darum empfiehlt sich die Beschränkung auf einen einzelnen Satz (möglicherweise sogar nur einen Ausschnitt daraus) - auch wenn, streng genommen, jeder Teil nur im Kontext der gesamten Missa zu verstehen ist[59].
Die Verwendung des Agnus Dei bietet sich an im Kontext von Unterrichtseinheiten zur Passion bzw. zum Tod Jesu oder zum Thema Opfer und Gewalt. In diesem Zusammenhang wird das Agnus Dei weniger das Zentrum einer ganzen Unterrichtsstunde sein, sondern eher ein Impuls zur Annäherung an das Thema oder zu seiner Vertiefung. Denkbar ist etwa eine Übung zum assoziativen Hören, bei dem das Hören in ein kreatives Geschehen der Schüler mündet ("Ihr hört jetzt sieben Min. lang ein Stück Musik. Hört und schreibt währenddessen auf, woran ihr denkt." Oder: "Malt, was ihr hört."). Auch als Kommentar zu einem Bild oder einer stummen Filmsequenz läßt die Musik sich einsetzen.
Auf ein vertieftes, analytisches Hören werden sich - je nach Hörerfahrung und Ausdrucksvermögen - vermutlich erst Schüler ab der 9. oder 10. Klasse einlassen. Das Agnus Dei kann dann in seiner Klanggestalt und mit allen das Verständnis fördernden Texten und Hilfen im Zentrum einer ganzen Unterrichtsstunde stehen. Je nach lokaler Infrastruktur ist auch eine Kooperation mit dem Musik- und Deutschunterricht (Ingeborg Bachmann) erwägenswert.
In der Oberstufe könnte stärker der Horizont der gegenwärtigen theologischen Diskussion in den Blick kommen, z.B. die Debatte um das Opfer und die Zumutbarkeit der Kreuzestheologie[60], oder die *Missa hebraica* könnte als ein Beispiel für den zeitgenössischen Dialog zwischen Musik und Theologie thematisiert werden.

---

58 Das betrifft, solange kein entsprechendes technisches System zur Verfügung steht, auch spezifische Details der Inszenierung wie etwa die Wahrnehmung der Musiker im Raum - z.B. wenn das Ensemble während des Stückes den Standort oder die Aufstellung wechselt.

59 Vgl. allein die o.g. textlichen und musikalischen Querverweise vom Agnus Dei ins Sanctus und ins Kyrie. – Als methodischer Hinweis sei an dieser Stelle angemerkt: Erfahrungsgemäß können Rezipienten (je nach Alter, Hörerfahrung und Konzentrationsfähigkeit) schon die Dauer von nur 5 oder 7 min. als sehr lang empfinden. Es erleichtert es den Hörenden, sich auf das Stück einzulassen, wenn sie vor Beginn erfahren, wie lange es dauert.

60 Vgl. dazu Ruben Zimmermann, a.a.O. (s. Anm. 33); und die Beiträge in Rudolf Weth (Hg.): Das Kreuz Jesu: Gewalt – Opfer – Sühne, Neukirchen-Vluyn 2001.

Wo das Agnus Dei der *Missa hebraica* nicht nur zur Annäherung oder Vertiefung an Themen wie 'Opfer', 'Passion', 'Deutungen des Todes Jesu' o.ä. eingesetzt wird, sondern wo es um seinen Sitz im Leben im christlichen Gottesdienst (oder zumindest im Kontext der Messe) geht, stellt sich eine zentrale didaktische Herausforderung: Die *Missa hebraica* verwendet "das Ordinarium der abendländischen Messe gleichsam als Folie, setzt dieses voraus, ohne es zu zitieren."[61] Darum kann die Beschäftigung mit der Missa oder einzelner ihrer Teile nicht bei der Auseinandersetzung mit ihr in ihrer doppelt verfremdeten Form stehenbleiben. Die traditionelle Gestalt der Messe sollte mehr sein als nur hermeneutischer Horizont. Ziel muß es sein, auf den lateinischen Text und die alten Werke wieder hinzuführen - etwa durch vergleichendes Hören verschiedener Agnus-Dei-Vertonungen[62].

Neben dem schulischen RU sei wenigstens abschließend noch auf die Möglichkeiten aufmerksam gemacht, die die Beschäftigung mit Neuer Kirchenmusik im Konfirmandenunterricht und im Bereich der Gemeindepädagogik bietet. Anders als der Lernort Schule bieten viele Kirchenräume architektonische und vor allem ikonographische Anknüpfungsmöglichkeiten für eine nähere Beschäftigung mit dem Agnus Dei[63].

5. Schluß

Wir haben gesehen: Das Agnus Dei in seinen klassischen literarischen, hymnologischen, ikonographischen und musikalischen Manifestationen repräsentiert ein vielfältig gebanntes und reduziertes Grauen, das die Gewaltsamkeit des Todes, die sich hinter der Schlachtung und dem Opfer verbirgt, allenfalls noch ahnen läßt. Seit dem späten Mittelalter hat sich sukzessive eine eigene Ästhetik des Leidens und Sterbens Jesu entwickelt, welche die dahinter stehende Wirklichkeit verdeckt - und selbst in dieser Gestalt noch vielen Menschen unerträglich ist. Dieser abgemilderten Ästhetik entsprechen aus heutiger Sicht auch viele Vertonungen des Agnus Dei in der abendländischen Kirchenmusik.

---

61 Hans Darmstadt, Kommentare [zum Kyrie], in: Programmheft zur Uraufführung (nicht paginiert).

62 Auch oder gerade auf die Gefahr hin, daß diese dem Vergleich nicht immer standhalten.

63 Wer z.B. während des Abendmahls in der Lüneburger St. Johanniskirche seinen Blick umherschweifen läßt, entdeckt oben, im Fluchtpunkt der Apsis, wo die Kreuzrippen des gotischen Gewölbes zusammenlaufen, als Schlußstein das Bild eines Lammes, umrankt von den Trauben des Weinstocks. Die Gemeinde feiert dort Abendmahl unter dem Bild des geschlachteten Lammes, das sie zuvor mit dem "Christe, du Lamm Gottes" angerufen hat.

Demgegenüber 'entästhetisiert' das Agnus Dei der *Missa hebraica* gleichsam das Leiden Jesu und macht in seiner Text- wie seiner Klanggestalt die Blutigkeit und Grausamkeit seines Opfertodes neu bewußt. Indem es das tut, verkündigt es, "dass sich der lebendige Gott nicht zu schade ist, sich in diese menschliche Gewaltgeschichte, in der unablässig Menschen zu Opfern werden, einzumischen, dass er sich nicht scheut, sich mit dem vergossenen Blut der Menschen zu beschmutzen, dass er sich der Zweideutigkeit und Zwiespältigkeit solcher Verwicklungen aussetzt, dass er sich seiner Gottheit so 'entäußert', dass sie missdeutet und verkannt werden kann."[64]
Die unterrichtliche Verwendung des Agnus Dei ist eine Herausforderung. Wo sie gelingt, eröffnet sie eine gewaltige Chance: das Sich-Hineinhören in die Wirklichkeit des Leidens und Sterbens Jesu - und damit ein tieferes Verständnis der Wirklichkeit meines eigenen Lebens.

---

64 Rainer Stuhlmann, Blutleere in Predigt und Mahl? Ein Zwischenruf, in: Das Kreuz Jesu. Gewalt - Opfer - Sühne, hg. v. Rudolf Weth, Neukirchen-Vluyn 2001, 170-175: 171f.

Peter Zacher

Staunen. Erkenntnis und Zweifel Uraufführung der vollständigen "Missa hebraica" von Hans Darmstadt[1]

Es war in mancher Hinsicht ein bemerkenswertes Konzert, bei dem am Sonnabend in der Dreikönigskirche Hans Darmstadts "Missa hebraica" zum ersten Mal vollständig aufgeführt wurde. Die sechs Einzelteile, streng nach dem Ordinarium missae gegliedert und zwischen 1994 und 2004 entstanden, hatten ihre Uraufführungen bereits früher erfahren. Dresden kam jedoch in den Genuss der ersten kompletten Wiedergabe, sicher auch deshalb, weil Haus der Kirche und Hochschule für Kirchenmusik dabei zusammengearbeitet haben. Drei weitere Aufführungen in Kassel, Berlin und Lübeck folgen fast unmittelbar.

Bei neuen Werken befinden sich die Hörer oft genug in einem inneren Widerstreit, weil nicht alle Eindrücke auf einen gemeinsamen Nenner gebracht werden können. Darmstadts Komposition macht da keine Ausnahme.

Nach wenigen Takten beginnt aber erst einmal das große Staunen über die schier unglaubliche Leistung des Vocalensembles Kassel. Es gibt faktisch keinen vokalen Bereich, den Darmstadt in seiner Messe nicht bis an die Grenzen des Möglichen ausgeschöpft hätte. Einsatztöne können oft nicht aus dem Umfeld abgeleitet werden, so dass die Sänger mit Stimmgabeln arbeiten müssen. Die zwei Dutzend Choristen werden auf bis zu zwölf Stimmen aufgegliedert und müssen deshalb die Sicherheit von Solisten haben. Die üblichen Tonstufen werden oft durch Vierteltöne ergänzt. Cluster sind nicht beliebig, sondern genau festgelegt. Frei hingegen sind Elemente, die von den Sängern individuell in ihrer Rhythmik und oft auch in der Höhe der Sing- oder Sprechstimme gestaltet werden können, was genaues Hören auf die anderen bedingt. Singen, Sprechen, Artikulieren von einzelnen Vokalen mit vorgeschriebener Färbung und von ähnlich genau vorgegebenen Konsonanten, explosive und laryngale, wechseln einander ab. Ein Beispiel für Darmstadts Genauigkeit: "Die Lautbildung gerät ganz nach hinten. Alle Laute werden dadurch deformiert ... und klingen schließlich verschluckt, erstickt, gewürgt." Überhaupt sind die verbalen Vorschriften oft umfangreicher als die Passage, auf die sie sich beziehen. Jeder Einzelton trägt in sich einen großen Reichtum an Va-

[1] Kritik der Uraufführung in: Dresdener Neueste Nachrichten, 17. Oktober 2005.

riationen, und Darmstadt nutzt einen großen Teil davon. Auch die beiden Solisten, die Sopranistin Angelika Luz und der Bariton Ekkehard Abele, müssen einen ähnlichen Kanon an Schwierigkeiten bewältigen und taten das genau so überzeugend.

Bei all dem hat sich eine Erkenntnis verdichtet: Auch wenn ein Komponist alle avancierten Mittel zeitgenössischer Musik verwendet und dabei mit hoher Intelligenz vorgeht, muss das klingende Ergebnis nicht notwendigerweise nur kopflastig sein. Ich habe in den letzten Jahren keine neue Musik gehört, die in der Verwendung der Mittel der "Missa hebraica" vergleichbar ist und dabei ein so hohes Maß an Emotionalität bis hin zu unverhohlener Leidenschaftlichkeit aufweist. Die macht das Werk abwechslungsreich, so dass es auch den Hörern möglich ist, ihre eigene Spannung als Folge der spannungsvollen Wiedergabe aufrecht zu erhalten. Neue Musik muss sich also nicht auf kühle Distanz und intellektuelles Konstrukt beschränken.

Und dennoch bleiben Bedenken. So gut die Einführungen zu den einzelnen Teilen auch sind, so scheinbar schlicht ihre Sprache sein mag, die Gedankenfülle ist zu groß, kann bei einmaligem Hören nicht völlig erfasst werden. Es wäre gut, sie in das ausgezeichnete und detailreiche Programmheft mit aufzunehmen. Weit schwerer wiegt, dass der christologische Bezug der Messe in der "Verkleidung" der Prophezeiungen der hebräischen Bibel von gläubigen Juden kaum akzeptiert werden kann. Darmstadt und seiner Mitstreiterin Corinna Dahlgrün, die Textauswahl und theologische Konzeption besorgt hat, sind ehrliches Mühen und geistige Redlichkeit zu bescheinigen, wenn sie mit den hebräischen Texten auf die jüdischen Wurzeln des Christentums verweisen und damit eine Brücke bauen wollen. Mehr noch, jede Messe zielt auf die Communio, hier Eucharistiefeier, dort Abendmahl genannt. Im Vorwort ausdrücklich benannt werden Brot und Wein, nach christlichem Verständnis, also Leib und Blut Jesu. Damit aber, so ist zu befürchten, wird auch diese Brücke für die Judenheit unpassierbar.

Dokumentarischer Anhang

1. Der Text der *Missa hebraica*

KYRIE

für Vokalensemble a cappella (1998/99)

Hiob 30,28b (hebräisch) / Nelly Sachs

Auftragskomposition zum 50jährigen Jubiläum der Kirchenmusikschule/Hochschule für Kirchenmusik in Dresden. Christfried Brödel in Freundschaft zugeeignet

Hi 30,28b *Ich stehe auf in der Gemeinde und schreie.*	*qamtî* *ḇaqqāhāl* *ʾᵃšawweᵃʿ*	ich bin aufgestanden in der Gemeinde ich schreie

Niemand weiss, ob der Weltenraum blutet
mit blitzenden Stigmata
an seiner unsterblichen Not
und das Herz zu Tode drückt …
Aufgerissen ist die Zeit,
diese Wunde vor Gott!

Nelly Sachs, aus: Die Stunde zu Endor

GLORIA

für Soli (Sopran, Bariton) und Vokalensemble a cappella (1999)

Hebräische Texte aus dem Canticum Canticorum, aus dem Buch Hiob und den Psalmen, sowie Lyrik und Prosa von Rose Ausländer und Elie Wiesel

Auftragskomposition zum 50jährigen Jubiläum der Kirchenmusikschule/Hochschule für Kirchenmusik in Dresden. Christfried Brödel in Freundschaft zugeeignet

I Ensemble

Cant 1,4 *Wir freuen uns und sind fröhlich über dir; wir gedenken an deine Liebe mehr denn an den Wein.*	*nāgîlâ* *wᵉniśmᵉḥâ* *bāḵ* *nazkîrâ* *dodǣḵā* *miyyayin*	lasst uns jauchzen und lasst uns freuen in dir lasst uns preisen deine Liebe mehr als Wein
Hi 37,23 *Den Allmächtigen aber können wir nicht*	*šadday* *loʾ-mᵉṣāʾnuhû*	Schadaj nicht erreichen wir ihn

finden, der so groß ist von Kraft.	*śaggî'-ko^ah*	gross (in Hinblick auf Kraft)

Bariton-Solo *(Duett)*

der Hass eine schwarze Sonne
verdunkelt das Antlitz Gottes
Elie Wiesel, Osloer Erklärung gegen den Hass, in: Den Frieden feiern, 146

Sopran-Solo *(Duett)*

vergiss nicht
es gibt ja
das Licht!
Rose Ausländer, Sag nicht II, in: Hinter allen Wolken, 154

II Ensemble

Ps 84,2 *Wie lieblich sind deine Wohnungen, Herr Zebaoth!*	*mah-yy^edîdôt*	wie lieb
	mišk^enôtǣkā	deine Wohnungen
	'^adônāy ṣ^ebā'ôt	Herr Zebaoth
3a *Meine Seele verlangt und sehnt sich nach den Vorhöfen des Herrn;*	*nikṣ^epâ*	es hat sich gesehnt
	w^egam-kāltâ	und auch es schmachtet
	napšî	meine (ganze) Person
	l^eḥaṣrôt	im Blick auf die Vorhöfe
	'^adônāy	des Herrn

Solo-Duett und Ensemble-Bässe

Cant 7,11 *Mein Freund ist mein, und nach mir steht sein Verlangen.*	*'^anî*	ich
	l^edôdî	(gehöre) meinem Geliebten
	w^e'ālay	und auf mich hin
	t^ešûqātô	sein Trieb
Cant 1,15 *Siehe, meine Freundin, du bist schön; schön bist du.*	*hinnāk*	siehe du
	yāpâ	schön
	ra'yātî	meine Freundin
	hinnāk yāpâ	siehe du schön
Ps 84,3b *… mein Leib und Seele …*	*libbî*	mein Herz
	ûb^eśārî	und mein Fleisch

Ensemble und Soli

Ps 84,3c *… freuen sich in dem lebendigen Gott*	*y^erann^enû*	sie jubeln
	'æl 'el-ḥāy	zu dem lebendigen Gott

Ps 22,3 *Mein Gott, des Ta-*	*'^{æ}lohay*	mein Gott
ges rufe ich, so antwor-	*'æqrā' yômām*	ich rufe tags
test du nicht; und des	*w^{e}lo' ta'^{a}næh*	doch nicht du antwortest
Nachts schweige ich	*w^{e}laylâ*	und nachts
auch nicht.	*w^{e}lo'-dûmiyyâlî*	und nicht stillschweigen
4a *Aber du bist heilig.*		für mich
	w^{e}'attâ qādôš	du aber heilig

Um gegen seinen Willen etwas zu fordern
gibt es nur ein Mittel: Ihn loben
Elie Wiesel, Jom Kippur, Tag ohne Versöhnung, in: Gesang der Toten, 42

Das Losungswort
heisst
Liebe
Rose Ausländer, Rad / aus Wolkenerz, in: Ich spiele noch, 43

III Ensemble *(Sopran und Bass)*

Cant 3,8 *Sie halten alle*	*kulām*	sie alle
Schwerter ... um des	*'^{a}ḥuzê*	haltend
Schreckens willen in der	*ḥæræb̲*	ein Schwert
Nacht.	*mippaḥad*	wegen des Schreckens
	ballêlôt	in den Nächten

("motetus", Alt und Tenor)

Hi 25,2 *Ist nicht Herrschaft*	*hamšel*	(das) Herrschen
und Schrecken bei ihm,	*wāp̄aḥad 'immô*	und Schrecken bei ihm
der Frieden macht unter	*'ośæh šālôm*	machend Frieden
seinen Höchsten?	*bimrômâw*	in seinen Höhen

Ensemble *("dialogus")*

Cant 6,5 *Wende deine Au-*	*hāsebbî*	wende weg (du Frau)
gen von mir, denn sie	*'ênayik̲*	deine Augen
verwirren mich.	*minnægdî*	von vor mir
	[šæ]hem[1]	sie *(betont)*
	hirhîb̲unî	sie erschrecken mich

Ps 94,9b *Der das Auge ge-*	*'im-yoṣer 'ayin*	da bildend Auge
macht hat, sollte der	*h^{a}lo' yabbîṭ*	nicht sollte er wahr-
nicht sehen?		nehmen?

Ensemble *("aria")*

Cant 4,12 *Meine Schwester,*	*gan*	ein Garten
liebe Braut, du bist ein	*nā'ûl*	verschlossener

verschlossener Garten, eine verschlossene Quelle, ein versiegelter Born.	*ʾ^{a}ḥotî*	meine Schwester
	k̲allâ	Braut
	gal nāʿûl	eine Quelle verschlossen
	maʿyān	eine Quelle
	ḥātûm	versiegelt
Ps 36,10 *Denn bei dir ist die Quelle des Lebens.*	*kî-ʿimm^{e}k̲ā*	denn bei dir
	m^{e}qôr	Quelle
	ḥayyîm	(des) Lebens

Bariton-Solo

Jedes Wesen hat teil
an dem erneuerten Geheimnis
der Schöpfung
Elie Wiesel, Testament eines Juden aus Saragossa, in: Gesang der Toten, 70

IV Ensemble *(Sopran/Alt)*

Cant 8,10 *Da bin ich geworden vor seinen Augen, als die Frieden findet.*	*ʾāz hāyîtî*	dann war ich
	b̲^{eʿ}ênâw	in seinen Augen
	k^{e}môṣʾet	wie eine Gefundene
	šālôm	(des) Heils

Bariton-Solo

nimm
diese Wirklichkeit
Wunder
Rose Ausländer, Wunder II, in: Hinter allen Worten, 160

V Ensemble

Hi 19,25 *Ich weiss, dass mein Erlöser lebet.*	*waʾ^{a}nî*	und ich
	yādaʿtî	weiss:
27 *Denselben werde ich mir sehen, und meine Augen werden ihn schauen, und kein Fremder.*	*goʾ^{a}lî*	mein Erlöser
	ḥāy	lebt.
	ʾæḥæzǣ ʾ^{æ}lô^{a}h	Ich werde schauen Gott
	ʾæḥæzǣ-lî	ich werde schauen für mich
	w^{eʿ}ênay	und meine Augen
	rāʾû	sehen:
	w^{e}loʾ-zār	und nicht ein Fremder

Bariton-Solo

Friede ist Illusion.
Aber die Sehnsucht nach Frieden
ist keine Illusion
Elie Wiesel, Krieg und Frieden - Illusion und Realität,
in: Den Frieden feiern, 128

Sopran-Solo

Und Wiesen gibt es noch
und Bäume und
Sonnenuntergänge
und
Meer
und Sterne
und das Wort
und das Lied
und Menschen
und
Rose Ausländer, Und, in: Hinter allen Worten 187

CREDO
für Vokalensemble a cappella (1994, überarbeitet 2001)

Genesis 32,27 (hebräisch) / Ingeborg Bachmann

für das Vocalensemble Kassel am Beginn unserer Zusammenarbeit

Gen 32,27b *Ich lasse dich nicht, du segnest mich denn.*

loʾ ʾ^{a}šalleḥ^{a}ḵā
kî ʾim-beraḵtānî

nicht ich lasse dich
wenn nicht du segnest
mich

Ich will nichts mehr für mich. Ich will zugrunde gehn.
Zugrund - das heisst zum Meer, dort find ich Böhmen wieder.
Zugrund gerichtet, wach ich ruhig auf.
Von Grund auf weiss ich jetzt, und ich bin unverloren.
Ingeborg Bachmann, Auszug aus: Böhmen liegt am Meer

SANCTUS
für Soli (Sopran, Bariton), drei Vokalgruppen (SSMAA-TTTBBB-SSMAA) und Orgelpunkte (2001)

Hebräische Bibel (aus Jesaja 6) / Rainer Maria Rilke (aus 1. Duineser Elegie)

… erinnernd an Moses und Jette D. …

I Ensemble

3b *Heilig, heilig, heilig*	*qādôš*	heilig
ist der Herr Zebaoth;	*’^{a}dônāy*	der Herr
alle Lande sind seiner	*ṣ^{e}ḇā’ôt*	der Heere
Ehre voll!	*m^{e}lo’*	erfüllt / voll
	ḵål-hā’āræṣ	die ganze Erde
	k^{e}ḇôdô	seiner Herrlichkeit
4 *Und die Überschwellen*	*wayyānu‘û*	und es wankten
bebten von der Stimme	*’ammôt*	die Angeln
des Rufens, und das	*hassippîm*	der Türschwellen
Haus wurde voll Rauch.	*miqqôl*	von der Stimme
	haqqôre’	des Rufenden
	w^{e}habbayit	und das Haus
	yimmāle’	wurde erfüllt (mit)
	‘āšān	Rauch

II Solisten und Ensemble

5a *Da sprach ich: Weh*	*wā’omar*	und ich sprach
mir, ich vergehe!	*’ôy-lî*	weh mir
	ḵî-nidmêtî	denn ich werde vernich-tet
6 *Da flog der Seraphim*	*wayya‘åp̄*	und es flog
einer zu mir und hatte	*’elay*	zu mir
eine glühende Kohle in	*’æḥād*	einer
der Hand,	*min-haśś^{e}rāp̄îm*	von den Seraphen
	ûḇ^{e}yādô	und in seiner Hand
	riṣpāh	ein Glühstein
die er mit der Zange	*b^{e}mælqaḥayim*	mit einer Zange
vom Altar nahm,	*lāqaḥ*	hatte er (ihn) genommen
	me‘al	von auf
	hammizbe^{a}ḥ	dem Altar
7a *und rührte meinen*	*wayyagga‘*	und es/er rührte
Mund an.	*‘al-pî*	an meinen Mund

III Solisten und Ensemble

Wer, wenn ich schriee, hörte mich denn aus der Engel Ordnungen? Und gesetzt selbst, es nähme einer mich plötzlich ans Herz: Ich verginge von seinem stärkeren Dasein. Denn

9 Und er sprach: Gehe hin und sprich zu diesem Volk:	*wayyoʾmær*	und er sprach
	leḵ	geh
	w^{eʾ}āmartā	und sprich
	lāʿām hazzæh	zu diesem Volk
Höret, und versteht's nicht; sehet, und merket's nicht!	*šimʿû šāmô^{a}ʿ*	hört immer
	w^{eʾ}al-taḇînû	doch nicht-versteht
	ûr^{e}ʾû rāʾô	und seht immer
	w^{eʾ}al-tedāʿû	doch nicht-erkennt
10 Verstocke das Herz dieses Volks und lass ihre Ohren hart sein und blende ihre Augen, dass sie nicht sehen mit ihren Augen noch hören mit ihren Ohren noch verstehen mit ihrem Herzen und sich bekehren und genesen.	*hašmen*	überziehe mit Fett
	leḇ-hāʿām hazzæh	das Herz dieses Volkes
	w^{eʾ}åznâw	und seine Ohren
	hak̲bed	mache schwer
	w^{eʿ}ênâw	und seine Augen
	hāšaʿ	verklebe
	pæn-yirʾæh	damit es nicht sehe
	ḇ^{eʿ}ênâw	mit seinen Augen
	ûḇ^{eʾ}åznâw	und mit seinen Ohren
	yišmāʿ	höre
	ûl^{e}ḇāḇô	und sein Herz
	yāḇîn	Einsicht gewinne
	wāšāḇ	und es umkehre
	w^{e}rāpāʾ	und man heilt
	lô	es

IV Solisten und Ensemble

das Schöne ist nichts als des Schrecklichen Anfang, den wir noch grade ertragen, und wir bewundern es so, weil es gelassen verschmäht, uns zu zerstören. Ein jeder Engel ist schrecklich.

Rainer Maira Rilke, 1. Duineser Elegie

3a Und einer rief zum andern und sprach:	*w^{e}qārāʾ*	und es rief
	zæh ʾæl-zæh	dieser zu diesem
	w^{eʾ}āmar	und er sagte
Heilig, heilig, heilig …	*qādôš*	heilig
	qādôš	
	qādôš	

AGNUS DEI

für Baritionsolo und Vokalensemble a cappella (2003)

Hebräische Bibel (II Chronik 29,24; Exodus 2,8, Jesaja 53,5)
und Ingeborg Bachmann

Meiner lieben Mutter zum 83. Geburtstag

A Bariton und Ensemble (T/B)

II Chr 29,24a *und die Priester schlachteten sie und taten ihr Blut zur Entsündigung auf den Altar, zu versöhnen das ganze Israel.*

wayyišḥāṭûm	und es schlachteten sie
hakoh^{a}nîm	die Priester
way^{e}ḥaṭṭ^{e}'û	und sie bringen als Sündopfer
'aet-dāmām	ihr Blut
hammizbeḥāh	[in Richtung auf] zu dem Altar
l^{e}k̲apper	um zu sühnen / Sühne zu erwirken
'al-kål-yiśrā'el	für-das ganze-Israel

B Ensemble (S/A)

Erst als der Regen entbrannte, lauschten wir wieder;
Speere stürzten herab und Engel traten hervor,
hefteten schwärzere Augen in unsere schwarzen.
Vernichtet standen wir da. Unser Wappen flog auf.

Bariton

Ex 24,8 *da nahm Mose Blut und besprengte das Volk damit und sprach: Sehet, das ist das Blut des Bundes.*

wayyiqqaḥ	und es nahm
mošæh	Mose
'æt-haddām	[Akk.-Kennzeichen]-das Blut
wayyizroq	und er sprengte (es)
'al-hā'ām	auf-das Volk
wayyo'mær	und er sprach
hinneh	siehe
dam-habb^{e}rît	das Blut-des Bundes

C Ensemble, Bariton

Jes 53,5 *Aber er ist um unsrer Missetat willen verwundet und um unsrer Sünden willen zerschlagen. Die Strafe liegt auf ihm, auf dass wir Frieden hätten, und durch seine Wunden sind wir geheilt.*

w^{e}hû'	und/aber er
m^{e}ḥolāl	durchbohrt seiend / ist durchbohrt
mipp^{e}šā'enû	wegen unseres Frevels
m^{e}dukkā'	zerschlagen seiend / ist zerschlagen
me'^{a}wonotênû	wegen unserer Sünden

D

	mûsar	(die) Züchtigung
	š^{e}lômenû	unseres Heilsseins/Unversehrtseins
	ʿālâw	(für/zugunsten) auf ihn

Ein Kreuz im Blut
und ein grösseres Schiff überm Herzen.
Ingeborg Bachmann, Auszug aus: Die Häfen waren geöffnet

DONA NOBIS

für Soli (Sopran, Bariton), Vokalensemble a cappella und Orgel (2004)

Hebräische Bibel (aus Ezechiel 47, 11, 34, 43) und Ingeborg Bachmann

A

Ez 47,1a *Und siehe, da floß Wasser heraus unter der Schwelle des Tempels nach Osten.*	*w^{e}hinneh-mayim*	und siehe-Wasser
	yoṣʾîm	entspringend/hervorgehend
	mittaḥat	von/unter
	mip̄tan	(der) Unterschwelle
	habbayit	des Tempels
	qādîmâ	nach Osten
Ez 47,9b *Und alles soll gesund werden und leben, wohin dieser Strom kommt.*	*w^{e}yerāp̄^{eʾ}û*	und es wird gesund werden
	wāḥāy	und leben
	kol	alles
	ʾ^{æ}šær-yāḇôʾ	(wovon gilt) es kommt
	šāmmâ	dorthin
	hannāḥal	der Bach

B

Ez 11,19 *Und ich will ihnen ein anderes Herz geben*	*w^{e}nātattî*	und ich will/werde geben
	lāhæm	ihnen
	leḇ	ein Herz
	ʾæḥād	erneut/ein anderes
und einen neuen Geist in sie geben	*w^{e}rû^{a}ḥ*	und einen Geist
	ḥ^{a}dāšâ	neuen

	'ætten	ich will/werde geben
	b^{e}qirb^{e}k̲æm	in euer Inneres

Da fiel mir Leben zu.

und will das steinerne Herz wegnehmen aus ihrem Leibe	*wah^{a}sirotî*	und ich will/werde wegnehmen
	leb̲	(das) Herz
	hā'æb̲æn	des Steines
	mibb^{e}śārām	aus ihrem Fleisch
und ihnen ein fleischernes Herz geben.	*w^{e}nātattî*	und ich will/werde geben
	lāhæm	ihnen
	leb̲	ein Herz
	bāśār	(aus) Fleisch

Da fiel mir Leben zu.

Ez 34,16b *Und ich will das Schwache stärken und, was fett und stark ist, behüten.*	*w^{e}'æt-haḥôlâ*	und das Schwache
	'^{a}ḥazzeq	will/werde ich kräftigen/heilen
	w^{e}'æt-haššᵉmenâ	und das Fette
	w^{e}'æt-haḥ^{a}zāqâ	und das Kräftige/Starke
	'æšmôr / 'ašmîd	will/werde ich behüten / vernichten[2]

Da fiel mir Leben zu.

Ingeborg Bachmann, Auszug aus: Das erstgeborene Land; Gesammelte Werke Bd. 1: Gedichte © Piper Verlag GmbH, München 1978, Verwendung des Textabschnittes mit freundlicher Genehmigung des Verlages Piper.

C

Ez 43,2b *Und es ward sehr licht auf der Erde von seiner Herrlichkeit.*	*w^{e}hā'āræṣ*	und die Erde
	he'îrâ	leuchtete
	mikk^{e}b̲odô	von seiner Herrlichkeit/Ehre

---

1 Text verderbt.

2 Zwei Lesarten mit sehr ähnlich aussehendem Konsonantenbestand: אשמור / אשמיד.

2. Programmheft-Kommentare zu den einzelnen Sätzen *(Hans Darmstadt)*

KYRIE

Das *Kyrie* verwendet – wie auch die anderen Sätze der *Missa hebraica* – das Ordinarium der abendländischen Messe gleichsam als Folie, setzt dieses voraus, ohne es zu zitieren. Der Text ist ein Halbsatz aus Hiob 30 in hebräischer Sprache und besteht nur aus drei Worten: qamtî - ḇaqqāhāl - ʾᵃšawweᵃʿ; wörtlich übersetzt: ich bin aufgestanden – in der Gemeinde – ich schreie.

Diese drei Worte konstituieren die dreiteilige Kyrie-Form, dazu einige Stichworte: aufbegehrend, Auf-stand, unvermittelt, schroff, starr, ver-rückt;

Interpolation eines Textes von Nelly Sachs (entsprechend dem 'Christe' im traditionellen Kyrie), ein achtstimmiger Sprechkanon von Sopran und Alt geht in einen (solistisch) gesungenen Part über;

überdimensionaler Impuls von mehr als drei Minuten Dauer, bis ans Äußerste gespannt, Grenzerfahrung, aus-halten.

Verhallt der Schrei? Hiob bäumt sich dagegen auf. Sein Schrei hat eine Antwort ('Gott') und einen Raum, der ausgefüllt ist ('in der Gemeinde'). Seine Hoffnung: Sein Schrei geht nicht verloren, erschöpft und verausgabet sich nicht ins Leere ... *(1998/99)*

GLORIA

Das *Gloria* der *Missa hebraica* für Vokalensemble, Sopran- und Bariton-Solo verbindet hebräische Texte aus dem Hohelied (Cantcum Canticorum), dem Buch Hiob und den Psalmen mit zeitgenössischer Lyrik von Rose Ausländer und Elie Wiesel.

Charakteristisch für die Textkonzeption und so auch für die musikalische Gestaltung sind das Gegeneinander und die Annäherung von 'oben und unten', von Himmel und Erde. So wird am Anfang dem Jubelgesang aus dem Hohelied die Ferne und Größe Gottes durch ein Hiob-Wort gegenübergestellt. Andererseits wird dem Schrecken, der in den Hohelied-Bildern anklingt, die in Psalmversen ausgedrückte Zuwendung Gottes zugeordnet. Die deutschsprachigen Texte von Rose Ausländer und Elie Wiesel verknüpfen die alten Bilder und Gedanken in ähnlichen Entgegensetzungen mit denen unserer Zeit. *(1999)*

CREDO

Das *Credo* ist der älteste Satz der *Missa hebraica*. Er wurde 1994 *für das Vocalensemble Kassel am Beginn unserer Zusammenarbeit* geschrieben und am 11.9.1994 unter dem Titel 'engelwärts' im Einführungsgottesdienst in der Martinskirche Kassel uraufgeführt. Jakob ringt am Jabbok auf Leben und Tod. Der zitierte Satz Gen 32,27 ist der Kern einer der tiefsten Gründungserzählungen des Alten Testamentes. In der Komposition geschieht an dem hebräischen Textmaterial das, was "zur Sprache gebracht" wird: Kampf (mit wem?) – Krise (Furt) – Gewinnung des anderen Ufers, versehrt, (aus-)gezeichnet. Sprache gerät in die Enge (Vorstellung eines gurgelnden Strudels in einem immer enger werdenden Trichter), die Silben der ersten Satzhälfte werden an den Rand gewaltsamen Verstummens geführt. Aus diesem Punkt heraus finden sich die Laute der zweiten Satzhälfte zu neuer Bedeutung zusammen.

Der Text von Ingeborg Bachmann tastet nach Grund, nach Gewißheit. – Ein Glaubensbekenntnis unserer Zeit? *(1994)*

SANCTUS

In der *Missa hebraica* "wird nicht weniger versucht, als die Begegnung von Heiligem und Welt in Töne zu fassen" (Corinna Dahlgrün). Während im *Gloria* die Begegnung von oben und unten, Gott und Mensch, Heiligem und Welt erfahrbar wird, markiert das *Sanctus* die entgegengesetzte Position: Die Unermeßlichkeit und Unverfügbarkeit, die Fremdheit des Heiligen.

Unnahbar und nicht zu begreifen ist der Gott, der *in seiner großen Herrlichkeit* Verstockung, Unheil und Verderben zu predigen befiehlt. Die Gottessucher am Abgrund, die Frage nach dem Warum, die Urerschütterung menschlicher Existenz: Jes 6 redet von einem Gott, der auf seinem gleißenden Thron, umgeben von den Seraphimen, zugleich der dunkle ist, der sich nicht erklären oder vermitteln läßt. Ein Gott, der tötet? Für den Propheten eine äußerst schmerzvolle und überwältigende Begegnung!

Das *Sanctus* der *Missa hebraica* ist mehrchörig, durchaus im Sinne der venezianischen Tradition und der Musizierpraxis des frühen 17. Jahrhunderts. Die drei Chöre sollen getrennt aufgestellt werden: I und III rechts und links auf den Emporen einander gegenüber, Chor II vorn im Altarraum, außen links Sopransolo, rechts Baritonsolo. Die Verwendung von (alten) Instrumenten ist möglich (z.B. I Holzbläser, II Posaunen, III Streicher). Der Einsatz der Orgel mag in sehr elementarem Sinne an den *Generalbaß* erinnern. Die drei Haupttöne *C̲, h'''*, *cis'* markieren den für Menschen akustisch wahrnehmbaren Raum, das musikalische Geschehen im Sinne von Nähe (Anziehung) und Ferne (Abstoßung) beeinflussend und begleitend.

Die Zeitproportionen sind Spiegelbilder räumlicher und klanglicher Verhältnisse:
Die vier Teile der Komposition stehen - ihre Dauer betreffend - im Verhältnis 21:22:24:19.

Das Zeitmaß von Anfang und Schluß (T. 1-15 und 171-185) wird von dem *choraliter* gesungenen Männerchor gesetzt (Viertel MM 54 / Halbe MM 27). Das Tempo der Soprane steht dazu im Verhältnis 4 : 5, das der Altstimmen 2 : 3, untereinander 5 : 6.

Die Metronomangaben in den vier Teilen sind proportinal aufeinander bezogen:

I	MM 54 : 72 : 90	=	3 : 4 : 5
II	MM 90 : 60	=	3 : 2
	MM 60 : 54	=	10 : 9
III	MM 60 : 72	=	5 : 6
IV	MM 72 : 54	=	4 : 3

(2001)

AGNUS DEI

"Das Agnus Dei zeigt eine andere, dem Menschen zugewandte Seite Gottes [...] Auch diese Seite enthält dunkle Anteile, doch zeichnen sie sich durch die nun sichtbar werdende Berührbarkeit Gottes aus, der sich von einem unendlich machtvollen und unnahbaren Gegenüber zu einem unendlich ohnmächtigen und nahekommenden Gegenüber wandelt, das aber gerade in dieser Ohnmacht, im vergossenen Blut große Wirksamkeit entfaltet." (Corinna Dahlgrün)

Frauen- und Männerstimmenstimmen des Ensembles sind zunächst getrennt.
Zwischen ihnen steht der Solist (Bariton). Protokoll:

A. Schroffe *ff*-Impulse der Männer gegen zarte, dichte *pp*-Klänge,
korrespondierend mit Intonationen des Solisten,
sich steigernd zur siebentönigen Akklamation (2 Chr 29,4a)

B. Sechsstimmiger Frauenchor, fließend, intensiv, 12/8 (9/8)-Takt,
Auffächerung der ersten Zeilen des Bachmann-Textes,
gegengeschnitten durch taktfreie, expressive Einschübe des Solisten (Ex 24,8).

C. Ensemble: Von dem Ton *es'* (*Kyrie*, Schlussteil) ausgehend
rhythmisch differenzierte (*Sanctus*, Anfang/Schluss) Auffächerung zum Zwölftonklang,
Eingriffe in Dynamik und Klangfarbe. Generalpause. (Jes 53,5a)
Erneuter Einsatz des Ensembles, *quasi battuto*,
einmündend in eine erstarrende Geste (Jes 53,5b)

D. Ausklang, *sehr ruhig / wie eine Ikone:*
Der Solist gestaltet die Schlusszeile des Bachmann-Textes (Kreuzsymbol),
das Ensemble schließt mit einem Klangzitat aus dem *Gloria* (Jes 53,5c). *(2003)*

DONA NOBIS

Mit dem *Dona nobis* galt es, den Schlußstein in ein über Jahre gewachsenes Werk zu setzen. Alles Vorherige müßte gegenwärtig sein und sich wiederfinden; dennoch sollte der Schlußsatz von der Besetzung und vom Charakter her unverwechselbar anderes sein. Die Frage war: Wie lassen sich Steigerung und Konzentration (im Sinne von Reduktion) zusammenbringen?

Hesekiel beschreibt Lebensbilder angesichts von Zerstörung und Untergang; es sind "Visionen gegen die Zeit", Visionen, die Raum und Zeit hinter sich gelassen haben, Visionen von einem Neubeginn wider alles Erwarten. Diese Bilder stehen für das Ende aller Gotteskämpfe, jenseits von Lebensleid und Lebenslust. Das *Dona nobis* ist die *Missa* als Ganzes, konzentriert auf einen Punkt, auf ihr Ziel.

Es gibt einen Anfangs- und Schlußteil, der - bis auf das erste Sopransolo - von Orgel und Ensemble gestaltet wird. Der Mittelteil ist dreiteilig, drei kontrapunktisch diffizile Duette für Sopran- und Baritonsolo mit Orgel werden jeweils abgeschlossen durch Ensemble-Refrains (Bachmann: *Da fiel mir Leben zu*). *(2005)*

3. Aus dem Programm-Archiv 1994 - 2006

Vocalensemble Kassel + Kantorei an St. Martin
Programmgestaltung und Leitung: Hans Darmstadt
(ohne Ortsangabe: Martinskirche Kassel)

Sonntag, 11. 09. 1994, 10 Uhr
Einführungsgottesdienst
Vocalensemble Kassel
- Gesualdo / Igor Strawinsky: Illumina nos, Da pacem
- Johann Hermann Schein: Siehe, nach Trost war mir sehr bange
- Hans Darmstadt: "engelwärts", Passagen - Durchgänge - Übergänge, **UA**

(noch 1994 Titeländerung: Credo der Missa hebraica)

Sonntag, 27. 11. 1994, 16 Uhr
Weihnachtskonzert
Peter Roggenkamp, Christof Hahn (Klavier),
Mitglieder des Staatsorchsters Kassel
Kantorei an St. Martin
- Giovanni Gabrieli: Dreichörige Canzona
- Igor Strawinsky / J. S. Bach: "Vom Himmel hoch, da komm ich her"
- Ferruccio Busoni / J. S. Bach: "Wie wohl ist mir, o Freund der Seelen"
- Igor Strawinsky: Psalmensymphonie

Sonnabend, 17. 06. 1995, Blankeneser Kirche, Hamburg
26. Deutscher Evangelischer Kirchentag
'Treffpunkt Neue Musik und Theologie'
Zsigmond Szathmáry (Orgel), Ulrik Spies (Klangstahl)
Vocalensemble Kassel
- Hans-Joachim Hespos: geleut (Auftragswerk) **UA**
- Friedhelm Döhl: Fragment "Kyrie eleison" für Orgel
- Jacob Obrecht: Factor orbis
- Friedhelm Döhl: Fragment II "Gloria" für Orgel
- Hans Darmstadt: Credo (Missa hebraica)
- Friedhelm Döhl: Fragment III "Offertorium" **UA**
- Gesualdo/Strawinsky: Da pacem
- Hans-Joachim Hespos: geleut

Sonntag, 3. Dezember 1995, 17 Uhr
Weihnachtskonzert
Bläser des Staatsorchesters Kassel
Vocalensemble Kassel
- Igor Strawinsky: Fanfare for a new theater (2 Trompeten)
- Hieronymus Praetorius: Jubilate Deo (dreichörig)
- Johann Hermann Schein: Ich bin die Wurzel

• Darius Milhaud: Cantate de la Paix
• Jacob Obrecht: Factor orbis
• Heinrich Schütz: Die Himmel erzählen
• Giovanni Gabrieli: Canzon Duodecimi Toni à 10
• Igor Strawinsky: Messe

Samstag, 22. Juni 1996, 20 Uhr, Ev.-Luth. Pfarrkirche Marburg
Sonntag, 23. Juni 1996, 17 Uhr, Martinskirche Kassel
Heike Hallaschka, Mechthild Seitz, Elisabeth Graf
Gerd Türk, Matthias Gerchen
Barockensemble mit historischen Instrumenten
Kantorei an St. Martin, Vocalensemble Kassel
• Johann Sebastian Bach: Messe in h-Moll (BWV 232)

Sonntag, 3. November 1996, 16.00 Uhr
Kasseler Musiktage - Chorkonzert "Letzte Werke"
Mechthild Seitz, J. Niziolek
Peter Anger (Sprecher), Hans-Ola Ericsson (Orgel)
Staatsorchester Kassel
Vocalensemble Kassel, Kantorei an St. Martin
• Arnold Schönberg: Moderner Psalm op. 50c
• Morton Feldman: Principal Sound (Orgel)
• Giacinto Scelsi: Konx Om Pax
• Isang Yun: Tuyaux sonores (Orgel)
• Igor Strawinsky: Requiem Canticles

Sonntag, 1. Dezember 1996, 17 Uhr
Weihnachtskonzert
Traudl Schmaderer (Sopran), Mechthild Seitz (Alt)
Thilo Himstedt (Tenor), Thomas Wiegand (Baß)
Ein Capellchor aus Mitgliedern des Vocalensembles Kassel
Instrumentalisten, Kantorei an St. Martin
• Werke von Scheidt, Frescobaldi, Zipoli, Charpentier (Magtnificat), Dandrieu, Schop, Darmstadt (Hodie Christus natus est: Kyrie eleison), Joh. Seb. Bach, Joh. Chr. Bach (Merk auf, mein Herz)

Sonntag, 16. März 1997, 17 Uhr
Chorkonzert
Johanna Koslowski (Sopran), Mechthild Seitz (Alt)
Holger Off (Tenor), Ulirch Studer (Baß)
Freyheiter Barockensemble, Kantorei an St. Martin
• Alessandro Marcello: Oboenkonzert
Johann Seb. Bach: Kantate "Sehet, wir gehen hinauf"
Paul Hindemith: Trauermusik für Streicher
Michael Haydn: Requiem

Sonntag, 2. Juni 1997, 10.00 Uhr
Gottesdienst (documenta X)
"Siehe da, die Wohnung Gottes bei den Menschen"
Predigt: Prof. Dr. Dorothee Sölle
Vocal- und Instrumentalsolisten
Kantorei an St. Martin
- Hans Darmstadt: Terribilis est locus iste, **UA**
- Anton Bruckner: Locus iste

Samstag, 12. Juli 1997, 18.30 - 01.45 Uhr
Musiknacht 'Raum - Stimmen - Klänge'
Vokal- und Instrumentalsolisten und Ensembles
Kantorei an St. Martin
- Hans Darmstadt: Terribilis est locus iste
- Anton Bruckner:Locus iste
- Heinrich Schütz: Das Wort ward Fleisch

Vokal- und Instrumentalsolisten und Ensembles
Vocalensemble Kassel
- Heinrich Schütz: Psalm 84
- Felix Mendelssohn Bartholdy: Der 22. Psalm
- Sven-David Sandström: Agnus Dei
- Johannes Brahms: Schaffe in mir Gott
- Charles Ives: Psalm 90
- Hans Darmstadt: By the rivers of Babylon

außerdem Ensemble- und Solomusik von Hanna Aurbacher (Anti-Phon), Joh. Seb. Bach (Passacaglia c-Moll, Preludio, Vater unser im Himmelreich), Gerhard Braun (Psalmen Davids II), John Cage (Litany), Friedhelm Döhl (Posaunen/Flöten im Raum), Jennifer Fowler (Veni sancte spiritus), Hildegard von Bingen (O quam mirabilis), Marek Koplent (Cantus pro defunctis, Cantus de nativitate filii), Hans Ulrich Lehmann (à la recherche...), Franz Liszt (Praeludium und Fuge über B-A-C-H), Morales (O magnum mysterium), Raymond Premru (In memoriam), Steve Reich (Marimba-Phase),Giacinto Scelsi (Canto del Capricorno), Zsigmond Szathmáry (Hommage à la...B-A-C-H), Toru Takemitsu (Rain Tree), John Taverner (Doxa), Eugène Ysaÿe (Obsession), B.A. Zimmermann (Praeludium)

Sonntag, 30. November 1997, 17 Uhr
Weihnachtskonzert "O magnum mysterium"
Peter Schumann (Orgel), Vocalensemble Kassel
- Giovanni P. da Palestrina: Dies sanctificatus
- Francis Poulenc: Drei Weihnachtsmotetten
- Tomás Luis de Victoria: O Magnum mysterium (Motette)
- Hanns-Rudolf Johner: Magnificat für Orgel
- Peter Maxwell Davies: O magnum Mysterium
- Tomás Luis de Victoria: O magnum mysterium (Missa)
- Christoph Weinhart: Magnificat-Meditationen (Orgel)
- Giovanni P. da Palestrina: Dies sanctificatus

Sonnabend, 7. März 1998, 20 Uhr
Schmaderer, Seitz, Schoch, Schwarz
Ein Orchester mit klassischen Instrumenten
Kantorei an St. Martin
• Joseph Martin Kraus: Symphonie c-Moll
• Wolfgang Amadeus Mozart: Requiem d-Moll

Samstag, 13. Juni 1998, 19.30 Uhr
Konzert 'neue musik in der kirche'
"Visionen gegen die Zeit" (s. Dokumentation, Peter Lang Verlag 1999)
Mechthild Seitz, Instrumentalisten, Vocalensemble Kassel
• Charles Ives: Psalm 90
• Michael Reudenbach: Noch nicht - Nicht mehr
(Auftragswerk, Version I) **UA**
• Hans-Joachim Hespos: kitara für Gitarre solo
• Max Reger: Mein Odem ist schwach
• Michael Reudenbach: indem man geht
für Sopran Flöte, Gitarre, Handtrommel
• Hans-Joachim Hespos: duma für Flöte solo
• Michael Reudenbach: Noch nicht - Nicht mehr
(Auftragswerk, Version II) **UA**
• Hans-Joachim Hespos: casseroles für stell-drum solo
• Sven-David Sandström: Agnus Dei
• Hans-Joachim Hespos: geleut

Sonntag, 1. November 1998, 10 Uhr
Gottesdienst (Kasseler Musiktage)
"...mit unaussprechlichem Seufzen"
Predigt: OLKR Klaus Röhring
Susanne Schaeffer, Peter Anger (Sprecher)
Instrumentalisten des Staatsorchesters Kassel
Vocalensemble Kassel
• Max Reger: Mein Odem ist schwach
• Hans Darmstadt: "...mit unaussprechlichem Seufzen"

Sonntag, 13. Dezember 1998, 16.30 Uhr
Fiedler, Seitz, Jochens, Studer
Mitglieder des Staatsorchesters Kassel
Kantorei an St. Martin
• Johann Sebastian Bach: Meine Seel' erhebt den Herren
• Johann Sebastian Bach: Weihnachtsoratorium I - III

Sonntag, 25. April 1999, 17 Uhr, Marienkirche Gelnhausen
Samstag, 29. Mai 1999, 20 Uhr, Ev.-Luth. Pfarrkirche Marburg
Vokalmusik aus 1000 Jahren
Mechthild Seitz (Alt), Vocalensemble Kassel

- Johannes Brahms: Schaffe in mir, Gott
- Michael Reudenbach: Noch nicht - nicht mehr
- Hildegard von Bingen: O quam mirabilis (Solo)
- Gerhard Wolfstieg: An Hildegard von Bingen Nr. 7
- Max Reger: Mein Odem ist schwach
- Hildegard von Bingen: O virtus sapientiae
- Gerhard Wolfstieg: An Hildegard von Bingen Nr. 2
- Sven-David Sandström: Läge Januari 1980
- Johann Sebastian Bach: Komm, Jesu, komm

Sonntag, 26. September 1999, 20 Uhr
Jutta Bucelius Dehn, Ulf Bästlein
Staatsorchester Kassel, Kantorei an St. Martin
- Johannes Brahms: Ein deutsches Requiem

Sonntag, 28. November 1999, 17 Uhr, Martinskirche Kassel
Weihnachtskonzert 'Sehnsucht - Liebe - Lobgesang'
Corinna Dahlgrün, Volker Stümke (Statements)
Angelika Luz (Sopran), Ekkehard Abele (Bariton)
Dirk Altmann (Bassetthorn), Vocalensemble Kassel
- Heinrich Schütz. Deutsches Magnificat
- Hans Ulrich Lehmann: Osculetur me für Sopran und Bassetthorn
- Leonhard Lechner: Das Hohelied Salomonis
- Theologisches Statement: Weihnachten ist ein Fest, das weh tut
- Gloria des Mess-Ordinariums (Solo)
- Hans Darmstadt: Gloria (Missa hebraica) **UA**
- Theologisches Statement: Weihnachten ist ein Fest, das heil macht
- Charles Koechlin: Vier Monodien für Klarinette solo
- Johann H. Schein: Nun komm, der Heiden Heiland

Samstag,17. Juni 2000, 18.30 - 1.30 Uhr, Martinskirche Kassel
Musiknacht 'neue musik in der kirche'
"7 Stunden Himmel, Hölle, Tod und Teufel"
(s. Dokumentation, Peter Lang Verlag 2001)
Vokal- und Instrumetalsolisten
Vocalensemble Kassel, Kantorei an St. Martin
- Reinhard Karger: Komm, o Tod, du Schlafes Bruder (Auftragswerk) **UA**
- Johann Seb. Bach: Komm, Jesu, komm
- Friedhelm Döhl: Requiem 2000 (Auftragswerk) **UA** u.a.

Sonntag, 18. Juni 2000, 11.30 Uhr
Abschlußgottesdienst 'neue musik in der kirche'
Predigt: Prof. Dr. Albert Gerhards
Anja Metzger (Sopran), Ekkehard Abele (Bariton)
Vocalensemble Kassel
- Hans Darmstadt: Gloria (Missa hebraica)

Samstag, 7. Oktober 2000, 20 Uhr, St. Sebald Nürnberg
Ars nova - Sebalder Nachtkonzerte
Andreas und Werner Jacob (Orgel)
Angelika Luz (Sopran), Ekkehard Abele (Bariton)
Vocalensemble Kassel

- Bengt Hambraeus: Extempore für Orgel
- Konrad Lechner: Kleine Salzburger Messe **UA**
- Gerald Eckert: Aufbrüche - Verwerfungen für Orgel
- Hans Darmstadt: Kyrie und Gloria (Missa hebraica)
- Kilian Schwoon: In hydraulischer Landschaft für Orgel
- Reinhard Karger: Komm, o Tod, du Schlafes Bruder
- Dimitri Terzakis: Feuerzungen für zwei Orgeln **UA**
- Sven-David Sandström: Läge Januari 1980

Sonntag, 3. Dezember 2000, 17 Uhr
Weihnachtskonzert am 1. Advent
"Jesus und Maria"
Traudl Schmaderer (Sopran), Olaf Pyras (Tamburin)
Zwei Blechbläserchöre (Staatsorchester Kassel)
Kantorei an St. Martin

- Werke von Schein, Scheidt, Kaminski, Mendelssohn, Jolivet (Missa pour le Jour de la Paix), Praetorius, Brahms, Berg, Morales, Messiaen, Pinkham (Christmas Cantata)

Samstag, 10. März 2001, 18 Uhr, Kirchditmold
Vokalkonzert "Ich lasse dich nicht, du segnest mich denn"
Michael Gerisch (Orgel), Vocalensemble Kassel

- Konrad Lechner: Kleine Salzburger Messe
- Leonhard Lechner: Das Hohelied Salomonis
- Joh. Seb. Bach: Drei Orgelchoräle
- Hans Darmstadt: Credo (Missa hebraica)
- Johann Christoph Bach: Ich lasse dich nicht
- Joh. Seb. Bach: Von Gott will ich nicht lassen
- Hans Darmstadt: Kyrie (Missa hebraica)
- Johann Seb. Bach: Komm, Jesu, komm

Samstag, 16. Juni 2001, 17 Uhr
Katharinenkirche Frankfurt/Main (Deutscher Evangelischer Kirchentag)
"Missa in progress - Musik von Hans Darmstadt"
Corinna Dahlgrün (Texte)
Angelika Luz, Ekkehard Abele, Instrumentalisten
Zsigmond Szathmáry (Orgel), Vocalensemble Kassel

- Introitus: Terribilis est locus iste
- Psalm, Sonate aus h' für Orgel, 1. Satz
- Kyrie (Missa hebraica)
- Chaconne en rondeau, Sonate aus h', 2. Satz

- Gloria (Missa hebraica)
- Pedalsolo, Sonate aus h', 3. Satz
- Credo (Missa hebraica) **UA** (Neufassung)
- Improvisation, Sonate aus h', 4. Satz

Sonntag, 28. Oktober 2001, 17 Uhr
Schmaderer, Graf, Kleinlein, Bästlein,
Palupski, Seitz, Ammawat, Wiegand
Staatsorchester Kassel, Kantorei an St. Martin
- Felix Mendelssohn Bartholdy: Elias

Sonntag, 2. Dezember 2001, 17 Uhr
Festkonzert am 1. Advent
"Von allen Emporen - Musik der Kasseler Hofkapelle um 1610"
Mitglieder des Staatsorchesters Kassel,
Vocalensemble Kassel
- Giovanni Gabrieli: Canzon à 12
- Moritz von Hessen: Pavana Malinconia à 5
- Georg Otto: Deutsches Magnificat à 12[1]
- Georg Otto: Domine quid multiplicati sunt à10[1]
- Heinrich Schütz: Cosí morir debb' io à 5
- Christoph Cornet: Venite exultemus Domino à 12[1]
- Moritz von Hessen: Pavana del Ottone Landgravio à 5
- Heinrich Schütz: Jauchzet dem Herrn, alle Welt à 17

Samstag, 22. Juni 2002, 19.00 Uhr
Musiknacht 'neue musik in der kirche' / documenta 11
"Ein Gott der tötet?" (s. Dokumentation, Peter Lang Verlag 2003)
Marco Blaauw (Trompete),
Angelika Luz (Sopran), Ekkehard Abele (Bariton),
Peer Schlechta (Orgel)
- Konrad Lechner: Kleine Salzburger Messe
- Guillaume de Machaut: Sanctus (La Messe de Nostre Dame)
- Isabel Mundry: Eure Augen (Auftragswerk) **UA**
- Guillaume Dufay: Sanctus (Messe Se la face ay pale)
- Hans Darmstadt: Sanctus (Missa hebraica) **UA**
- Josquin des Prés: Sanctus (Missa pange lingua)
- Konrad Lechner: Kleine Salzburger Messe u.a.

Sonntag, 23. Juni 2002, 10 Uhr
Abschlußgottesdienst 'neue musik in der kirche'
Predigt: Prof. Dr. Corinna Dahlgrün

---

1 Abschrift aus der Handschriftensammlung der Murhardschen Bibliothek Kassel. Erste Wiederaufführung.

Angelika Luz (Sopran), Ekkehard Abele (Bariton)
Peer Schlechta, Jürgen Oßwald (Orgel)
Olaf Pyras, Norbert Krämer, Michael Pattmann (Schlagzeug)
Kantorei an St. Martin, Vocalensemble Kassel

- Konrad Lechner: Psalm aus h
- Hans Darmstadt: Sanctus (Missa hebraica)

Sonntag, 1. Dezember 2002, 17 Uhr
Weihnachtskonzert am 1. Advent
Uwe Friedrichsen (Sprecher/Erzähler)
Claire Buhl-Löscher (Sprecherin / Hexe von Endor)
Traudl Schmaderer (Sopran), Mechthild Seitz Alt)
Henning Kaiser (Tenor)
Staatsorchester Kassel, Kantorei an St. Martin

- Felix Mendelssohn Bartholdy: Der 114. Psalm
- Arthur Honegger: König David

Karfreitag, 18. April 2003, 17 Uhr
Gerlinde Sämann (Sopran), Kai Wessel (Altus)
Sebastian Hübner (Tenor), Ekkehard Abele (Baß)
Zwei solistisch besetzte Barockorchester
Vocalensemble Kassel
Leitung: Gerhart und Hans Darmstadt

- Johann Sebastian Bach: Matthäus Passion (BWV 244)

Sonntag, 5. Oktober 2003, 17 Uhr
Marienkirche Lippstadt / Wortfestival 2003, "Psalmen"
Hannelore Hoger - Lesungen
Andreas Maurer (Orgel), Christfried Biebrach (Bariton)
Vocalensemble Kassel

- Charles Ives: Psalm 24, Der 67. Psalm
- Lesung I
- Aaron Copland: Vier Motetten (1921)
- Lesung II
- Stefan Wolpe: Yigdal-Kantate (1945)

Sonntag, 2. November 2003, 18 Uhr
"O Ewigkeit, du Donnerwort" (Kasseler Musiktage)
Uwe Friedrichsen (Sprecher), Traudl Schmaderer (Sopran),
Mechthild Seitz (Alt), Gotthold Schwarz (Bariton)
Staatsorchester Kassel, Kantorei an St. Martin

- Johann Sebastian Bach: O Ewigkeit, du Donnerwort, BWV 60
- Sergej I. Tanejew: Johannes Damascenus
- Arthur Honegger: La Danse des Morts (Der Totentanz)

Sonntag, 30. November 2003, 17 Uhr
Psalmen zum 1. Advent
Andreas Maurer (Orgel), Christfried Biebrach (Bariton)
Vocalensemble Kassel
- Charles Ives: Psalm 24, Der 67. Psalm
- Charlotte Seither: Ricordanza (Auftragswerk) **UA**
- Johann Sebastian Bach: Nun komm der Heiden Heiland I
- Aaron Copland: Vier Motetten (1921)
- Johann Sebastian Bach: Nun komm der Heiden Heiland II
- Stefan Wolpe: Yigdal-Kantate (1945)

Samstag, 19. Juni 2004, 19.00 Uhr
Musiknacht 'neue musik in der kirche'
"Gottesfleisch" (s. Dokumentation, Peter Lang Verlag 2005)
Zsigmond Szathmáry und Tomaš Sevžek (Orgel)
Mechthild Seitz (Alt), Ekkehard Abele (Bariton)
Instrumentalsolisten
Vocalensemble Kassel, Kantorei an St. Martin
- Gregorianik: In paradisum
- Zsigmond Szathmáry: Halotti beszéd (Auftragswerk), **UA**
- Charlotte Seither: Ricordanza
- Friedhelm Döhl: Requiem 2000 (Atemwende)
- Hans Darmstadt: Agnus Dei (Missa hebraica), **UA**
- Ernst Krenek: In paradisum u.a.

Sonntag, 20. Juni 2004, 10.00 Uhr
Abschlußgottesdienst 'neue musik in der kirche'
Predigt: Prof. Dr. Corinna Dahlgrün
Ekkehard Abele (Bariton), Vocalensemble Kassel
- Charles Ives: Psalm 24
- Hans Darmstadt: Agnus Dei (Missa hebraica)

Sonntag, 19. Dezember 2004, 17-20 Uhr
Gerlinde Sämann (Sopran), Elisabeth Graf (Alt)
Max Ciolek (Tenor), Matthias Gerchen (Baß)
Barockorchester Corona Musica, Kantorei an St. Martin
Leitung: Gerhart und Hans Darmstadt
- Johann Sebastian Bach: Weihnachtsoratorium

Ungekürzte Gesamtaufführung der sechs Kantaten

Sonntag, 26. Juni 2005, 10 Uhr
Festgottesdienst *40 Jahre Vocalensemble Kassel*
Angelika Luz (Sopran), Ekkehard Abele (Bariton),
Zsigmond Szathmáry (Orgel), Vocalensemble Kassel
- Josquin Desprez: Qui habitat in audiutorio altissimi
- Hans Darmstadt Dona nobis (Missa hebraica), **UA**

Freitag, 1. Juli 2005, 18.45-23.45 Uhr
Musiknacht "Musik und Raum erleben"
Neun Posaunisten
Olaf Pyras, Gereon Voss (Schlagzeug)
Hellmuth Vivell (Klavier), Mechthild Seitz
Kantorei an St. Martin
Co-Leitung und Orgel: Adelheid Böhme
• 19.00 Uhr *draussen - drinnen*
Überraschungsprogramm
• 20 Uhr *aus allen Ecken*
Offenes Singen
• 21 Uhr *zur Mitte hin*
Klaviermusik von Wolpe und Bach
• 22 Uhr *diesseits*
Schlagzeug und Raumklänge
• 23 Uhr *jenseits*
Abend- und Nachtlieder

Vier Konzerte -
Uraufführung der gesamten Missa hebraica
Samstag, 15. Oktober 2005, 19.30 Uhr, Dreikönigskirche Dresden
Veranstalter: Haus der Kirche und Hochschule für Kirchenmusik Dresden
Sonntag, 16. Oktober 2005, 18 Uhr, Martinskirche Kassel
Veranstalter: Kantorei an St. Martin Kassel
in Verbindung mit dem Hessischen Rundfunk Frankfurt/Main (hr2) / Mitschnitt
Samstag, 29. Oktober 2005, 18 Uhr Kirche zum Heilsbronnen Berlin-Schöneberg
Veranstalter: Musikforum Berlin - Israel
Sonntag, 30.Oktober 2005, 18 Uhr, Jakobikirche Lübeck
Veranstalter: St. Jakobi und Musikhochschule Lübeck
Prof. Dr. Corinna Dahlgrün (Texte)
Angelika Luz (Sopran), Ekkehard Abele (Bariton),
Zsigmond Szathmáry (Orgel), Vocalensemble Kassel
• Hans Darmstadt: Missa hebraica (1994-2004)
für Soli (Sopran, Bariton), Vocalensemble a cappella und Orgel, **UA**

Sonntag, 27. November 2005, 17 Uhr
Das besondere Konzert am 1. Advent
Traudl Schmaderer (Sopran), Mechthild Seitz (Alt),
Achim Kleinlein (Tenor), Ekkehard Abele (Baß, Sprecher)
Göttinger Symphonie Orchester
Kantorei an St. Martin, Vocalensemble Kassel
• Felix Mendelssohn Bartholdy: Der 42. Psalm
• Igor Strawinsky: Orpheus, Ballett in drei Szenen
• Johann Sebastian Bach: Magnificat D-Dur, BWV 243
• Arnold Schönberg: Ein Überlebender aus Warschau, op. 46

Karfreitag, 14. April 2006, 17 Uhr
Gerline Sämann (Sopran), Franz Vitzthum (Altus)
Sebastian Hübner (Tenor), Matthias Gerchen (Baß, Pilatus)
Martin Hempel (Baß, Jesus)
Barockorchester Corona Musica, Vocalensemble Kassel
Leitung: Gerhart und Hans Darmstadt
• Johann Sebastian Bach: Johannes-Passion
für Soli, Chor und Orchester, BWV 245

Ostersonntag, 16. April 2006, 10 Uhr
Ein Instrumentalensemble, Kantorei an St. Martin
• Johann Sebastian Bach: Nun ist das Heil und die Kraft

Neben zahlreichen Konzerten rennomierter Gastorganisten haben sich auch die Bach-Kantaten, insbesondere die jährlich mit der Evangelischen Akademie Hofgeismar zusammen veranstalteten "Kantaten zum Mitsingen" thematisch in die Gesamtkonzeption eingefügt:

1993	BWV 36	Schwingt freudig euch empor	Gottesdienst (Vorstellung)
1995	BWV 29	Wir danken dir, Gott	Kantatengottesdienst
	BWV 12	Weinen, Klagen, Sorgen, Zagen	Kantate zum Mitsingen
1996	BWV 6	Bleib bei uns	Kantate zum Mitsingen
1997	BWV 172	Erschallet, ihr Lieder	Kantate zum Mitsingen
	BWV 159	Sehet, wir gehen hinauf	Konzert
	BWV 97	Gelobet seist du, Jesu Christ	Christmette
1998	BWV 93	Wer nur den lieben Gott läßt walten	Kantate zum Mitsingen
	BWV 10	Meine Seel' erhebt den Herren	Weihnachtskonzert
1999	BWV 105	Herr, gehe nicht ins Gericht	Kantate zum Mitsingen
	BWV 56	Ich will den Kreuzstab	Konzert
	BWV 82	Ich habe genung	Konzert
2000	BWV 106	Gottes Zeit it die allerbeste Zeit	Kantatengottesdienst
	BWV 75	Die Elenden sollen essen	Kantate zum Mitsingen
	BWV 35	Geist und Seele ist verwirret	Bach 2000
	BWV 169	Gott soll allein mein Herze haben	Bach 2000
	BWV 102	Herr, deine Augen	Bach 2000
2001	BWV 46	Schauet doch und sehet	Kantate zum Mitsingen
2002	BWV 140	Wachet auf, ruft uns die Stimme	Kantate zum Mitsingen
2003	BWV 19	Es erhub sich ein Streit	Kantate zum Mitsingen
	BWV 60	O Ewigkeit, du Donnerwort	Konzert KMT
2004	BWV 80	Ein feste Burg ist unser Gott	Kantate zum Mitsingen
2006	BWV 127	Herr Jesu Christ, wahr' Mensch und	Kantate zum Mitsingen
	BWV 50	Nun ist das Heil und die Kraft	Kantatengottesdienst

4. Daten der beigefügten CD

Hans Darmstadt: missa hebraica
für Soli (Sopran, Bariton), Vokalensemble a cappella und Orgel (1994-2004)

Theologisches Konzept und Textauswahl: Prof. Dr. Corinna Dahlgrün

Live-Mitschnitt der Uraufführung am 16. Oktober 2005 in der Martinskirche Kassel
Aufnahme des Hessischen Rundfunks Frankfurt/Main
Tonmeister: Udo Wüstendörfer, Toningenieur: Wolfgang Decker

Ausführende:
Angelika Luz (Sopran), Ekkehard Abele (Bariton), Zsigmond Szathmáry (Orgel)
Vocalensemble Kassel, Leitung: Hans Darmstadt

Die CD ist Bestandteil der Publikation
Corinna Dahlgrün/Hans Darmstadt (Hrsg.):
neue musik in der kirche V: missa hebraica. Dokumentation und Kommentare
Peter Lang, GmbH - Europäischer Verlag der Wissenschaften
ISBN 3-631-55094-4

1	Psalm	für Orgel	04:07
2	Kyrie	für Vokalensemble	10:43
3	Gloria	für Soli und Vokalensemble	19:20
4	Credo	für Vokalensemble	07:39
5	Sanctus	für Soli, Vokalensemble und Orgelpunkte	15:06
6	Agnus Dei	für Baritonsolo und Vokalensemble	07:27
7	Dona nobis	für Soli, Vokalensemble und Orgel	04:47
		total	69:14

Mitarbeiterinnen und Mitarbeiter

Christfried Brödel, geboren 1947; studierte zunächst Mathematik und wechselte dann zur Kirchenmusik. Musikalische Ausbildung u.a. bei Hans-Joachim Rotzsch und Dr. Erich Schmidt in Chorleitung, Volker Rohde (Orchesterdirigieren), Almuth Reuther (Orgel). Seit 1981 Leiter der Meißner Kantorei 1961, nach kirchenmusikalischem Examen 1984 bis 1988 Landessingwart der Ev.-Luth. Landeskirche Sachsens, gleichzeitig Lehrauftrag für Chorleitung und weitere Fächer an der Kirchenmusikschule Dresden, 1988 Berufung zum Direktor dieses Instituts, seit 1992 Professor für Chorleitung und Rektor der Hochschule für Kirchenmusik Dresden. Seit 1991 Vizepräsident der Konferenz der Leiter der kirchlichen und der staatlichen Ausbildungsstätten für Kirchenmusik und der Landeskirchenmusikdirektoren in der Evangelischen Kirche in Deutschland (EKD). 1994 Ehrenpromotion durch die Academia de Muzica 'Gh. Dima' Cluj-Napoca (Rumänien), 2001 Verleihung des Bundesverdienstkreuzes. Rege Konzerttätigkeit mit dem Chor der Hochschule für Kirchenmusik Dresden und der Meißner Kantorei 1961 (u.a. zahlreiche Ur- und Erstaufführungen zeitgenössischer Kirchenmusik). Leiter von zahlreichen Chorleitungskursen sowie von acht Bach-Akademien der Neuen Bachgesellschaft in Rumänien und der Ukraine.

Corinna Dahlgrün, geboren 1957 in Hamburg. Studium der Germanistik und der evangelischen Theologie. 1986 Erstes Theologisches Examen. 1988-95 Lehraufträge an der Universität Hamburg. 1991 Promotion im Fach Kirchengeschichte. 1990-95 Vikariat und Pfarrstelle in Hamburg. Vorbereitung und Mitarbeit bei den *Nordelbischen Wochen für Neue Musik und Theologie* in Hamburg-Blankenese. 1995-2001 Wissenschaftliche Assistentin bei Prof. Dr. Manfred Josuttis in Göttingen. 2001 Habilitation ("Nicht in die Leere falle die Vielfalt irdischen Seins. Von der Notwendigkeit eschatologischer Predigt"). Seit 1998 Vorbereitung und Leitung der *Interdisziplinären Tage für Neue Musik und Theologie* "neue musik in der kirche" zusammen mit Hans Darmstadt. Verschiedene Veröffentlichungen im Fach Praktische Theologie. 2001-2004 Professur für Praktische Theologie an der Kirchlichen Hochschule Bielefeld. Seit 2005 Lehrstuhl für Praktische Theologie an der Friedrich-Schiller-Universität Jena.

Hans Darmstadt, geboren 1943 in Halle/Saale. Studium der Erziehungswissenschaften, Theologie und Kirchenmusik. Kompositionsstudium bei Konrad Lechner und Günther Becker. 1967 erste Kirchenmusikerstelle in Griesheim bei Darmstadt. 1973-94 Kantor und Organist in Hamburg-Blankenese. 1981 Johann-Sebastian-Bach-Preis Stuttgart. 1982 Sabbatical in Kalifornien / USA (visiting scholar at the University of California Riverside). 1988 Kirchenmusikdirektor. Initiator der Nordelbischen Wochen für Neue Musik und Theologie. Seit 1976 nebenberuflich Lehrauftrag für Musiktheorie, Analyse, Komposition an der Musikhochschule Lübeck und zeitweise zusätzlich am Seminar für Praktische Theologie der Universität Hamburg. 1992 Professor. 1994 Berufung zum Kirchenmusikdirektor an St. Martin Kassel. 1998 Wiederaufnahme der Wochen "neue musik in der kirche" mit Prof. Dr. Corinna Dahlgrün. Kompositionen für die kirchenmusikalische Praxis ebenso wie für professionelle Vokal- und Instrumentalensembles /-solisten.

Albert Gerhards, geboren 1951 in Viersen-Dülken/Rheinland. Studium in Innsbruck, Rom und Trier. Seelsorgetätigkeit. 1984 Professor für Liturgiewissenschaft an der Kath.-Theol. Fakultät der Universität Bochum. 1985-98 Leiter der Arbeitsgruppe "Kirchliche Architektur und sakrale Kunst" der Liturgiekommission der Deutschen Bischofskonferenz. 1989 Professor für Liturgiewissenschaft und Direktor des Seminars für Liturgiewissenschaft an der Kath.-Theol. Fakultät der Universität Bonn. 1989 Mitglied des Ökumenischen Arbeitskreises evangelischer und katholischer Theologen. 1991 Beratendes Mitglied der Liturgiekommission der Deutschen Bischofskonferenz. 1998 Sprecher der Arbeitsgemeinschaft Katholischer Liturgiedozentinnen und -dozenten im deutschen Sprachgebiet. Mitherausgeber der Reihen "Praktische Theologie heute" und "Bild-Raum-Feier.

Kirche und Kunst im Gespräch"; zahlreiche Publikationen, besonders in den Bereichen Geschichte, Theologie und Praxis der Liturgie (Schwerpunkte: Eucharistisches Hochgebet, Judentum und Christentum), Ökumene, Kirchenmusik, Kirche und Kunst.

Herbert Glossner, geboren 1932 in Nürnberg, Studium der evangelischen Theologie, Kunstgeschichte, Musikwissenschaft und Kirchenmusik in Tübingen, Basel, Heidelberg und Princeton/ USA (Th.M.). Vikariat in Nürnberg. Kirchliche Pressearbeit in München und Stuttgart. 1971 bis 1997 Redakteur der Wochenzeitung "Deutsches Allgemeines Sonntagsblatt" in Hamburg, davon 17 Jahre Ressorleiter "Kultur"; Mitarbeit bei verschiedenen Rundfunkanstalten, Zeitungen und Zeitschriften.

Johannes Goldenstein, geboren 1967 in Passau; aufgewachsen in Lüneburg. Studium der evangelischen Theologie in Erlangen und Göttingen. 1995 Erstes Theologisches Examen. 1995-1997 Wissenschaftlicher Mitarbeiter des Dekans der Theologischen Fakultät der Universität Göttingen. 1997-2000 Wissenschaftlicher Mitarbeiter am Lehrstuhl für Biblische Theologie und ihre Didaktik an der Universität Göttingen. 2001 Promotion im Fach Altes Testament ("Das Gebet der Gottesknechte. Jesaja 63,7-64,11 im Jesajabuch"). 2000-2002 Vikariat in Hann. Münden und Hildesheim. Seit Mai 2002 wissenschaftlicher Mitarbeiter an der Kirchlichen Hochschule Bethel, Lehrstuhl für Praktische Theologie, als Assistent von Prof. Dr. Corinna Dahlgrün. Arbeit an einer Habilitationsschrift zu der Theologie und Funktion der neuen geistlichen Lieder im Evangelischen Gesangbuch. Veröffentlichungen zu Kirchenmusik, Religionspädagogik, Religion in Literatur (Robert Gernhardt) und Medien, sowie zur Spiritualität. (http://home.arcor.de/johannes.goldenstein).

Helmut Kornemann, geboren 1935 in Lippstadt/Westf., 1962 Pfarrer in Höxter, 1967 Studienleiter (Dozent für Liturgik und Hymnologie an der KMS Herford), 1975 Pfarrer in Berlin, 1986 Leiter der Arbeitsstelle für Gottesdienst bei der EKD (Hannover), 1991 wieder Pfarrer in Berlin, seit 1998 im Ruhestand. Seit 1972 Mitglied im Vocalensemble Kassel.

Norbert Laude, Jahrgang 1961, studierte an der Musikhochschule Lübeck Posaune und Schulmusik und ist im Schuldienst tätig. Seit über 20 Jahren in verschiedenen a-cappella-Chören im norddeutschen Raum aktiv, daneben Teilnahme an zahlreichen Ferienkursen (zuletzt mehrere Jahre in Folge am Meisterkurs *Chor und Chorleitung* mit Eric Ericson am Nordkolleg Rendsburg mit Auftritten im Rahmen des Schleswig-Holstein Musikfestivals). Mitglied des Vocalensembles Kassel seit 1998.

Volker Stümke, geboren 1960 in Hamburg. Studium der evangelischen Theologie und Philosophie in Hamburg, Tübingen und München. Promotion in Systematischer Theologie 1991. Lehrbeauftragter an der Universität Hamburg. 1993-95 Pastor für den Deutschen Evangelischen Kirchentag in München und Hamburg, danach Gemeindepastor in Elmshorn. Nach zweijährigem Erziehungsurlaub seit 1998 Dozent für evang. Sozialethik an der Führungsakademie der Bundeswehr Hamburg. Arbeitsschwerpunkte: Eschatologie (Tod, Jüngstes Gericht), Grundlegungsfragen der Sozialethik und Fragen lutherischer Ethik. Zahlreiche Veröffentlichungen.

Peter Zacher, geboren 1939 in Berlin. Studium in Leipzig (Theologie, Musikwissenschaft) und Dresden (Messtechnik). 1965 freiberufliche Tätigkeit als Dolmetscher, Übersetzer, Herausgeber, Musikwissenschaftler, pädagogische Arbeit mit AmateurmusikerInnen. Ab 1980 musikwissenschaftliche und dramaturgische Betreuung von sinfonischen und oratorischen Werken von Mikis Theodorakis, Arbeit als freier Musikkritiker mit zusätzlicher Spezialisierung auf zeitgenössische Musik und crossover-Bereiche. 1981 Initiierung eines Dresdner Arbeitskreises *Begegnung mit dem Judentum*, später *Gesellschaft für christlich-jüdische Zusammenarbeit*. Ab 1984 dramaturgische Mitarbeit bei Tanztheaterproduktionen. 1986-1990 dramaturgische und künstlerische Beratung des

Jüdischen Musiktheatervereins in (West)Berlin. 1989 Mitglied der Bürgerfraktion in der letzten Stadtverordnetenversammlung nach DDR-modus. Ab 1990 verstärkte journalistische und politische Tätigkeiten.

Corinna Dahlgrün / Hans Darmstadt (Hrsg.)

neue musik in der kirche IV gottesfleisch

Interdisziplinäre Tage für Neue Musik und Theologie 17.–20. Juni 2004 – Dokumentation und Auswertung

Frankfurt am Main, Berlin, Bern, Bruxelles, New York, Oxford, Wien, 2005. 202 S.
ISBN 3-631-53996-7 · br. € 26.80*

Die *Interdisziplinären Tage für Neue Musik und Theologie* in der Martinskirche in Kassel standen 2004 unter dem anstößigen Titel *Gottesfleisch*, der Komponisten und Theologen zur Auseinandersetzung mit der Person und dem Geschick des Jesus von Nazareth herausforderte. In diesem Band sind die Ergebnisse dieser interdisziplinär und überkonfessionell geführten Auseinandersetzung dokumentiert – aus theologischer (Vorträge und Gesprächsbeiträge des Neutestamentlers Knut Backhaus und der Systematikerin Magdalene Frettlöh, Predigten von Manfred Josuttis und Corinna Dahlgrün) wie musikalischer Perspektive (Gesprächsbeiträge von Carola Bauckholt, Christfried Brödel, Friedhelm Döhl, Hans-Ola Ericsson und Jörg Herchet, Ausführungen zu der Auftragskomposition von Jörg Herchet) und vervollständigt durch detaillierte Auswertungen der Tagung (Herbert Glossner und Volker Stümke).

Aus dem Inhalt: *H. Glossner*: Die Musik ist die Botschaft · *V. Stümke*: „Moderne Kompositionen erfordern geistige Mitarbeit" · *M. Frettlöh*: Der Mensch – der/die Andere Gottes; Gott braucht keine Opfer! · *K. Backhaus*: Gott mit Haut und Haaren: Inkarnierte Nähe; Gott als Ein- und Aussicht: Inkarnierte Hoffnung · *J. Herchet*: Zur „kantate zum fest des leibes und blutes christi (fronleichnam)" · *M. Josuttis*: Welcher Gott ist ins Fleisch gekommen? · *C. Dahlgrün*: Das geschlachtete Lamm auf dem Thron · Dokumentation der Gespräche der beteiligten Komponisten und Theologen mit Ezzelino von Wedel

Frankfurt am Main · Berlin · Bern · Bruxelles · New York · Oxford · Wien
Auslieferung: Verlag Peter Lang AG
Moosstr. 1, CH-2542 Pieterlen
Telefax 00 41 (0) 32 / 376 17 27

*inklusive der in Deutschland gültigen Mehrwertsteuer
Preisänderungen vorbehalten

Homepage http://www.peterlang.de